belle vue

人 生 風 景 · 全 球 視 野 · 獨 到 觀 點 · 深 度 探 索

belle vue 4011

看！情緒幹的好事

哈佛精神科醫師執業40年的良心告白——接受「人生就是不公平」，自豪「不完美的我也是最好的自己」

作　　者　麥可・班奈特醫師（Michael I. Bennett, MD）&
　　　　　莎拉・班奈特（Sarah Bennett）
譯　　者　潘昱均
執 行 長　陳蕙慧
總 編 輯　曹　慧
主　　編　曹　慧
編　　輯　林昀彤
封面設計　Bianco Tsai
行銷企畫　張元慧、尹子麟
社　　長　郭重興
發行人兼出版總監　曾大福
編輯出版　奇光出版／遠足文化事業股份有限公司
　　　　　E-mail: lumieres@bookrep.com.tw
　　　　　粉絲團：https://www.facebook.com/lumierespublishing
發　　行　遠足文化事業股份有限公司
　　　　　http://www.bookrep.com.tw
　　　　　23141新北市新店區民權路108-4號8樓
　　　　　電話：(02) 22181417
　　　　　客服專線：0800-221029　傳真：(02) 86671065
　　　　　郵撥帳號：19504465　戶名：遠足文化事業股份有限公司
法律顧問　華洋法律事務所　蘇文生律師
印　　製　成陽印刷股份有限公司
二版一刷　2020年4月
定　　價　450元

歡迎團體訂購，另有優惠，請洽業務部（02）22181417分機1124、1135

國家圖書館出版品預行編目(CIP)資料

看!情緒幹的好事：哈佛精神科醫師執業40年的良心告白：接受「人生就是不公平」, 自豪「不完美的我也是最好的自己」 / 麥可.班奈特(Michael I. Bennett), 莎拉.班奈特(Sarah Bennett)著；潘昱均譯. -- 二版. -- 新北市：奇光出版：遠足發行, 2020.04
面；　公分

譯自：F*ck feelings : one shrink's practical advice for managing all life's impossible problems

ISBN 978-986-98226-6-4 (平裝)

1.自我實現 2.生活指導

177.2　　　109002660

線上讀者回函

One shrink's
practical advice
for managing all life's
impossible problems

F*CK

看！情緒幹的好事

FEELINGS

哈佛精神科醫師執業40年的良心告白

接受「人生就是不公平」，自豪「不完美的我也是最好的自己」。

麥可·班奈特醫師 Michael I. Bennett, MD & 莎拉·班奈特 Sarah Bennett 著
潘昱均 譯

本書謹獻給上一代，

布萊貝格醫師賢伉儷（Claire & Dr. Jacob Bleiberg）

與班奈特夫婦（Beatrice & Jacob Bennett）。

生活的艱困沒讓他們放棄價值觀，也沒有阻礙他們勤奮工作，

因此我們才有如此舒適的生活。

＊＊＊

本書也要獻給吾友納德森醫師（Dr. Ted Nadelson），

他是我的精神導師，更是傳奇人物。

為了幫助人們接受人生艱辛的一面，

他提出了一個最好的方法，那就是讓他們笑。

當情緒一上來，沒有該或不該的問題。

這些情緒是我們的一部分，與生俱來，無法控制。

我們只要相信這點，就能做出更具建設性的決定來處理這些情緒。

——羅傑斯（Fred Rogers），《羅傑斯先生的世界：你要牢記的大事》（*The World According to Mister Rogers: Important Things to Remember*）

CONTENTS

前言——你訂下什麼目標？ 012

第一章——該死的做更好的自己 fuck self-improvement 017

● 崩潰後重回生活正軌 020
○ 探究問題根源 027
● 做個更正面的人 033
○ 不想再搞砸了 040
● 上癮的自我治療 048

第二章——該死的自尊 fuck self-esteem 059

● 破解魯蛇的詛咒 062
○ 放下說服力 070
● 對抗霸凌 077
○ 克服身障缺陷 086
● 挽救孩子的自尊 094

第三章——該死的公平正義 fuck fairness 103
●為安全生活的權利而戰 105
○終結童年虐待 113
●要求公平待遇 120
○洗刷汙名 128
●討公道 136

第四章——該死的熱心助人 fuck helpfulness 145
●撫平他人傷痛 147
○解救酒鬼與毒蟲 155
●保護不公受害者 164
○調解家庭紛爭 170
●犧牲奉獻做公益 177

第五章——該死的心平氣和 fuck serenity 187
●我愛你，我不要恨你 189
○忍受煩心事 196
●面對恐懼 205
○治療心痛 214
●忍受敵意 221

第六章——該死的真愛無敵 fuck love 231
●找一個伴 233
○做出承諾 241
●為愛改變 249
○享受健康的性 256
●挽回失去的愛 265

第七章——該死的溝通 fuck communication 277
●培養親密感 279
○說出創傷 288
●宣洩憤怒 297
○扭轉人生的對話 305

第八章——該死的天下無不是的父母 fuck parenthood 315
●不要毀了小孩 317
○停止親子衝突 326
●養出人間敗類 334
○孩子有學習障礙 342
●重建離婚後親子教養 352

第九章——該死的混蛋 fuck assholes 361

○你被最親近的大混蛋整了 364

●我爸媽是混蛋 370

○被混蛋中傷如何重生 377

●搶救混蛋遠離麻煩 385

○與混蛋共處 392

【Bonus】第十章——該死的治療 fuck treatment 399

●尋求治療 400

○彌補治療的不足 416

●拒絕就醫者的治療 425

後記——好吧，該死的我 435

致謝 437

參考書目 442

前言

你訂下什麼目標？

許多人因為已努力許久，試了又試，心理問題仍然無解，才會想讀自我成長勵志書，或是去看心理醫師。而這些心理問題有憂鬱，有焦慮，遭受虐待，抑止不了自我毀滅的行為，被某段感情所傷，覺得自己太胖或太瘦……你講出來的都有，也都是真的。而他們希望藉由心理諮商與治療，來緩解症狀，平復痛苦情緒，強化自我控制，抑或修補破碎關係。基本上人們只想獲得解方。這種期待始於心理治療界名嘴的搧風點火，特別是那些有著開麥拉明星臉、總愛以名字自稱的心靈勵志導師，如菲力醫生、德魯博士、蘿拉老師、尼克大師之流。

相較之下，本書提供的作法就實際多了。所有建議出自一名受過專業醫學訓練的執業精神科醫師，臨床經驗長達四十年之久，治療無數病患，處理過各式各樣精神方面的疑難雜症、不良習慣與感情問題。這名醫師必須「以姓相稱」，請叫他「姓醫生」（Dr. Lastname）。這也是本書作者麥可・班奈特醫師與女兒莎拉・班奈特共有的別名。麥可・班奈特就是前述那位哈佛畢業的精神科醫師（psychiatrist）；莎拉則是喜劇作家，在紐約Upright Citizens Brigade劇院寫了幾年幽默短劇劇本，父女倆各自發揮所長，一起經營fxckfeelings.com網站。

班奈特醫師，也就是我本人，長期觀察世人對心理治療的期待與實際成效有所落差，相信一般人往往會採取同一種行為求救，再加上他們堅持自己一定能治好，因此會開始否定人生，否定身旁的人事物，否定自己的人格；只要是人力無法改變的事物一概否認。很多人寧可相信自己是失敗者，或是火候還不夠的追尋者，在沒找到困惑已久的答案前，就無法展開新生活。也正因他們堅信心病治得好，所以總想弄清楚到底是自己還是之前看的心理治療師出了差錯，才妨礙了他們的治癒大業。不幸的是，很多心理治療師（therapist）一心只想幫助病患明瞭這些願望，支持他們探求那些不切實際的希望。而我跟他們不同。

本書會解釋，在多數情形下你並沒有失敗，因此無須付出更多時間或心力，等待情況好轉。你反而應該接受人生本就艱難，那些充滿挫折的無力感是寶貴的指引，指出你無法改變的事實。本書鼓勵你接受一切無法改變的事情，包括你的個性、行為、配偶、孩子、感情、老闆、國家、寵物……並提供方法讓你更有效率地管理人生難題，而不是妄想去改變它們。如果你願意接受有些事是無法改變的，我們就有許多實際可行的建議，幫助你改善現狀——首先就從別浪費時間重複做些無謂的事開始吧。

你的煩惱可能有：想斷開糾纏不休的愛恨情仇，企圖戒除酒癮或毒癮，想治好憂鬱症，期盼換掉另一半、父母或兒女，所以你開始尋求幫助。即使你的願望明顯行不通，卻也阻止不了你把肯定落空的願望，和值得優先執行、長久努力的目標混為一談。除非你能摸摸鼻子，接受空想無法成真的事實，然後化空想為真正可實現的目標，不然無法走下去，或是得到治療幫助。

接受吧！你訂定的目標顯然都無用。也接受憂鬱症往往會拖很久且無法治癒，所以別再責備自己無法控制它。沒什麼幫助的治療，能免則免。唯有真正能幫助你妥善管理疾病和問題、與之和平共處的方法，才是你的救贖。接受吧！有些失去就是一輩子的痛，所以別再鑽牛角尖，請習慣帶著一顆沉重的心活著，努力開創比現在更好的人生。請接受自己就是喜歡無益健康的物質刺激，有性欲，對自我表達（self-expression）有強烈執念，就算上再多認識自我的課程也不會改變。別再追究自己為何有不能碰的地雷，而是要設法別讓這些地雷把你變成討厭鬼。

我們在察問並建議尋求諮商治療的病患與讀者接受無法改變的事實之後，想告訴各位一點：對於你的苦痛，你該負的責任出乎意料的少。我們傳授的都是成效最佳的完備方法，這些方法你過去一定不會用，因為過去的你沉湎於一廂情願的空想，而非解決問題。

我們無法保證你會快樂，這點顯然與他人正好相反。但我們提供的法則可以讓你增加力量與自信，讓你在能力範圍內，得以與艱苦人生的無盡苦難周旋到底。我們不是反對快樂，只是反對你為了一直不能實現的快樂耽誤自己。在我們的世界裡，感覺與情緒不能主導一切，很多事也無法改變，承認人有極限，而非自我可以無限成長提升，如此才能繼續邁步向前，而這也是人生道路上得以克服種種鳥事的有效關鍵。

所以，我們無法告訴你如何修復破碎已久的親子關係，教你如何把壞男友變好，或是讓你的老闆尊重你，因為沒有人有這本事。世上唯一一本能告訴你如何改變他人想法的書是神經外科的「腦葉切除術手冊」（lobotomy manual）。不過，我們可以告訴你如何審視過去的挫折、怨恨，以及因這些問題而起的需求，讓你以實際可行的態度處理這些問題。

畫出正確界線，你才能與感情不睦的父母維持和諧關係；有正確標準，你才不會老是愛不對人；有實事求是的期待，你才能在惡劣老闆手下完成工作，或是直接換個好老闆！我們不提供虛假的承諾，也不保證快樂大結局，我們只是提供具體步驟，讓你拋開甩不掉的負面情緒，在能控制的範圍內做到最好。

本書也收錄了許多有意思的表格與專欄（如下所示），如此我和莎拉也能自得其樂一番。人生本就殘酷不公平，本書堅信無須對它說好話，偶爾罵罵髒話爆爆粗口可以讓人心理舒坦、思緒清明，覺得又充滿力量。爆粗口，可以讓我們抒發怒氣而不受責備，強悍地面對痛苦，宣示決心時不示弱。但另一方面，本書無法容忍有人以恭敬態度，使用真正可憎的f開頭髒字，如fair（公平）、feelings（情緒）等。

本書各章所述都是人們想解決某種常見問題時會許下哪些願望，如孤寂感、糟糕的自我形象（self-image）等。我們會進一步說明這類願望中無法實現的部分，並以各類個案為例，告訴你如何界定可能的範圍，創造實際的目標，以及達成目標的有效方法。我們會反覆提醒你，讓你知道該為自己處理厄運的方式感到驕傲，而非批評人生運途的好壞。我們也會告知哪裡可找到本書沒有的心理治療資訊，或許這些方法適合你也對你有效。

空想	良好目標
成為最完美的自己！	學習接受「我」並不完美，這樣就夠了。
學習愛自己！	喜歡努力忍受自己的自己。
絕・不・再・碰・酒！	努力抗拒美酒誘惑，絕不放棄。

當其他心理勵志書信誓旦旦真有一條通往幸福的康莊大道時，本書向你保證，這條傳說中的道路並不存在。你若自我催眠真有此路，最後肯定淪為註定失敗的魯蛇，而非時不我予的英雄。本書能做出以下承諾：只要你能保持幽默感，許下可實現的願望，克制情緒，控制偏差行為，做心中堅持對的事，人生際遇就沒有什麼不能忍受。

至於有些人總想知道快樂的祕訣，而且如果又出自樂觀過頭、愛「以名相稱」的知名醫生之口，就更容易買帳。這時我們只能說，該死的快樂；什麼自我成長、自尊、公平正義、熱心助人等等的，全都該死！如果你能看破這一切，就能腳踏實地，找到實際有用的解決之道。這就是本書所能給你的，而且所有建議保證出自一位如假包換、「以姓相稱」的專業醫師。

F*ck

fuck self-improvement

第一章

該死的做更好的自己

人往往在走到向自我危機投降前的倒數第二步時，會去買本心理勵志書；最後一步則是接受心理治療。但這就像第一步會去申請加入健身房會員，或至少買片Zumba有氧舞蹈DVD，抑或拿線上學習網站Learning Annex的推廣小冊子翻看一樣。

致力於做更好的自己確實值得欽佩，如果你是歐普拉的話，還能賺進大筆財富。但本書和喬普拉[1]的泛泛之作畢竟不同，最大的差異在於我們一開始就告訴你，為了做更好的自己，必須做好準備犧牲一切，但並不保證一定能如你所願。就像人一旦停止生長，就不會再長高；無論你多麼嚴格訓練自己，體力、智力終有極限。尤有甚者，吸太多毒品很可能當不成總統。[2]

為了做更好的自己而不斷奮鬥，驀然回首卻發現回報越來越少，結果演變成接受自我的阻礙，讓你無法與真實自我共存。因此，想做更好的自己，必須先考慮能力極限與優先次序，否則非但無法自我提升，還會自我毀滅。

同理適用於控制偏差行為等毛病。以改善上癮症的「十二步驟治療計畫」[3]為例，此計畫鼓勵人們接受上癮行為中不受控制的自然天性，原因不在天性**無法**控制，而是承認人性有弱點。人性弱點絕對無法**完全**受到控制，人類自制力有限，有時總會失控而做出後悔的事。而相信自制力無限的人，只會讓自己在失控時顯得脆弱可笑，或是對自己更加嚴格而把自己逼進死胡同。人生糟透了，但我們的自制力更糟，此事無關個人。為了改變自己要付出多少總有限度，無論你是想控制偏差行為、約束人格中的壞因子，甚至改善穿鞋品味，務必記住關鍵在於承認凡事都有極限。

事實上，你對功能異常行為（dysfunctional behavior）鑽研得越深入，就會更相信大多數人的腦袋都有點怪，有些人外表雖然不像會讓大腦承受壓力的人，既少與親戚來往，也不碰日本動漫，卻出現了認知功能減退（mental dysfunction）症狀。「功能異常」不但特殊且與基因有關，發生率恰恰符合達爾文的理論：個體差異，甚或異常，都是為了增加物種基因的多樣性，目的是讓物種在未來不可預知的危險中增加存活機會。基因差異對物種說來是好事，但對ＤＮＡ中帶著各種奇怪本能與衝動的人類來說，無非是製造麻煩又難以忍受的災難。

神經科學也指出，過去我們把很多情緒障礙與行為問題都歸咎於不稱職的父母或心靈創傷，現在也認為可能是不可逆的線路搞的鬼。這解釋了即使我們意志堅定、知識完備，卻仍難以成為更好的自己，機率甚至可能為零。換句話說，我們老是搞砸，一次又一次。

另一方面，一旦功能異常治不好帶來諸多痛苦，做更好自己的愉悅感也就被高估。那些力量與信心或許會給你美好感受，甚至敢穿著緊身衣和斗篷上街，還覺得沒什麼了不起。真正的信心是知道運用有限力量，做自己認為重要的事。如果力量不夠，就上緊發條，如此能為你贏得更多掌聲，因為你已掌握成大事的核心價值。

如果你接受自我提升也有極限，就能發掘這些極限的本質。如果你想好好經營下去，就該清楚激發潛力的目的，不只是為了改善你給人的外在印象，也是改善你在合理範圍內可以給人的印象。一面運用

---

1 譯註：喬普拉（Deepak Chopra），號稱印度心靈大師，著作近五十本並錄製逾一百套ＣＤ與影片，教人以靈學探索自我獲得平靜。

2 譯註：此指美國總統歐巴馬，歐巴馬在大麻合法議題上，公開承認自己年輕時抽過大麻。

3 譯註：「十二步驟治療計畫」（twelve-step programs）是一九三八年美國匿名戒酒會（ＡＡ）發展的戒斷計畫，透過行為介入幫人戒酒與戒毒，現已擴及一切上癮症、強迫症、焦慮症與躁鬱症等。

資源，一面探索自我極限。這樣在發現無法一切都自己來時，你就知道應尋求多少外在幫助，該做多少妥協。

上癮症並非唯一看來可以控制，但實則無法控制的自殘行為。飲食失調、拔毛癖、囤積癖、拖延症也一樣，都是看來只要持續努力，增強意志力，就能改善的失常行為，但實際上卻很難改掉。這不是誰的錯，更不是你媽的錯。唯一的結論是，很多人控制基本行為的能力比應有的低，難以判斷他們應為自身行為負多少責任。

當然，正因你無法一直讓自己堅強，甚或是矯正毛病，所以才需要努力！如果你的目標是當個正派、有責任感的好人，那就永遠脫不了身。真相是人都有缺點，自我改進的程度與自我控制能力，都十分有限。因此，你必須更努力，才可能更接近你想去的地方。然而，對於你無法控制的結果，你無須負責，但對嘗試所做的努力，才應該負起責任。

許多人會求助，都出於對提升自我的期待，以及對未發生事實的否認，儘管求助至今未果，仍不放棄。本章與真實人生，談的都是當你想變得更好時，要如何確實衡量自我能力，接受已知痛苦，與痛苦共處，並因認清自我極限，而能確實擬定有用的行動計畫。事實上，這也是人生的課題，無論你的生活形態為何，處於人生哪個階段，或是何種原因促使你購買本書。

（崩潰後）重回生活正軌

人的控制力非常薄弱，除了兩件事以外：一是預約錄影清單，二是批評麥莉·希拉（Miley Cyrus）的能力。這沒什麼好驚訝的。我們常覺得生活陷入混亂，有時是因為自己根本喪失控制力，有時肇因於身邊的人，有時則是因為超出我們控制範圍的事情似乎凌駕了我們所能控制的事情。無論是哪種情形，人在失控時訂下的目標幾乎都會與現實脫節，導致無助感更加深重，形成惡性循環。稍後將舉三個案例說明。

當然，問題就在於「失控」往往就如字面所示。人生就是有本事搞得你一身臭，麻煩事多到你窮於應付，再多的汗水、追尋、治療都無法改變這種景況。不過，只要你能接受人生有時總會失控，或至少看似失控，就沒有什麼事能妨礙你整理傷痛，加速恢復。

無助感，並非意謂一切終究沒有好結果，也不是在指責你把人生過得那麼悽慘。如果你能不去理會一發不可收拾的潰敗感，給處理問題的自己肯定，而不是被感覺拖著跑或過於自責，你就會發現自己有許多值得驕傲的地方，眼前也多了更多選項。

其實無法控制，但你總覺得該控制的：

- 收入（或沒收入）。
- 交往狀態（或沒有交往對象）。
- 別人對你的觀感（在沒有魔法控制、不被催眠的情況下）。
- 你的孩子（從他們離開你的子宮後開始）。
- 拒絕誘惑的能力。誘惑如萬有引力般無可抗拒，就像蝴蝶餅口味的M&M巧克力派對分享包、某（每）種酒，或是酒足飯飽後看到手機，超想傳簡訊給欠錢不還的前男（女）友。

以下是人們許下的願望：

- 取回曾經擁有的控制權。
- 接近某家庭成員，以便控制他們。
- 不再隨時覺得無助。

案例分享

我一直努力工作，業績出色，娶了一位我以為愛我的妻子，所以真的不懂為何我的人生會支離破碎。前東家被併購後，我遭到資遣，只好降薪為一個不喜歡我的老闆工作。同時，妻子認為對我已無感情，就算我認為我倆攜手共創了美好生活，她也不想與不愛的人維持假面婚姻。現在我每天彷彿行屍走肉，不停哭泣。我知道我一敗塗地，會一直痛苦下去。我的目標是重新掌控人生。

* * *

我兒子一直很乖，但太會找麻煩，都二十五歲了還是定不下來掌握人生。我們很想在他出社會前多幫幫他，但他從來不做作業，大學也讀一年就休學了。我們覺得他酒喝太兇，他卻打死不承認，還交了一個無業女友，臉上穿了一大堆環，前男友還在牢裡蹲。我和老公真怕她有天會說懷了我們的孫子。我想知道兒子到底出了什麼問題，才好幫助他掌控人生。

* * *

我的假裝功夫世界一流。同事都覺得我很正常冷靜，殊不知我每次報告前都緊張到想吐，而且會連三天失眠。要是我在會議上說了什麼不該說的，內心就會不停糾結，只求能把話收回。我根本是個假裝過著正常生活的神經病，這讓我更加崩潰。我希望能擁有不像悲劇的人生。

很難相信混亂可以分級。但人生一旦失控，各種爛情緒會爭相跟你說完蛋了。當一介好人單純因倒楣而無辜受難時，要是把錯往身上攬，甚至可能摧毀掉他一直深信的價值觀與動機。有人會因所愛之人無力振作，自覺有責任而變得無助。還有人自覺人生瀕臨崩潰，渾然未覺自己有多會避開地雷。

無論何種情形，感到失控並不表示你就能預防失控。請別追究自己犯了什麼錯，或哪裡做得不好，請以好人遇到爛事會如何處理的態度，實際地評斷自己。你眼前的困境，不論是與工作、兒女或精神狀態有關，就算是因你犯的愚蠢錯誤所致，也請從中學習，別再為人為無法控制的後果而責備自己。

如果你只因目睹某件鳥事發生，就覺得自己該負起全責，等到你真正該堅強起來時，凡而會削弱分散一己之力。如果你老是懷疑自己，相信自己該受懲罰，將更難找到聰明事去做，也無法給予他人力量，更別提不驚慌失措地忍受痛苦。

只要你能將不堪負荷的感覺跟自我表現的實際評價分開來看，就能建立自尊心，真正開始管理人生。你也會有更多力量來恢復工作與人際關係，為失控的孩子設定界線，在不懷疑自身能力的狀況下容忍焦慮情緒，必要時忽略它的存在。最後，比起你信心十足做事，而事情又都進展順利，你更該對自己能絕處逢生度過危機懷抱敬意。

簡易自我診斷表

無法企及的心願：

□ 獲得應有的讚美、薪水和家庭。
□ 心情平靜，擁有愛與幸福（即「財務健全」）。
□ 你所展現的知識都正確無誤。
□ 有自信可永遠維持在一定水準之上。

切合實際且可達成的目標：

□ 請以麻瓜的標準，對你真正能做到的事建立合理標準。
□ 對盡力達到標準的你表達敬意。
□ 在痛苦、恐懼、憂患中努力活下去，也肯定這樣的自己。
□ 不讓痛苦改變自己的價值觀、日常作息與決心。

你能做的事：

□ 尋找崩潰前的預警信號，這警訊過去可能警示你，下次也能提醒你。
□ 問問自己是否真的符合他人期待，可有一番不同的作為。
□ 依據努力、誠實、價值觀的優先順序等，評估自己能得幾分。

□ 想著自己值得更好的對待，找一位朋友或治療師來提醒你已活出有價值的人生。不論何種感覺，即使是無助或屈辱，都傷不了你。

□ 極度焦慮或憂鬱時，請求助專業心理醫師或諮商師，了解哪種行為療法或藥物可減緩你的症狀。

真心話練習腳本

以下是當你被無助感淹沒時，你該對某人或自己說的話：

親愛的＿＿＿＿（我／某家庭成員／讓我放心不下的混蛋）：

　我知道你覺得＿＿＿＿（像我們這樣的人生勝利組／你自己／我們那愛捅婁子的兒子）正站在＿＿＿＿（請填入某個錯誤／可能發生的悲慘經驗）的懸崖邊，人生就像墮入無底深淵。但事實真相是，人生本來就爛事一堆，除了＿＿＿＿（請填入比「爛！」更有水準、更可怕的同義詞），我想不出其他形容詞了。特別是考慮過去種種經歷，包括＿＿＿＿（歹運纏身／焦慮／各種癮頭／可報名金氏世界記錄的失業經驗）。所以別把事情往自己身上攬，只要做了好事，就給自己肯定，就算只是針對爛事做了無效抵抗也一樣。請無懼＿＿＿＿（厄運／基因遺傳／豬隊友／精神上的痛苦）來糾纏。不要放棄，只要做對了，並引以為傲。

你可知道——《祕密》的真正祕密是什麼嗎？

朗達．拜恩（Rhonda Byrne）的《祕密》（*The Secret*）是心靈勵志巨著，其核心論點是：只要你將願望「向宇宙做出宣告」（也就是說，只要想著你想要的），宇宙就會給你你想要的。

《祕密》是這樣說的：如果你又胖又窮，不是經濟不景氣導致你只能做爛工作，也不是因為你從爛公司下班後，老是吃加了厚厚鮮奶油的雙層起司堡犒賞自己，而是因為你站在小套房的外掛階梯上，心中只想著：**遜斃了！我怎麼又胖又窮！**而沒想著：**嘿，宇宙，我好瘦，很有錢，很美好**。歐普拉是《祕密》的超級大粉絲，就像那群聲稱靠《祕密》心想事成的人一樣，認為不論是換個好工作或治癒癌症，《祕密》無所不能。

事實上，歷代都有人一再提出類似《祕密》的觀點，他們宣揚念力的無窮力量，要你許下與事實恰恰相反的心願。然而，真正的祕密是你絕對不想聽，也不會掏錢買的。「真相」聽來逆耳，卻是你最該聽的：就算你一直對外放送正向意念，專注於念力、願望或禱告，爛事還是會發生，無論你再怎麼編織美好幻夢，結果也絕不公平。

送出的願望越多，你一面等著，無望的人生也似乎越過越長。可是願望萬一實現，最慘的事立刻尾隨而至——你會以為自己已獲《祕密》真傳，但實際上並沒有。然後出於人的天性，你的願望只會越來越多，一頭撞上「失望」磚牆只是早晚的事。而《祕密》會說這都是你的錯，因為你沒有正確運用書中法則。真相是：無論你應得的是什麼，都不可能想要什麼就有什麼，這就是人生（除非你是歐普拉）。

要許願、禱告、集中念力，都請便。這些　堅定信念，繼續努力工作。一旦報償落空，也請都會幫你了解什麼才是你想要的，尤其能引導你　不要太認真看待，但務必注意你吃進去的熱量。

探究問題根源……然後狠狠撕碎

不知人們是否把解決情緒問題等同於循原路回頭找車鑰匙，但當你順著來時路尋找問題根源，通常找不到。不過往好處想，你可能會找回不見的太陽眼鏡。

儘管尋根之旅一無所獲，但人們往往不願認真思考事情真相：追究問題根源有時根本沒有用，很多問題其實永遠沒有答案。雖說尋找可能存在的解答並沒有錯，但當你尋覓多時未果，就代表答案極有可能不存在。執著於找到答案，只是妨礙你找到真正鑰匙的絆腳石，並讓你忽略了關鍵在於「接下來該怎麼做」。

人們寧願相信只要收集足夠事實，經過深刻理解與誠實分享，以前累積至今的所有壓抑與難堪情結，甚至是一切問題，都能透過尋根治療而解決。然而事實上，就算你知道染上惡習的原因，也沒有改正它的能力。追根究柢，充其量只是給了你推諉等待的藉口，讓你相信可以等問題變簡單後再解決，但問題往往只會越來越嚴重。所以尋找問題根源多半只是「反治療」（antitherapeutic），更糟的是浪費太多時間。

只要心理治療一直無法解決問題，你就會開始胡思亂想，擔心看診次數、治療時間是否夠多夠長、就診時是否開誠布公，甚至懷疑起醫師的醫術是否高明。如果你的問題涉及感情，又會想東想西，懷疑自己有無盡力表達痛苦和負面情緒——然後結果再一次令你驚訝不解，問題每況愈下。

下列蛛絲馬跡顯示你該停止追根究柢（或追尋聖杯）：

- 你想追究的問題數量，與你能改變的問題數量成反比。
- 你的朋友、小孩、就連寵物都明白告訴你，過去的問題或爛事已經結束了。
- 心理治療師比朋友、小孩和寵物更了解你，且經常處於快睡著的狀態。
- 對於過去的描述你修改過很多次了，連出現某種似曾相識的情境都變得似曾相識。

堅持無解之事必有答案的人，都想知道下列問題的答案：

- 當時到底發生了什麼事，導致他們一時失控？
- 為什麼面對其他類似狀況，他們都能處理得很好，唯獨某件事就怎麼也做不到？
- 為什麼無法停止想幹某件壞事的念頭？

案例分享

我也不知道為什麼戒酒十年後，我又開始喝酒。我本來已經完全不想喝酒，就算去酒吧、看到家裡有酒、跟酒鬼朋友在一起都能滴酒不沾。但我後來工作遇到瓶頸，壓力有點大，心想都戒這麼多年了，喝點酒應該沒關係，我應該可以控制自己，所以我就喝了。起初還好，只喝一杯，一星期後變成一天一杯，而三個月後的現在，我已無法遏止喝酒的欲望，又變回酒鬼。我想知道我怎麼了，為什麼會這樣？

* * *

不知怎麼的，我總會刻意拖延某些工作，甚至做不完。倘若某件工作必須與人交談，我就能很快處理，努力做完。但如果要我填寫大量表格，只要沒人盯，我就會擺爛到底。我的桌上老是堆滿文件，高到我不敢看。我懷疑是不是因為我害怕成功，或是害怕自己會讓老爸的預言破功，他總說我會變成窩囊廢。這已成為我生活中很大的障礙，我的目標是找到問題所在，到底是我太懶，還是有某種心理問題阻礙我成功？

* * *

我總是招來爛桃花，談戀愛都沒好下場，不是我被甩了，就是交往過程中一直遭到肢體或言語暴力。治療師說我愛上的男人都有家父的影子。家父是個只會說甜言蜜語的帥哥，家母懷了我之後他就跑了。我覺得治療師的判斷沒錯，也該是我找個好男人的時候了。但不管我怎麼挑還是會挑到渣男。我想弄清楚為何我總是吸引爛桃花，該怎麼做才能找到好男人？

當我們困在沒道理的問題中走不出去，即使是出自成人之口的問題，仍像四歲小孩問的。如果你不懂自己為何戒酒十年後又開始喝酒，為何無法完成該做的工作，或是明明知道問題在哪裡還是找不到好男人，你的確有權尋找原因。然而一而再、再而三像例行公事般提問，雖能讓你抒發挫折感，卻無助你解決問題。

神經生物學說我們的每個行動，都靠著多組獨特的分層組織共同運作，只要其中某部門出問題或壞了，某功能的運作能力就會受損。

如果你又開始喝酒，不是你意志軟弱，而是喝酒會激起大腦裡的某個信號：「我一定要再做一次。」如果你覺得文書工作很煩，也許是大腦無法以特定方式翻譯或使用書寫符號，如處理數字、看地圖或讀英文。如果你吸引的對象都是同一型，可能是大腦某部分主導，在你出生前，或是出生後不久就被程式化而定型，現在已無法改變。

等到你終於遇到造物主的那一天，可以問祂為什麼會這樣。得到的答案可能跟你媽說的一樣，媽媽不知道答案也不想浪費唇舌解釋時都會說：「因為我說了算，拜託去做點有用的事！」

當然，了解問題沒有解答，或者，至少知道你找不到答案，只能讓你不必參加尋根考試，卻無法減輕你該承擔的責任。至於你會不會追根究柢，或是把問題擺一邊，還是要看你有多迷戀浮士德式的求知行為，或是你有多想逃開凌亂又痛苦的任務。然後接受不知道問題根源也無所謂的狀態，致力管理問題。

請放棄打破沙鍋問到底、問題就可能解決的妄想。請審視你想徹底改變自己與人生的理由，集結所有動機。如果你的動機是想取悅某人或讓自己看起來更好，可能撐不久。然而，無論這種改變能否幫助你成為自己心目中的理想典型，決定權都在你。如果你在價值觀中找到了好理由，請時常提醒自己，如此在強化自我管理的過程中，你才能忽略痛苦、挫折及屈辱。

你該做的不是努力把問題弄清楚，而是利用最好的工具管理它。比方說，接受心理復健療程、求助官方認證的組織教練，或是找一群女朋友，只要你信得過她們對混蛋的評價就行了。請放棄追根究柢找答案，並壓下問問題的衝動，你該做的是找出真正重要的動機，學習如何採取行動。

簡易自我診斷表

無法企及的心願：

- □ 清楚了解問題出錯的原因。
- □ 能夠完全掌握你的問題。
- □ 知道原因後就能知道如何輕易解決問題的方法。
- □ 希望有可靠的治療和預防方法。

切合實際且可達成的目標：

- □ 像其他人一樣盡可能地了解問題，但無法了解更多時，也接受你對此無能為力。
- □ 處理莫名其妙的問題時，請接受伴隨而來的痛苦與困惑。
- □ 請找到強大動機堅定信念，不讓問題改變你人生的優先次序或價值觀。

□不因困惑或受辱而削弱你處理問題的決心。

你能做的事：

□如果你上網找過資料、和兩位專家談過後仍找不到問題解答，就別找了。

□除非今天報紙頭條明確指出你的問題已有新發現，否則請勿再一次白費力氣找答案。

□不再問為什麼，而是問該怎麼做。

□依據你的認知而不是你現在知道的事情，準備行動計畫。

真心話練習腳本

當你完全無法理解問題由來時，以下是你該對自己或某人說的話：

> 親愛的＿＿＿＿（我／某家庭成員／配偶／太在乎邏輯的朋友）：
>
> 我知道你很難相信，為什麼像我這樣＿＿＿＿（正面的形容詞）的人會有＿＿＿＿（上癮／政治性操作／對混蛋有致命吸引力）的問題，但我真的有問題，時至今日，我已經被＿＿＿＿（三位精神分析師／卡巴拉[4]／茱蒂法官[5]）診治過，他們都無法解釋我的問題。我決定不再理會問題的原因，只處理我的問題。從現在起，我要盡我所能地改善管理自己的行為，做一個我想做的人。所以我會在＿＿＿＿（會議中／新聞稿／推特上）公布我的問題，歡迎大

家用＿＿＿＿＿（以德報怨／以怨報怨的心態）觀察我的行為，可透過＿＿＿＿＿（我的電腦／臉書／我死後就得立刻燒掉的交換日記）長時間追蹤我的進步，我不會放棄的。

做個更正面的人

負面情緒真是一上身就痛苦，忍住也難受，尤其是像憤怒、自憐和嫉妒這類情緒。但解放這些感覺只會讓你像個到處惹是生非的混蛋。請想像一下，人原本是用膀胱憋尿，現在改成憋在嘴裡，若把這些情緒都吐了出來，淨是一堆傷人、卑劣又偏頗的東西，倒不如尿褲子還好一些。

一談到想正面一點或負面情緒少一點時，很多人都想淨化負面情緒，擺脫當混帳的誘惑；或是從不斷自我監控和自我約束的壓力中放鬆，因為這些壓力只會讓他們更緊張，反倒做出原本不想做的混帳事。

不幸的是，保證能讓你擺脫負面情緒的東西，即使讓你心情好過，但大多都對你有害，也無法讓你變成更好的人。就算你有正當理由，以肢體或言語攻擊他人帶來的滿足感也很有限，長期下來只會讓情緒越糟，讓你越陷越深，變成你自己都想躲開的那種人。

每當負面情緒發作，相信你也努力想從中抽離，希望做個更正向的人。但若抽離需要你逃避責

4 譯註：卡巴拉（Kabbalah），源自猶太哲學的西洋神祕學。

5 譯註：茱蒂法官（Judge Judy），目前美國最夯的真人實境法庭秀，由高齡七十四歲的曼哈頓家事法庭退休法官Judith Sheindlin 親自主持，在節目上解決庶民的大小爭議。

任、放棄需要你的人，或是隱藏自我個性，這就不怎麼妙了。或許你最後覺得泰然自若、心靈平靜，但也可能早已背叛了自己的行為準則。

這就是為什麼你在設定目標時，首要目標並非擺脫負面情緒、讓自己好受，而是應該努力不讓負面情緒控制你的行為，如此才能做個舉止合宜的人。

請不要汙衊負面情緒，即使是和平主義者、瑜珈大師或幼稚園老師也會因爛交通而大抓狂（波士頓市中心常見景象）。有些人是因為本身脾氣不好或長期鬱卒，有些人則是最近出了點狀況，又剛好被踩到地雷而爆發。不論你是哪種情況，如果你只因自己管不住情緒，而一味苛責自己，通常只會讓狀況更糟。會狠狠怪罪自己的人，當然可能痛扁別人。

再說，你的壞脾氣與黑暗面，說不定是能激發你的創意、風趣和活力的火花。當壞的一面不易控制或無法忍受，可試著將負面能量用在好的方面。做個更正面的人，並不是要你當個甜心天使，而是正派點的惡魔，或是至少舉止合宜些，親朋好友才不會要你滾回地獄去！

只要出現以下跡象，就是負面情緒獲得掌控權的時候：

- 開車時，雙手分別放在十點和兩點鐘方向，而中指一直保持在十二點鐘方向。
- 別問我杯子是半空或半滿，那分明不是杯子，是馬桶。
- 你認為在自衛情況下可使用致命武力的「寸步不讓自衛法」（Stand Your Ground law）是專門為你而設的。
- 你說話時常用「我只是老實說……」開頭，接著繼續說些混蛋才會說的話。

人們想改進壞脾氣時會這麼說：

- 別恨他了（這裡的他可指另一半或小孩），他不值得。
- 別那麼容易生氣，脾氣好一點。
- 別一直想著已失去的東西，就算了吧。
- 別被恐懼控制。

案例分享

我的岳父並非世上最壞的人，但我實在受不了他，無法跟他同處一個屋簷下，卻又不得不。因為我們一家子正借住在他家。我們一輩子都住不起這樣好的房子，而且住這裡對孩子們比較好。但岳父每晚都會坐在客廳看電視，差遣岳母做這做那，大言不慚地批評政治，一有機會就不斷羞辱我，我實在很想殺了他。跟我老婆抱怨也沒用，因為她只會覺得更無助，如果她替她老爸說話，我的心情又會更糟。我真希望那老頭早點去死。如果你不能介紹殺手給我，那至少讓我停止恨他。

* * *

已經兩年了，我一直無法走出離婚傷痛。我前夫那混蛋狠狠地背叛了我，我知道離開他對我比較好，但不知怎麼的，心仍是痛。我真心愛過他，至今仍忘不了過去種種。一想到他，眼淚就不停掉下來。孩子適應得比我好，他們都是青少年了，還問我什麼時候要開始約會，但我無法想像還會有人對我感興趣。我的目的是不再愛著前夫，讓心情好過一些。

* * *

我希望自己不要這麼沒安全感。參加社交活動前，我總是害羞又緊張，但這又是工作的一部分。我愛我的工作，但實在不喜歡社交，每次不是抖個不停就是渾身發癢。我弟就自在多了。但這也不能怪父母，他們一直不停鼓勵我，都是我自己的錯。我總以為年紀大一點就會好轉，但我都三十歲了，情況卻越來越糟。尤其我現在升職了，得跟更多陌生人來往。我的目標是不再緊張兮兮，對自己有點信心。

如果人們可以控制感覺，不會消退的負面情緒就是失敗的合法信號，也是自我提升的主要目標。如此一來，再也不會有人對另一半不忠，再也沒人愛看恐怖片，也不會有人暴飲暴食，但這其實也都不重要啦。

神經學與遺傳學都已證實負面情緒的存在，因此**如何處理它**才是重點。上述個案的表現都超乎你想像的好。因為好不好的標準，並非根據人們情緒好壞、是否變得更有愛心或較少生氣來判定的，而是即使人們無法趕走腦中的負面情緒，卻做過、也一直在做的好事。

甩不掉的負面情緒也許是人類進化必備的因素，可以警告你危險的存在，讓你寫的詩或歌有更多悲傷的餘味，讓你與同族人維持聯繫。無論負面情緒提供了何種優勢，往往是在叢林比較有效，而非大城市。但只要能幫種族延續，這種天性就會永久存在，無論個體會因此遭受多少痛苦。

假設你一輩子都要和負面情緒共處，是否該訂出一套標準，規定自己即使負面情緒上身也要舉止合宜？非也。你不該強迫自己凡事都要微笑以對，就算內心淌血也得笑，就算笑容會難看到嚇哭小孩。你該聽聽信任的人對你的行為有何反應，如此就能知道說什麼話、做什麼事不會傷害別人，也不會干擾你因為變得更正面而採取的策略。而最重要的是不會讓你的言行像混蛋。

如果你因負面情緒而嚴以律己，可能會接受那些不喜歡你的人，如同接受不喜歡自己的你。因而引發惡性循環，導致你做出最可怕的行為，繼續合理化自我懲罰的行為。其實你應該做的是，找到不受你的負面情緒影響並欣賞你正面個性的人。雖說你覺得自己無用，這樣的人卻覺得你小題大作或是根本沒注意到，而你也許會受挫，但以長遠之計，這樣對所有人都好。

無論你是否迫於無奈而必須與憎恨、奢求、嫉妒、恐懼共存，請注意你如何處理這些情緒，而不是這些情緒對你做了什麼。不論你日常的目標是避免不必要的家庭衝突，或是賺錢養家，或是想當個好朋友，都別讓負面情緒妨礙你。

目標記得越牢、越清楚自己的極限何在，負面情緒操弄行為並削減自尊的力道就越小。你無法控制負面情緒，但總可以不讓負面情緒控制你。

簡易自我診斷表

無法企及的心願：

□擁有一顆改進的心，沒有仇恨、嫉妒、恐懼和大家都有的醜陋。

□找到管理關係的一種方法，可以避免並化解惡劣情緒。

□發現愛上自己體內醜惡情緒的方法。

切合實際且可達成的目標：

□在不受負面情緒干擾、也不與它妥協的狀況下建立一套標準。

□儘管你真正的感受不是如此也請舉止合宜。

□敬佩這樣的自己：即使心存惡意時，也能舉止合宜；即使嚇壞了，也能勇敢面對；即使累了也堅持到底……

□忍受與醜惡情緒共存的痛苦。不因自己擁有這類情緒而責備自己，也不會為了逃避它們而攻擊他人。

你能做的事：

□了解你內心的混蛋，減少它們外顯的可能。

□每壓制一次內心的混蛋，就開新課程讓自己修習，內容可包括新的行為準則及會讓你失控的地雷。

□ 盡量避免觸及會讓你引爆的點，即使這意謂你得捨高速公路，改繞遠路去上班。

□ 找到可接納你的朋友與心理教練。

真心話練習腳本

當你的醜惡情緒與邪惡心思上身，你該告訴自己或某人的話：

> 親愛的＿＿＿＿（我／某家庭成員／和我一刀兩斷的傢伙）：
>
> 我不否認我對＿＿＿＿（你／孩子／豬頭老闆）滿懷＿＿＿＿（氣憤／嫉妒／恨意），但我仍然保有其他情緒。倘若不是＿＿＿＿（請寫下令你暴怒的行徑），這些情緒並不會影響我＿＿＿＿（工作／報稅／做功課／做正確的事），至少我能做到這點。我懷疑我能藉著＿＿＿＿（瑜珈／心理分析／看《寵物萌翻天》〔Too Cute〕）養成更正向的情緒，我也不確定是否要放棄寫著＿＿＿＿（親戚／某位名人／我討厭的Chipotle莎莎醬）的黑名單，或是要不要變得比現在的我更正面陽光或減少激動崩潰的可能。如果你覺得我的行為不當，請告訴我。不然，我相信我目前管理情緒的方法是最適合我的。

你可知道——太過控制惱人情緒，反而讓你變得更討厭

負面情緒就像黑手黨或LinkedIn，一旦你試圖脫離，它們就會纏你纏得更緊。如果你為了將惡念連根拔起，而想藉著懲罰自己、把做好事當成修鍊並推己及人，或許你會覺得自己正走在拯救世人的大道上，相信邪終不勝正。

但問題是，要是一心想根除惡念的人遇到了道不同者，可是會氣死人。而遇到這種人，你還真想用一種小心翼翼、含笑帶嗔的態度，語帶斥責，喃喃對他們說：我想抓起高腳椅一把插在你臉上。

請小心那些愛勸人為善的人，有些人對人從不大小聲，除非對惡人才生氣，他們的笑容刻意誇張，總露出太多牙齒，而讓人內心發毛。他們對大人小孩都用過於開朗、甜膩的語調說話。助人是他們唯一接受的話題，他們無時無刻都準備好救人，特別是那些不知感恩、讓人想吐的白癡，因為只有白癡才不感激他們的努力，才不採納他們的建議，才敢如此冒犯他們，因此為了拯救這些蒼生，他們唯有更積極施恩。所以當他們向你提供建議與幫助時，請做個聰明的白癡，在逃之夭夭前先禮貌地婉謝。

不想再搞砸了

有幾件事往往令人挫折沮喪，像是生活失序、缺乏動力，甚至連小事都無法專心做好。你或許會將分心的原因歸咎於環境太吵，筆的顏色不對，連看電視也能抱怨節目怎麼不在你被爆雷前播出……長久

怪東怪西之後，你會開始怪罪自己。

拖延、逃避、無秩序造成了延誤與失誤，招來羞辱、批評甚至官司問題。如果你在看影集《權力遊戲》前會竊喜自己已先看完小說《冰與火之歌》的兩大段，這一節就是為你寫的。

有些人對以上問題好像表現得蠻不在乎，沾沾自喜，隨口許諾自己做不到的事，最後只好造假說謊了事。但在現實生活中，他們其實非常在意，卻早已習於遮掩閃躲、道歉與無止盡的自我防衛模式。他們常常憎恨自己，宣稱祕密頭號敵人就是自己。即使他們把罪賴別人頭上的本事一流，卻也知道真正該負責的是自己。

他們看起來越開朗、越有能力，就更確定他們的壞習慣一定是選擇錯誤造成的，沒有切實接受任務與履行責任，只要他們更積極進取一些，為人更誠實可靠，就可以做得更好。通常他們的父母、老師、長官一致認同讓他們邁向康復的首要之務，就是要他們為失敗負起責任。

雖說承認**你有問題**的確是共通的第一步，但要你為**承擔責任而負責**則不是。腦神經連結（brain wiring）會讓聰明又有上進心的人工作延誤與失手，而這都是天生而別無選擇的。事實上，你雖無須為自己的毛病負責，但也沒有免除你需要努力處理毛病與找出路的責任，況且這事需要你克服根深柢固的壞習慣與態度。人無法改變本能，也不能讓錯亂、衝突、雜亂的思緒消失，卻能設法成為優秀的管理者，管理延遲、逃避、欺騙、遮掩的衝動。

再次重申，導致進度掌握與完成任務較難實現的「錯誤」腦神經連結，套用達爾文適者生存的說法，或許對人類是有益處的：有利於物種在不同環境生存，但這些環境並不包括辦公室隔間或寫期末報告。有此一說，能夠快速轉移注意力或持續保持狀況外，有助於人類在時時提防有人背後偷襲的紛亂環境中倖存下來。這種特色似乎有益於業務員，事實上很難找到沒有注意力缺失症（ADD）的業務員。但是，當你必須盯著電腦螢幕工作，而非業務、政界中人時，注意力分散就不是什麼值得讚揚的優點。

所以不要把缺乏責任感的問題全攬在自己身上，每次談到此問題，你都要相信自己並非真心想推諉卸責。請把羞恥放一邊，客觀評估自己，學習有效管理問題必須做的事。你無法改變大腦，但如有正確技巧、充裕時間及決心，無論電視上在演什麼，你都可以把任務完成。

以下跡象說明你無須為大腦出錯負責：

- 隨身攜帶數份「待做事項清單」，有兩份以上清單必須載明「整理『待做事項』清單」。
- 你比加拿大人更擅長、也更常說「對不起」。
- 行程表就算遺失也無所謂，因為都寫在「待做事項清單」裡。
- 唯一能讓你準時赴約的方法，是將約定時間提早一小時，而你在赴約路上都要戴著馬用大眼罩。

以下是人們想改進混亂失序與功能異常時會說的願望：

- 想更有責任感。
- 別再忘記約會。
- 別再逃避工作。
- 迎合那些幫助某人不再逃避工作的人。

・在老闆發現或出紕漏前，想出方法面對辦公桌上堆積如山的工作。

案例分享

我不知道我為什麼一直都是窩囊廢，但我確定老闆要炒我魷魚，而且老闆就是我爸。我讀高中時，就算師長為了激勵我而做了很多，也提供我額外幫助，但我的成績就是不好。我現在替我老爸工作，不希望別人以為我是靠爸族，但他們其實是對的，因為我沒有一件事做得完。我討厭一直把事情搞砸，老是道歉，有時連早上起床上班這點小事都做不到，而這都只有讓情況更糟。我的目標是成熟一點，做出好一點的選擇。

* * *

我討厭承認，事實上也從沒承認過「我是個大騙子」，但我就是沒辦法不騙人。我從小做功課就懂得造假說謊，即使被老師抓到而被處罰或是當眾被羞辱，我都控制不了自己。上了大學後，我跟父母謊稱一切順利，但其實已經沒去上課了。如果我當初跟他們說真話，自己休學，也不用花他們一大筆錢繳學費，但我一路隱瞞，直到謊言拆穿，被踢出學校。現在我都窩在家裡，有時打點零工，未來完全沒有希望。我的目標是做個誠實的人，做個連我都瞧得起自己的人。

* * *

我的人生毫無成就，對此我也沒有藉口可說。每做一件事，我多半只能維持一兩年的熱度，然後就失去興趣了。過了不久又會發現其他新鮮好玩的事，又開始認為那才是我創造更好事業的起點，結果離開目前的工作，但當然維持不了多久，就這樣惡性循環下去。我應該更積極專注於某種職業，因為我需要錢，也老大不小了。但只要腦中有什麼新點子冒出來，就又沒有空間容納邏輯、遠景等事了。我的目標是工作能定下來，專心走某一條路，任何路都行，而且能一路待到退休。

這麼假設好了，如果你的毛病是不斷嘔吐，難道會安於當個廢物，一輩子乖乖地蹲在十呎高的馬桶前或身邊隨時準備好紙袋嗎？你應該會去找專科醫生，如果醫師說禁吃小麥麩質，就乾脆戒掉不吃，不然至少也會成為最擅長說嘔吐笑話的大師。意思就是，長時間身為廢柴的你，當務之急是把羞恥責難先丟一邊，找出毛病是否出於心理素質中的某個缺陷。

大多數人都想逃過這個步驟，因為知道自己有些不正常不是太好受的事。但這樣可讓你別再浪費無謂時間自責與道歉，同時也給你一點正事做，總比你掐死自己好。

順便說一句，心理缺陷通常使人素行不良，如此更讓人覺得他到底是有心理缺陷，或只是單純行為不良？兩者界線模糊不清。這些人要不就是天生容易生氣衝動，暴躁程度超越自身能控制的範圍；不然就是對不斷搞砸的態勢無能為力，因而更加難以忍受自己，以至積怒日深。事實上，相較於打乖乖牌的廢柴，行徑有如大混蛋（見第九章）的廢柴不一定是做了錯誤的選擇，或是對於選擇有更多控制力。他們只是比常人更掙扎，導致行為更難以改變與控制。

如果你能忍受屈辱與無助，承認自己是個失控的窩囊廢，就能從無法達成的期望中解脫，對無法遵守的約定與出席的場合放手；如此便能從無盡輪迴的失敗中脫身，重獲自由。但切勿放手的是你盡量不想搞砸的行為標準與決心，讓你爬升至一種經自我認證的廢柴新位階。

請接受真實的自己，努力思考你想遵守達成的人生準則，不要一心只想著我要看來正常、討權威者歡心，或是與他人競爭。請用經深思熟慮的行為標準，約束你體內那個廢柴，並請加倍努力，去學習你真正在意的事物，以及約束你的偏差行為。

請依照自我標準去定義何謂努力、可靠和自力更生，再以自己的方式、運用天賦去完成以上內涵。如果你的事業不獲好評，或是走了一條跳脫常軌、充滿未知風險的路，也不要自我責難；正因業界常規難以突破，你在別無選擇之下仍能努力設法達成標準，這樣的自己值得你的尊敬。

請記住，事情做不好不代表結果一定不好，充其量只能說明以你還無法發揮現有能力做到最好。只要你建立自己相信的價值，有理有據相信自己為了達成目標，已發揮最大努力，你將永遠處於成功之地，即使知道自己頭腦古怪的事實很難吞得下去。[6]

---

6 譯註：作者在此語帶雙關，指涉美國一款遊戲smartasss wacky brain。

簡易自我診斷表

無法企及的心願：

□ 擁有隨選即用的專心與注意力。

□ 舉止永遠聰明機敏。

□ 努力工作就會有等值回報。

□ 每件工作開始前都不會亂了手腳。

切合實際且可達成的目標：

□ 為自己定下必須完成的事。

□ 找到自己的方法執行某事，或把必須完成的事交託出去。

□ 無論結果如何，相信自己已做到最好。

□ 盡力發揮自己現有的才能，並為這樣的自己驕傲。

你能做的事：

□ 測試自己在資訊處理上有無問題，或請神經心理學家幫你測試。請做「ＭＢＴＩ職能性向測驗」（Myers-Briggs Type Indictor），以了解自己固有的人格特長與優缺點。

□ 從師長、教練那裡得到的幫助，往往最正面，他們提供的訣竅也能幫助你表現更好。

□如果朋友明明了解你的問題、卻仍然對你經常搞砸事情的狀況反應過度，請盡量少來往，因為他和你是同一種人。請多交那些不了解你的廢柴內在、也不會因你太廢而困擾的朋友。

□如果非醫療性質的方法都無效，請就醫。

□請找擅長報稅的另一半。

真心話練習腳本

親愛的______（我／某家庭成員／對我失望、絕望或被我狠狠扯過後腿的人）：

我知道你覺得我______（搞砸了／沒把工作做好／無視截止日期／應該被公審並坐牢），我向你保證，這些比起______（做好工作／遵守承諾／不讓你失望／遠離ＭＳＮＢＣ電視台的真人牢房實境秀《監獄實錄》〔Lockup〕）一點都不重要。我現在正盡全力______（了解事發經過／補救／不再犯下如此嚴重的錯誤），我知道搞成這樣的原因之一在於我沒有______（請寫下某種基本技能，如沒有時間觀念，無法遵守指示等），但我已知道自己這點很弱，也建立了某種機制以免妨礙工作。我會從此次經驗中記取教訓，繼續努力完成約定。______（請默禱後，多寫一點真心誠意的道歉詞）。

上癮的自我治療

人類可上癮的東西無遠弗屆，像是管制類藥物、性、可吃的東西、網路，乃至可怕的人，都可能上癮。許多證據顯示，這就如基因一般，該歸咎於我們無法控制的因素。然而，我們仍持續把濫用與上癮歸類為道德淪喪，並據此做出反應。通常這類反應意謂隱瞞自身的上癮問題，譴責有同樣問題的他人，至少在政壇是如此。

我們無法控制遺傳因子（genetic factor），致使有些人更容易對藥物產生依賴，或者有些注意力缺失症患者就是會比其他患者更浮躁，甚或因童年經驗而投入偏差不健全的關係，面對陌生的好人好事反而掉頭而去。因為唯有如此，人們才找得到責怪的對象，而無須承認我們是全宇宙最無助的微塵。

人生就一個爛字，成千上萬的壞東西應運而生，纏著我們不放，把我們攪得一團亂，既不公平，也毫無道理。一旦你接受這個事實，擺脫上癮症就沒那麼不可能。

換句話說，要減緩或戒除上癮症狀，並不是從自我批評、懲罰，或是祈求誘你成癮的壞東西有朝一日消失做起，而是要接受癮頭存在的事實，你得用盡全力對付它，才不會把力氣浪費在自我怪罪、虛假希望、絕望與自憐上。

有人認為，改變最好的機會就在「跌落人生谷底」、失去一切之後。麻煩的是，一旦上癮都會陷入惡性循環。當你失去所有你在意的人事物，對壞東西的依賴就越來越深，覺得自己和人生糟糕透頂，漸漸地什麼都不想要，只想獲得立即的紓解與短暫的歡愉。癮頭就像無底洞，吸附著你一路往下掉，沉迷淪陷程度遠超乎你的想像。癮頭如胃口，也像橄欖園餐廳的超大沙拉盤一樣，深不見底。

也有人認為，上癮症患者必須等到察覺所愛之人因自己的問題氣憤痛苦時，才能真正戰勝癮頭。如果你到現在還不知道，請務必記住這點。但情況大多是：上述道理對誰都是老生常談。要擺脫他人對你上癮而衍生的罪惡感，最好的方法是讓自己變得更差勁，爾後發現自己是為他人保持清醒而不是為自己，進而將保持清醒視為他人的責任，只要有人惹你不快，就想「嗨一下」。想趕走壞衝動，不論是恐嚇、哭求或溝通，通常都無法讓它們屈服，甚至會讓你對它們的需求增加，逼得你癮頭更大。簡言之，你在實境秀《幫你戒癮》（Intervention）[7]看到的劇情絕大多數不會出現在現實生活中。

相反的，改進必須從接受開始。請接受上癮問題會長期存在的事實，體悟到這些問題導致的痛苦與負擔永無止境，而自己永遠都有義務去管理它們。

接受勒戒治療的人都很清楚，沒有真正的勝利，也沒有全然與永遠的清醒。所謂成功的克服成癮問題，就是真正了解「無癮一身輕」值得我們去奮鬥，也會盡最大努力保持鬥志，不論你過去、現在或未來所面對的真相有多麼殘酷不仁。

7 譯註：Intervention原指醫學上的「介入治療」，應用在一般情境就是矯正。《幫你戒癮》為美國A&E電視台以此想法製作的實境秀，找來各式癮症的人，並請專業人士安排戒斷，自二〇〇五年至今已播出十四季，二〇〇九年獲艾美獎肯定。但戒斷不一定成功也會復發，目前主角中有多人過世。

上癮卻走不出來的跡象：

- 一心想查出自己為何成癮。
- 為自己總讓他人失望，而一直心懷愧疚。
- 拒絕把癮頭當成問題，即使因此被解雇、法辦或失戀也一樣。

上癮者想戒癮時，許下的願望多半是：

- 結束對物質的濫用和自我虐待。這是唯一希望。
- 想讓別人了解自己沒有酗酒問題，反倒覺得咬定他們酗酒的人才有問題。
- 想弄清楚自己是真的濫用成癮，還是只是○○的頭號粉絲。
- 想找到清醒與上癮之間，難以捉摸的中間地帶。

案例分享

我進出勒戒所三次了，就是無法保持清醒。每次治療後唯一能回去的地方就是我家，面對宛如地獄的婚姻，但沒辦法，孩子們還需要我。一開始我下了極大決心，預約一堆門診。但因與老婆衝突不斷，加上要照料小孩，心力逐漸被壓力消磨殆盡，常常一回神發現自己抱著藏起來的酒猛灌。我沒時間去看診，診所都離我住的地方有一段距離。我的目標是找到我欠缺的力量，只是不知道誰能給我力量。

我先生說他沒有酗酒問題，因為他從不宿醉，每天都能清醒去上班。但每天晚餐過後，他就爛醉如泥，癱在一旁，完全不顧孩子很想利用時間跟父親好好相處。他喝了酒就昏昏沉沉、不愛說話，但再喝下去，狀況就不一樣了。他說自己比他老爸好太多了，辛苦工作又賺錢養家，所以有權在晚上放鬆一下。說得一副我好像在找他麻煩，給他苦頭吃的樣子。但我只是想搞清楚他是否有酒癮，而我又該如何幫助他。

* * *

我老婆快氣炸了，她抓到我每天晚上都上網看A片或玩色情遊戲，但我不覺得這有什麼錯。我們的性生活良好，我也沒對她不忠，做這些又無傷大雅。但老婆認為我並沒察覺自己浪費多少生命在網路上，也因此錯失了人生其他重要的東西。她說我需要幫助，但我覺得唯一有問題的地方在於她看到我上網看A片，而氣急敗壞、反應過度！我希望能讓她理解這種事沒什麼大不了。

在確定你是否對某物質或某自毀行為成癮前，請先確定這些物質或行為對你的意義。你都知道家人會說什麼，匿名戒酒會（ＡＡ）[8]的小冊子上面寫些什麼，甚至連藥頭會說什麼你都知道，但除非你花點時間想清楚濫用成癮的意義，別人的想法都只是鬼扯淡（尤其是藥頭說的話）。

事實上，大多數為上癮症所苦的人不一定有藥物戒斷反應（有的話必須特別注意），也多半沒被警察逮捕過，更沒有變成介入治療的對象。所以先把上癮的主要徵兆放一邊，由你自己來定義「上癮」——必須包含行為成癮或濫用物質帶給你的所有影響，例如是否讓你無法工作、舉措失當或承擔了不必要的風險。

一旦上癮了，影響範圍甚廣，涵蓋工作品質或就業保障、你對好友與好伴侶的定義、身體健康方面（能否安全開車、維持安全性關係、愛肝等）。以上都是你該檢視的項目，必要時也要問問親朋好友的建議。

其中最該檢查的是，想想你的疑似成癮是否讓你無法好好做人（此處「好好做人」的意義在於好好做事、不酒駕、不是讓人無法忍受的白癡等）。

如果你不記得犯癮後的醜態或懷疑別人想法的客觀性，甚至可以學赫索霍夫[9]，把自己癮頭發作時的樣子拍下來。請看重別人的意見但不要理會他們的情緒，因為這和改變他們的想法無關，你不是要和他們吵架，更不是想取悅他們。這件事只和你的能力是否符合**你的**行為標準有關。

仍有疑問的話，請蒐集更多資訊。你可以先停用這個疑似成癮的物質或行為，試著觀察一個月，看看停用與使用的差異。在此期間，不要被自己與別人的情緒與感覺左右，而一下說做、一下不做。請專注於蒐集事實，評估你的行為是否有違自己的標準。

如果你決心改變濫用行為，而只用意志力無法控制時，請找適合你的戒斷組織作為強大後盾。你會知道唯有承認無法單靠自我力量克服癮頭時，你才會更堅強。承認無能是「十二步驟治療法」的第一步，但它同樣鼓勵你卸除責任，控制不了的因素都無須負責。以至於「不該我受的罪」無法讓你改善**你可控制的事**（見《寧靜祈禱文》（*Serenity Prayer*）[10]）。匿名戒酒會不見得適合每個人，有些人覺得它太過僵化，甚至偏向某種狂熱的宗教崇拜。但因完全免費，容易入會且非常務實，值得作為嘗試的第一步。如果只靠聚會無法戒除成癮行為，請找尋更具時效且方式多元的療法，譬如每天四小時專業治療的積極門診治療計畫（intensive outpatient program），也能全天候住院（all-day therapy）、採部分住院形式，住進日間病房，或是住進康復中心，接受全天性照護。

如果你相信照顧他人的責任可以讓你戒癮，請三思。有些人的確肩負巨大責任，而他們之所以難以自助，反而歸咎於他們是助人狂（help-aholism），或是根本不清楚責任的界線何在。當這些人無法同時考慮自我需求與幫助他人，就表示他們付出太多，身心俱疲而失控。只要他們對於管理自己的成癮問題較為上手，就有餘力顧及其他需求，包括想付出的需求。對於老愛付出的人，清醒時的好處更多。

請切記，幫助那些不想要你幫忙的人，成效很有限。當他去就醫是為了你而非自己時，就表示幫助

---

8 譯註：一九三八年成立的Alcoholics Anonymous（ＡＡ）又稱「戒酒無名會」，是美國最大戒酒組織，酗酒者匿名參加聚會互為支持，因太過重視宗教靈修，十二步驟治療法中有六項要靠上帝的力量，與美國採科學方法的戒酒中心漸有歧異。

9 譯註：此指以影集《霹靂遊俠》（Knight Rider）李麥克一腳走紅的大衛．赫索霍夫（David Hasselhoff），他中年酗酒卻從不承認，二〇〇七年被女兒拍下爛醉爬地撈漢堡吃的醜態，三個月後影像流出遭八卦節目強力放送。

10 譯註：二十世紀知名神學家尼布爾（Reinhold Niebuhr）在二戰期間寫的祈禱文，後來為匿名戒酒會使用。禱詞為：「神呀，求你賜我寧靜的心，接受我所不能改變的；賜我勇氣，改變我所能改變的；賜我智慧，分別兩者的不同……」

無效。你無須扛起他人戒癮的責任，而是應該給予他們自我監督的工具（如前述），並挑戰他們能否善用那些工具，需不需要清醒和幫助的決定權都在他們手上。

他人的幸福與不幸，都不是你該優先考慮的事。詢問他們是否有比幸福更重要的事，如安全、健康和人際關係好壞。如果有，他們就必須忽略幸福，控制有害自己的行為。

幫助人們彼此互助去管理成癮問題的靈性活動，並不是就要人去信仰上帝。而是相信做好事和成為你尊重的那種人，比起感覺良好來得更有價值。

上癮行為讓人難以控制那些只求快樂或迅速消除痛苦的衝動行徑，也無法使人堅強茁壯。經深思熟慮而想出的一套良好管理方式，可幫你建立價值，給你力量，讓你忽略痛苦，進而做你決定是對的事。

簡易自我診斷表

無法企及的心願：

- □ 希望獲得應有的幸福或慰藉。
- □ 不再害怕生活中潛藏的危險，也不用承擔保護自己的責任。
- □ 能拯救他人成功戒酒或戒毒。
- □ 偶有能力戒癮，至少不用戒得如此痛苦。

切合實際且可達成的目標：

□ 客觀判斷你是否清醒，能否自我控制。

□ 管理你想改變的行為，不要因為自己有這些行為而攻訐自己。

□ 忽略愧疚感，請敬佩為了完成目標而努力的自己。

你能做的事：

□ 以自我標準定義何謂清醒行為。

□ 為求改變，請決定要付出多少努力、有多羞愧與沮喪才值得。

□ 每個人對上癮要負的責任有限，接受此事實後，你就能在管理上癮問題上多負些責任。

□ 向有同樣問題或問題更嚴重的人求助，加入匿名戒酒會或戒毒會（narcotics anonymous，簡稱ＮＡ）成為他們的夥伴。

真心話練習腳本

親愛的＿＿＿＿＿＿（我／某家庭成員／摯愛的調酒師／被我上癮行為影響的所有人）：

我知道你們一直＿＿＿＿＿＿（催我找人幫忙／讓我更迷失／要我滾出這個城市），因為我的＿＿＿＿（請寫下某種上癮行為，從酗酒到線上撲克都可），已讓你的＿＿＿＿（汽車保險／信用卡額度／名譽）大受影響。對此後果，我真心懺悔。我也對＿＿＿＿（請寫下與公然說謊相關的動詞）非常抱歉，此舉已削弱了你對我的任。即便這麼做讓我看起來像＿＿＿＿（請寫下「豬頭」的同義詞），我也無法保證這種行為一定不再發生，但我一定會努力戒，不再撒謊。如果你覺得我還是＿＿＿＿（拖拖拉拉／沒誠意／又走會自欺欺人的老路），請務必告訴我。我會聽取你的建議讓自己更堅強，珍惜當下每一天。

你可知道——

你的心理醫生是怎麼說你的？

就像很多在麻州布魯克蘭鎮出生長大的孩子一樣，我的雙親也是精神科醫師。布魯克蘭鎮的精神科醫師占全球2％，我非常肯定這就是我媽出門不用化妝的原因。除此之外，很多人也會問我一些我答不出來、不知該不該當真的問題。比方說，我無法判斷自己的童年是否正常，因為我沒和其他父母過過日子，無從比較。我也無法告訴你「我瘋了」到底是什麼意思，就像你不會問律師父母的小孩「他是不是好辯混蛋」這刻板問題一樣。

有個問題我倒是可以明確回答，卻從來沒人問過我——就是心理醫師之間也會談論個案，而且不只講給一個心理醫師。HBO影集《黑道家族》（The Sopranos）演的並不完全正確，搞得好像只要心理醫師分享病人的事就違反職業倫理，其實不論字面或技術層面都沒有違反。任何醫療專業人士都能正大光明討論自己的病人，只要談論主題不涉及任何「個人身分資料」，如姓名、地址等即可。醫師或許會說出你的祕密，但你的身分絕對保密。

這話聽來似乎矛盾，但我的父母每次去Caffe Luna餐廳外帶全家餐時就會開始討論病人。一開始是他們任職公立醫院時的嚴重精神病患，直到我父親自己開業後，討論對象就變成走家裡樓梯進診間的匿名患者。只是我的父母並不像一般人聊天那般隨性，除了絕口不提患者的名字，也會把病患的問題當成疾病研究，而不是談論他們的生活。詳細診斷釐清病況，與喝咖啡聊是非截然不同，後者不管聽幾遍都很有趣，前者則令人打呵欠，對一個只想快點吃完晚餐、寫完功課，好看電視的小孩來說尤其無聊，其他小孩也一樣。

心理疾病不像糖尿病或癌症一樣明確，人們早忘了精神科醫生了解病患問題的方法與其他專科醫生並無二致，起碼養大我的那兩位就是這樣。尋求第二意見時不帶私人情感、講究效率且充滿熱忱，即便參與討論的同事是枕邊人亦然。人們也沒有意識到他們的身心症狀宛若雪花，不是因為每種症狀都不一樣，而是因為除了少數難以察覺的細節外，每種症狀都與其他數以萬計的同類很像，打個比方就宛如新英格蘭二月時節，討厭的雪到處下個不停。

如果你夠幸運，沒被心理醫師或精神科醫師當成初次約會或某次趣聞說出去，這樣一來就算很瘋狂的病人也會覺得好過些，這麼做的目的是決定哪種治療最適合那個取了化名的病患。但對醫師的另一半與毫無興趣、只是耐心等爸媽打卡下班的孩子來說，可就不是那麼一回事了。

希望自己變得更好是人類共同的渴求，但人生有些事牢不可破，有些事根深柢固，如果在想清楚這些問題前，就貿然允諾改變自我，這樣的希望將永遠伴隨著自我摧毀的潛在危險。無論我們許願時有多虔誠，朋友的意圖有多良善，心理勵志書寫得多好，馬克杯上的標語多有創意，危險都不會消除。唯有確實明白自己該負的責任有限，希望也有限，只寄望自己真正能掌控的，努力終會得到回報，一定有機會成功。

請用經驗和常識定義你能改變的極限，請注意過程中一定會覺得不快。然後界定自己能做的任務，而該任務有可能成真，如此努力才有意義，畢竟先做好事再有歡喜心，才會得到好結果。

F*ck

fuck self-esteem

第二章

該死的自尊

人們總以為自尊（self-esteem，又稱自我意識）是心理健康的正字標誌，不少人把自我價值建立在外表好看、打扮體面、口袋很深、是不是人生勝利組等，但這種價值觀並無多大意義。唐納·川普的自我意識就超乎常人，不過倘若人的頭頂髮量可反映內心，那他的心理健康肯定大有問題。

的確，當幸運變了調，成名的依據也消失殆盡時，因先天條件而自我感覺良好的人通常會率先覺得自己很失敗。再加上廣告商總是標榜性感、美麗、時尚，期望人們相信只要用了他們的產品就能成為贏家。而人們也依此找到了自尊的分類標準，又因多半出於個人經驗，因此自尊必須比照危險藥物，用黑框特別標出警語。

有些過度自信、視自己為高人一等的天之驕子更證明了自尊過度膨脹的風險（詳見p.69的灰底文字）。他們覺察力薄弱，不知道自己其實和混帳差不多；他們雖不清楚自己造成無謂傷害的能力有多大，卻對自己誠實敢言的能力十分驕傲。這類人也認為一定是其他人太有禮貌或膽子太小，以致很多話說不出口，只有自己才敢暢所欲言。他們自信的程度簡直就是自我崇拜（self-worship）。而最重要的是，他們往往是不折不扣的大混蛋（詳見第九章）。

自尊福音（Gospel of Self-Esteem）也許會有不同見解，認為只有先愛自己才能自立自強。把自尊當成人體必需維他命，若要取得人生控制權，想在不受過度干擾、不被他人恐嚇的情況下做自己認為對的事，就必須先服用一粒。這類福音散見於名主持人歐普拉、NLP大師東尼·羅賓斯（Tony Robbins）所寫的書，若想知道其中最神聖的福音，可聽變裝皇后露波[11]怎麼說。

如果這些人所言不虛，就代表緊張害羞、具有自我懷疑強迫性格的人，注定要過著唯唯諾諾形同廢人的人生，但事實卻非如此。比方說，他們認為做了壞事的人，要是沒找到自我救贖的方法就無法正常過日子。但只要看過MSNBC電視台周末強檔放送的《監獄實錄馬拉松》，就會知道完全不是那麼一回事。很多人願意反覆做著一成不變的事，願意拋開自尊做事，因為這樣才像他們自己，也才能賦予他們自我價值。

幸運的是，人生除了財富、好運、感覺良好，再無其他需要動用自我價值感來衡量。內向害羞的人為了謀生賺錢，也會生出力量與他人周旋；長相醜陋的人若發願想與他人積極互動，也會變得勇於社交；大半時間都醉茫茫的酒鬼若是力圖清醒，就會依據他們自訂的好事標準來行動。無論感覺多糟、成功與否，自尊心因而建立。

取得自尊的唯一路徑是做你相信值得付出的事。即使你在初期會覺得自己矮人一截、丟臉或被攻擊，但為了追求良好價值而失去自尊，絕非罪過。反觀因感覺良好而產生自傲心理，就稱不上美德。

也因如此，運氣很衰的人，無須將自己排除於健康的高自尊標準外。就像我看診時見過的病人，有些患有嚴重精神疾病，長期失能，腦海中總有聲音盤桓不去，外表邋遢，無法工作。但如果他們能找到互相幫助的方法，以僅存的能力做點有用的事，所獲得的自信不僅真實，也應當與正常人或有能力者獲得的一樣多。事實上，他們應該更具信心才對，因為他們面臨的挑戰更大，成就當然更了不起。

11 譯註：露波（RuPaul），演員出身的變裝皇后，以歌手成名，因扮相美豔，出任各大品牌模特兒，目前有自己的變裝皇后選美實境節目RuPaul Drag Race。

破解魯蛇的詛咒

有趣的是，提升自我信心的需求多半發生在自覺不如人的時候。當你檢視成就，覺得自己好像高踞世界頂端，但只要一有人表現比你好，就能立刻把你打回平地丟進垃圾桶。

我們跟其他群居哺乳動物一樣，能察覺自己在群體中的位階高低。而衡量工具就是人體內預設的價值計算器，衡量標準是人力控制有限的價值，如外形魅力、快樂、智慧與力量。換句話說，我們本能上會根據比較結果及自己無能為力的特質，來界定自己的等級。

但我們其實還有其他優點，如謹慎、忠誠、耐心，這些都是我們**真正**能控制的，也是較屬內在深層的性格與價值指標。不幸的是，根據我們內建的價值計算器，這些特質計算過後的價值為零。

除了價值計算，許多人對自己擁有的特質並不自豪，或許是因為自我標準太高，也或許是比較範圍太廣，人外總是有人，自己就是比不上某些人。你列在自陳量表上的特質都不如預期，聰明才智、外貌、力量等都只達低標，慘到令人打從心裡討厭，最糟的是這些特質的價值都很有限，簡直太恐怖了。

當你不喜歡眼中的自己，舉目所見皆缺點，討厭的缺點也沒好轉的跡象，在這種情形下，你怎麼可能高興得起來。

這時有人就會說你應該無條件愛自己。請相信或想像你信奉的神愛你，教友們也愛你。遺憾的是，這種鼓吹愛自己的作為，或許會讓你感覺很好，更有自信，但並不能真正改變人的行為舉止，混蛋終究是混蛋。這也不會遏止你繼續依賴與盲從教友、宗教領袖。這種愛自己的方法只會導致「焚燒《可蘭經》事件」[12]、搖頭性愛趴等「只要我喜歡沒什麼不可以」的偏差行為。因為你的價值觀早已與你的想法斷了連結，無法分辨好壞與常識。

還有人主張設法找到自己喜愛或擅長的事物，盡全力去做，就能提升自我價值感。如果人人都能做到這點，這建議就太完美了。但真相是可悲的，世上就是有人不僅沒才華也沒興趣，連生活狀況都不允許他們開發人生潛能。因此，開發才能與尋求自我滿足雖然值得一試，但「你一定要成功，要對你無法預期的結果負責」這句話卻非常危險。

所以倒不如接受事實——人，有時就是無法也不會擁有自信。不過這不該成為你放棄自己的藉口，也無法阻止你甩掉自尊低落的爛情緒。自尊低落絲毫無關緊要，說穿了不過是艱苦生活、完美主義及身上配備不如人的副產品。

只要盡力自立自強，堂堂正正做人，遵守自己的價值觀，便能找到更多尊敬自己的理由。這種感覺絕對比立志加入一群超聰明、超有錢、身材超好的人生勝利組還要好。

下列蛛絲馬跡可看出你並未把「感覺良好」列入人生選項：

- 每天上人力銀行找工作，卻始終沒有面試機會，只買得起罐頭裹腹。
- 你想整形，醫師說手術金額肯定超出預算，而且你的大鼻子已超過醫療救助的極限。
- 醫師認為你患有纖維肌肉疼痛症（fibromyalgia），建議你改看疼痛科。

---

12 譯註：二〇一〇年九一一恐怖事件紀念會前夕，美國佛州小鎮牧師瓊斯預告當天將帶領教徒焚燒《可蘭經》，抗議在世貿遺址附近興建清真寺，此舉引起伊斯蘭教徒憤怒抗議，甚至引發外交衝突。

- 變裝皇后露波說愛別人之前必先學會愛自己，但你已完全放棄這點，只好倒抽一口氣，開始恨露波。

人們無法喜愛或尊敬自己時，會許下以下心願：

- 改變自己不喜歡的個人特徵。
- 接受「愛自己」治療。
- 尋求恢復自信的方法。
- 打消恨自己的念頭。

案例分享

我從沒喜歡過自己。坦白說，我根本沒有值得愛的地方。我知道這話聽起來很像是故意貶低自己，但事實就是如此。我長相普通，成績一般，又笨手笨腳的。分組時總是最後一個被選上，又討厭運動。現在做的工作超無聊，一個人租不起房子，只好找室友分擔，偶爾約個會。雖說我已慢慢適應目前的生活型態，但日復一日毫無變化的人生，漸漸讓我焦躁不安起來。我想知道，當一個毫無長處的人，生活無趣又無聊，只會庸庸碌碌度日時，要怎麼做才會變成贏家。

*　*　*

我很高興婚姻終於結束了，但我似乎還沒走出離婚的陰影。我想念有丈夫的日子，兩個人在一起財務比較有保障，也能互相扶持。孩子們都適應良好，好好生活，只有我仍然缺乏自信。我對前夫沒有留戀，只是在沒有找到第二春之前，我覺得自己一個人走不下去。第二春談何容易，我已不再年輕貌美，跟我年紀相當的男人大多死會了。會想和我約會的人似乎只剩下變態，不是有老婆，就是想試試與老女人交往的滋味。我的目標是找回過去曾有的信心，不再嚇跑別人。我也不希望就這樣渾噩過一輩子。

* * *

二十多歲時，我對自己充滿自信，一路順利升職加薪，女孩都對我有興趣。當年的我炙手可熱，也是大家看好一定會成功的人。過了幾年，來了一個看我不順眼的新老闆，我的事業從此停滯不前。為了付帳單，我不得不接受沒有出路的工作。我知道只要我真有才幹，絕對有可能東山再起。但景氣不好，我也無能為力。短短兩年間，我從明星變衰神，很難不覺得沮喪。我的目標是找回我的最佳狀態。

如果你比朋友窮、成就低，賺得比過去還少，可預見的未來毫無希望可言，要把這樣的自己視為贏家的確困難。而且照此邏輯思考，如果其他人都是贏家，那輸家當然非你莫屬。

不管從社會或個人角度，我們都接受以此觀點評價自我。想評斷某人是否走霉運，就看那人是不是沒做什麼就一貧如洗、孤身一人或失去一切。有種可怕的惡性循環威脅著我們，如果我們屈服運氣不好的日子、相信自己是失敗者，就會因為相信自己帶賽，才會厄運連連。你要嘛就保護自己，相信自己不是瘟神；要嘛就全攬在身上，衰個徹底。

現實生活中有很多人覺得自己的人生陷入困境或每況愈下。然而即使不公平苦難當前，他們也處理得很好。不管再怎麼苦，仍然堅持誠信、絕不背棄親人，也能為朋友兩肋插刀。這些人總覺得自己沒有通過人生試煉，但事實上早就過關了，因為他們沒有屈服於自我價值低落而酗酒吸毒，也沒有自甘墮落或怨天尤人。請記住，即使你覺得孤獨、不如人或被世界淘汰，仍能堅持下去的你必定擁有許多優點，而這也是人生最大成就之一。

孤獨終老一輩子往往是讓人覺得失敗的主因，且多發生在無法承受社會挫敗的人身上。這些人忽略了自己實際擁有的東西，只因缺乏信心及適當的擇友程序而痛苦不堪。他們期盼著簡單的補救方法，卻總是落空。人生對有些人來說宛若社交沙漠，長相、年紀、能力等重擔總能在他們與社會之間築起一道高牆，將他們隔絕在牆裡。要是他們怪罪自己，而不與爛桃花或豬朋狗友一刀兩斷，下場肯定更慘。

另一方面，如果他們對於自己與外界接軌的能力仍保持信心，儘管經過長時間的隔離與孤單，依然堅持原則，最後就有可能成功穿越沙漠，找到與社會相容的綠洲，而這也是他們應得的。

所以如果你的人生目標是追求自我感覺良好，趕快罷手。只有學會從辛勤工作獲得滿足，才能享受信心滿滿的快樂。但請不要把培養自信當成人生目標，因為這暗示了控制與責任，你可能會因失敗而責怪自己。切記，當願望無法成真，又碰到苦難或衰神上身，甚至兩者同時發生之際，殘酷自責都是不對也不必要的。

人生烏煙瘴氣之時就該自問，正直有自信的人遇到相同處境會怎麼做。他們不會也不可能只為自己的快樂而努力；他們會選擇會做對的事。現在請以具體數字與日期，擬定可行又有效率的計畫表，並觀察實行進度。請根據行為而非感覺，來為自己打分數。也許你在某個月除了完成工作、餵飽孩子、打幾通電話之外，已無多餘心力做別的事。但你所做的一切，都是你能負責並符合自我期待的事。就算現在沒錢、失志又與社會隔絕，還有其他重創靈魂、讓人萬念俱灰的情緒火上加油，也請記住，你並沒走偏，仍在邁向成功的航道上。

要人不比較很難，但請建立自己的評比標準，確認自己擁有哪些能力專長並好好利用。或許你無法一路贏到底，但也永遠不會是輸家。

簡易自我診斷表

無法企及的心願：

- □不被看衰的能力。
- □在死前交到朋友或找到愛人。
- □一個能讓你維持信心、保持樂觀的理由，一個就好。
- □可能成真的美夢。
- □照鏡子或回顧人生時不會被嚇到。

切合實際且可達成的目標：

□ 盡力活著。
□ 表現出喜歡自己的樣子。
□ 保持忙碌，想別的事。
□ 避免自尋煩惱。
□ 換套內衣，改善氣場和運氣。

你能做的事：

□ 把「早知道就該……」和「那時其實可以……」改成「就是沒辦法」與「就是這樣」。
□ 列出每日必做清單，必須與工作、健康、謀生與豐富私生活有關。
□ 用評估朋友的心態每天給自己打分數。
□ 覺得自己是毫無價值的魯蛇時，只要有照顧好自己或做了正面的事，請為自己加分。
□ 養條狗吧！（養貓也行，但家裡有個裝屎的貓砂盆，對建立自信不一定有幫助）。

真心話練習腳本

當你覺得陷入困境或卡關，遠低於平均標準，以下是你該對自己或某人說的話：

親愛的＿＿＿＿（我／心愛的寵物／天花板）：

我知道我沒有自信，這應該和我缺乏＿＿＿＿（技能／現金／教育／好看的臉蛋），以及＿＿＿＿（每次看完心理醫生／吃過抗憂鬱藥／讀心理勵志書）也無法增強自信有關。然而我並沒有受制於這種感覺，進而犯下＿＿＿＿（請寫下作奸犯科的事／染上各種癮頭），至少目前還沒有，因為我還能繼續工作。在等待轉運期間，我對自己不去在意有（沒有）自信的能力仍有信心。

你可知道——

「自大症候群」是老天的懲罰？

如果你沒聽過「自大症候群」（Excessive Self-Esteem，ＥＳＥ）也無須擔心，因為很多人跟你一樣。這是近來才發現的病症，不僅有害、難以察覺，而且已有許多人為其所苦。此病對人的危害，據說比爛髮型、沒幽默感更為嚴重。

過去一般認為「自卑症候群」（low self-esteem，ＬＳＥ）比較危險，因為它會妨礙人們建立自信去交友、發揮影響力、變成激勵演說家，甚至找不到人上床。

但事實證明，大多數ＬＳＥ患者儘管不時自我批判與自我懷疑，但在學習好好過日子上，效果顯著。ＥＳＥ患者則渾然不覺自己的攻擊性導致人際關係破裂，因此不會尋求幫助。他們對自己的一切作為都充滿自信，不論是感情上的可怕決定或令人看不懂的時尚穿搭。可悲的是，他們困擾的都是身邊的人。他們還會蓄著奇怪的鬍子，生下很多孩子（多半是私生子）又養不起，卻還以為是上帝的禮物，值得開個專屬的電視真人實境秀。[13]

同時間，大批無法與ESE患者相處、被他們傷害的病人湧入醫院，醫師原先還誤以為這些病患只是自卑心作祟。從治療的角度來看，如果ESE患者自戀的程度可調整至合理範圍內，將會是全人類的福音。在醫界和（或）廣大的歐普拉粉絲團還沒承認ESE是需要治療的疾病之前，我們都要保護好自己，不受這種「大放厥詞殺手」所害。

放下說服力

在讓其他人仿效追隨前，你對許多事物都該有自己的想法，像是愛、敬仰、甚至欲望等，而其中最容易讓人走錯路的就是「信心」。如果你覺得相信自己，就可以說服他人聽從你的意見，就像很多電影結局教我們的一樣——不可能的英雄獲得最後勝利——對天行者路克來說是，但可悲的是，對我們一般人來說，機率微乎其微。

人們往往以為只要有足夠訓練、正當性或自我催眠，就能獲得影響他人的力量，可以賣產品、拉到客戶、贏得選票、跟人上床……只要相信自己，就有能力做到一切。只要出現任何有損他們自信的事，他們就會著魔似地想方設法，試圖扭轉現狀，讓一切恢復原狀，而在過程中，他們可能走火入魔，變成愛自我批評、以自我為中心的討厭鬼。

在現實生活中，說服力取決於你無法控制的因素，包括焦慮、憂鬱等疾病，也可能蒙受其害。今天說服成功，不代表明天也會奏效。如果你相信自己能隨心所欲地永遠保持說服力，或者就算力道下降也有能力恢復的話，只會讓挫敗感更加嚴重。

此外，許多人就是不擅言辭，而且永遠如此。大家都愛看害羞醜人搖身一變成為極具說服力的明星與政客，不然你想怎麼會有《王者之聲》（The King's Speech）這部電影。但事實上，除非付錢進戲院或是神蹟出現，這種情節不太可能在真實世界上演。這也讓我們清楚知道：絕大多數人只能當自己，有幾分能力，做幾分事。

當然，人都需要認真努力，好好訓練，做些能建立或重建信心的事。然而，如果你的影響力仍逐漸（或完全）消失，絲毫不見起色，也不能因此自我懷疑，甚至自我毀滅。請準備好承認這一點：再怎麼做或許都救不回來了，一直糾結於自己哪裡做錯也是枉然。只要你認清缺點與不幸也是你的一部分，仍然可以相信自己。

不要因為一次偶發事件就自我懷疑與責怪自己，因為你還有很多別的事要做。就算有三寸不爛之舌，要贏過別人並不容易，也不如想像中有趣，況且三寸不爛之舌也不是唯一有效的方法。

13 譯註：作者在此影射旅遊生活頻道的熱門真人實境節目《十九個孩子不嫌多》（19 Kids and Counting），該節目記錄達格大家族的真實生活，二〇一五年長子因猥褻包括親妹妹在內的五名女童，節目遭到停播。

不論在何種情況下，就算你很想這麼做，也都不要把自信用在你的說服力上。你該做的是找到你能派上用場的方法去把事情完成，即使那些方法並不有趣也不好玩。

以下跡象顯示「說服的原力」並未與你同在……

- 你以成功人士裝扮出現，別人卻問你是不是要去參加化妝舞會。
- 從你口中說出的話根本是外星文。
- 聽你說話的人，反應也像在聽外星文。
- 你越努力散發自信，別人只會越把你當成一坨屎。

當某人渴望擁有說服力時，會許下以下願望：

- 我要找到自信心，解放我體內的說服家。
- 希望言語或信念的力量足以撼動世界，至少能改變日期、打動家中老大或重要客戶。
- 別東想西想，只要努力戰勝自我。
- 想查出自己是在哪裡弄丟魅力的。
- 想說服（騙）自己：「我很偉大，自然有人追隨」。

案例分享

我以前講課時，學生總是聽得很入迷，但中風後就很難讓他們專心聽講了。我講課的內容清楚好懂，從不忘詞，但口調很不順，有時還會緊張臉紅，以前從沒發生過這樣的情形。每次講課一不順，我就開始懷疑自己，更打亂原有的節奏，這時又會發現學生或一臉無聊，或坐立不安，結果更難恢復正常了。我想知道，我到底是設法恢復原有的講課水準，還是乾脆看破退休算了。

* * *

如果我不是我媽的獨生子，我敢說我一定能勸她戒酒。我總是擔心她聽到戒酒反應會很大，所以遲遲不敢開口，又覺得不講會對不起她，其實我只要告訴她為何該戒酒就好了。無法跟她溝通讓我很洩氣，我爸很早就走了，我想不出她除了我之外還會聽誰的。我的目標是獲得信心，有效地勸服我媽，讓她成功戒酒。

* * *

我在車行工作，有三個同事對車子的知識比我少很多，但車賣得比我好，因為他們真的相信自己是銷售天王。我研究過銷售資料所以心知肚明，我賣的車只夠我保住飯碗，但我討厭輸給只是比較會唬爛的人。我的目標是讓自己有信心，變成高明的唬爛達人，這樣我就會更有信心，拿業績獎金，不再覺得自己沒用。

因某種原因而缺乏說服力、自覺說服力已無法應付手邊工作等，都不代表你**應該**加強說服力，或應該為此努力。有種「絕望點」（desperation fulcrum），每當遇到，總逼得你要說得更清楚，因而一說再說，說得人生厭，說得又急又快，讓人更不想聽你的觀點。

不幸的是，熟能生巧在此並不適用。就算你諮詢過專家、努力練習、分析障礙，問題仍舊存在。此時你該做的是接受問題的確存在。如果每次失敗後，就把增進說服力當成理應追尋的目標，只會迎來更多否定與失望，導致後來進行任何協商時，「絕望點」出現的時間越來越早。

請自認倒楣，將沒有說服力當成身體某機能失調，只要你已想盡方法，盡你所能地修補，無法說服人就不是你的錯。你已善盡一己之責，把自己逼到極限（即使也倒退好幾步），現在該尋求其他替代方案了。

請記住，說服力是兩面刃，雖能幫你賺錢、拉選票、做成生意，但你也可能靠說服來占人便宜，或利用負面情緒取得支持，搞到最後就像在演迷你版《華爾街之狼》，長久下來只會賠上你的名譽（與不朽靈魂）。即使只有你能說動別人為你做事，要是他們認為你不再重視他們，促使他們的動機就會消失。

不論何種情況，就算你沒有說服力，一定也有其他方法可達成目的。例如依照一般常識，站在對方角度思考他們會做何決定，而不是去碰觸他們的情緒開關。請假裝自己是教練或顧問，負責審視兩造贊成與反對的理由，替客戶評估後果及評斷價值觀。

無論你想賣車給客戶或勸人戒酒，都請以直言不諱的專家自居，不拐彎抹角，直接點明對方的風險及好處，誠實說出你的想法。只要掌握正反兩面的利弊得失，在你專業的言談之間，知識上的自信心必然閃耀。如此一來，即使遲遲無法達標，你也無須急忙敲邊鼓，也不必責備自己，因為你知道自己盡力了。

所以，即使你無法成功召喚勸服他人的力量，也不要絕望。你也許渴望變成頂尖生意人或演說家，享受達人專屬的喜悅與力量，無論如何，大前提都是把工作完成，而完成工作和享受成就感的方法很多，無須因做不到的事而失志絕望。

簡易自我診斷表

無法企及的心願：

- ☐ 除了母親以外，也能讓別人關注與聆聽你的喜悅。
- ☐ 驅使別人滿足你的欲望，如金錢、性、私利等。
- ☐ 擁有你現在沒有的自然魅力（charisma），贏得人心。

切合實際且可達成的目標：

- ☐ 當對方猶疑不決時，客觀公正地提出正反兩面的利弊得失。
- ☐ 讓對方知道你更在乎能否增加他們的利益，是否採用你的意見則不是那麼重要。
- ☐ 做個善於傾聽又有見地的人。
- ☐ 把情緒留給自己。
- ☐ 透過事情是否符合自己的標準來獲得滿足感，而非改變別人的標準。

你能做的事：

- □ 善盡調查程序，列出有關購買、合作夥伴、訂立契約的風險及報酬。
- □ 針對你希望別人做出的結論，深入研究及收集資料。
- □ 適時表現你在意的是尋求好的解決方案，而不是來跟對方交朋友或贏得比賽。
- □ 學習簡潔精準地傳達資訊，即使你本身乏味又無趣。
- □ 以自己是否遵循程序當作自我評斷標準，而不是別人是否做了你指示的事。

真心話練習腳本

當你試著勸說他人採納你的意見未果，你應該對自己、多疑的親戚、客戶或消費者這麼說：

> 親愛的＿＿＿＿（我／某位多疑的客戶／固執的親戚）：
>
> 先不論我個人的想法，我想簡短說明這件事的＿＿＿＿（利弊得失／真假虛實／我所知道的前因後果細節），希望有助於讓你＿＿＿＿（做出決定／砸大錢／通過考試／正視並釐清問題）。如果你碰巧對結論有強烈的＿＿＿＿（請寫下表示情緒的字眼），我希望你能客觀地評估我的意見，考慮各種可能性後，做出通盤考量。

建立自尊而做的好事與壞事

好事	壞事
即使老闆很欠扁（但扁不得），只要你需要這份工作，你就能堅持下去。	發現沒人告訴你可否請假去看《玩命關頭》最新續集，你立刻辭職，叫老闆去吃大便。
即使超想咒罵並扭斷某人脖子，你也會管好嘴巴，不說會招惹麻煩的話。	地鐵裡有個孕婦想逼你讓位，你居然力爭到底。
竭盡所能，堅持到底。	上飛輪課時，為了當全班最瘦的人，故意在最胖的人旁邊踩飛輪。
即使你覺得自己失敗透頂，仍會好好做事。	週末值班時都在哈草，哈到比登上冥王星還high，居然沒被炒魷魚也沒遇到警察臨檢。
以前頂多只能做一小時的事，現在能持續努力一整天來完成。	買了閃亮的金色iPhone！

對抗霸凌

我們都有願望清單，上頭列著自身缺乏的屬性與極度渴望的特質，而會寫下「信心」的另個重要原因，就是希望戰勝人際關係裡的恐懼與羞辱，來自老闆、父母或伴侶。稱這些人是「罷凌者」好像有點怪，尤其你又早已畢業，揮別校車與操場了。但罷凌者一詞仍適用於成人世界，只是拉內褲彈下體、壓臉去沖馬桶等舉措，在成人世界全都變成嚴酷的心理戰。

不管你年紀多大，遭受侮辱恐嚇時，事後回想時總會再三認真思考當時應該這樣說、那樣做才對。除非你也能靠想的就變出一台時光機，不然這類心理練習根本沒用，只會增添你的無助感，而對未來可能出現的霸凌則少了一分準備。

人跟動物一樣，被攻擊時都會依本能做出反應，大腦還沒思考前，就會先回嘴或回手了。好比，你會盡全力不露出害怕神色，因為這樣會暴露弱點，招致更多攻擊；被人栽贓時，你也覺得有必要為自己辯護。無論如何，被罷凌的你會渴望變強，嘴上功夫了得，還有……信心！就算只報名健身房也不錯。

但事實上，很多人一旦焦慮就會不善表達，只有極少數人在面對強權時，可以言語攻防而不惹禍上身。儘管如此，人們仍會幻想自己只要有更多自尊心，就能為自己而戰。就像電影裡的英雄，被壞人拿槍指著冷嘲熱諷時，回以一抹不屑的微笑……

然而在現實生活裡，對抗恐嚇和霸凌並不是好的人生目標，如果做得到當然很好（這也是我們喜歡在電視上看到這類劇情的原因）。但復仇就像路怒一樣，會招致各種危險：你可能會失去初衷和方向，產生罪惡感，還得冒著受傷的危險，甚至為了非蓄意造成的傷害贖罪。我們還有很多其他目標與責任，和討厭的人打架也無法改變什麼，即使對手比你弱小，一樣毫無意義。

事實上，還擊並非羞辱與脅迫的解藥，反而更像催化劑。我們應該再三思考價值與後果。

請閉上嘴巴，給自己時間思考，想清楚風險和最壞情況，再問問自己打架是否值得，贏面有多大。

沒有人喜歡被人霸凌羞辱，一旦你離開校園，為了對抗霸凌所付出的代價將比留校察看或眼睛瘀青更嚴重，比方說罰金和坐牢。所以該強化的是你的決心，而不是肌肉，學習牢記人生最重要的是什麼，並清楚一時受辱並不重要。這才是打擊霸凌的方法。

以下跡象告訴你，對抗霸凌並非好主意：

- 你不是跆拳道黑帶……或者你是跆拳道黑帶……
- 對手有錢又強壯，人脈很廣，請得起厲害律師。
- 你有更好的事要做，像是好好過完今天，不要毀掉你的人生。
- 長遠來看，反抗除了改變你的就業狀態或鼻子完整度，改變不了什麼。
- 你不斷說著：「我得讓他知道我的想法」、「這不公平」、「不能讓他那麼想」。天啊！你又不是混「烈血幫」或「瘸子幫」的[14]。

當人們想要避開或結束羞辱時，會許下以下願望：

- 學會桃樂絲．派克[15]和邱吉爾的罵人不帶髒字的功夫。
- 把嘴上自衛的功夫練得和對方羞辱人的本領一樣好。

14 譯註：美國洛杉磯真實存在的兩個幫派，有自己的手勢擺陣，後來成為尬舞始祖。

15 譯註：桃樂絲．帕克（Dorothy Parker，1893~1967），美國知名女詩人，以言語犀利、罵人不帶髒字聞名。

- 控制好焦慮、順從的感覺，以免引發無助的麻痺感。
- 讓人打退堂鼓。

案例分享

我住在同個社區快二十年，鄰里原本相處和樂，直到有個瘋子搬到隔壁，居然在我們兩家之間的圍籬貼上「禁止穿越」的標誌。他指控我把樹葉倒在他家的院子，並怒瞪我的孩子，即使他們很自律根本沒吵到他。只要我的老婆孩子在院子玩，他就會拿著攝影機猛拍。一開始，我試著想講道理，但最近則直接制止他，他就變得更古怪了。警方表示除非他確實對我們施暴威脅，否則愛莫能助。我的目標是讓他適可而止，我不想一天到晚擔心他會搞出什麼名堂。

* * *

我的上司低級又霸道，雖然他認為那是職責所需。他會為了某事沒做完而把我從會議中叫出去，但先前根本沒交辦給我，也不給我足夠時間處理。如果我抗議，他就表現得我只是在找藉口，而他只是調動工作內容。後來我越級報告這名上司的管理方式，大主管居然告訴我：「這只是他的風格，我不該這麼敏感。」我覺得被壓的死死的，動彈不得。我的目標是停止上司的霸凌。

* * *

我丈夫只要喝了酒就開始裝老大逞威風，自以為無所不知，但清醒後絕不承認。他有好好賺錢養家，而我也不想破壞家庭，但只要他一喝酒，我們就只能想盡辦法躲著他，和他一起生活壓力很大。我的目標是能勇敢反抗他，我不想像隻老鼠畏首畏尾過日子了。

可悲的是，抗議不一定有效。只要你看過美國近來的政治抗議活動，無論抗議者的帽子上有沒有掛著茶包或巨大布偶，都有意想不到的效果，例如博君一笑。如果這世界很公平，勇於抗議就可將所有霸凌以戲謔方式呈現在大眾面前，讓霸凌者得以反求諸己並改正惡行。然而，在真實世界卻非如此，抗議往往會讓你的敵人更為壯大，賦予他們力量，尤其如果你又被人拍照存證的話。

你不該將目標設定為勇敢抵抗困難，真要說的話，應是決定該說什麼話或做什麼事，才不會讓情況難上加難。無論欺負你的人是瘋子或只是難搞，批評都只會引發非理性的攻擊，並無法理性成熟地溝通。

如果找你麻煩的人是瘋子，你可能別無選擇，只能接受羞辱、恐嚇、傷害或被解雇的風險，而且知道自己無力改變一切（這時的你應已淚流滿面，無比懊惱）。也就是說，該另尋他法了。

等你明白無法降低風險，應該就會下決心搬家或換工作了。如果你明知這場仗打不贏，卻仍傾力而為，最後只會落得心力交瘁，連離開的力氣也沒有。相反地，如果你知道這仗必輸無疑，倒不如禮貌微笑，然後走人。

當然，你常常會發現自己的力量比想像中更大，而霸凌者的力量只是建立在自吹自擂與你的恐懼之上。然而，以下才是最常發生的真實景況：不能只因對方擾亂你的生活（親密家人、鄰居等），而你敢於叫他滾開，就視為勝利而慶祝。為求舉止得當、表現良好，不論是慶祝勝利或獲得新力量，都應當默默為之。

這並不公平，但如果你已活得夠久，老到可以寫出一本書名有「幹」字的書，就會知道上述種種都沒什麼大不了。另外，你該慶幸真正有病的霸凌者甚至不知道一開始找上你的原因，因為瘋子就是如此。所以你永遠都能選擇抽身離開繼續過日子，而那人只能陷入瘋狂而無法自拔。

除了把遠離麻煩納入選項，另一個保護自己的方式是把負面無助的情緒隱藏起來，並暗自為處在艱困環境仍能做到最好的自己感到驕傲，當霸凌者毫無理性時更要這麼做。無論是工作上快被老闆盯死，但你為了五斗米也只能折腰；還是你的老公跟老闆一樣煩死人。這時都請不要表露情緒，開始談判協商，就從你被指控做錯的地方開始。

請語帶驕傲地陳述你做對的事。如果霸凌者還有些許理性的話，請正面說出他們做對的事。請勿語帶歉意或責備，對你們之間的歧異、衝突、不合表達遺憾，並說明這一切都是有可能改善的。無論你心中作何感想，都要表現自信，以自己為榮。但要劃下清楚界線，讓霸凌者知道你尊重他的意見，但你仍會以自我標準為自己打分數，在這個情形下，這時的你應已自有一套評判標準。

但就如你知道的，不幸的是，很多霸凌者仗著身強體壯、金錢、精神疾病撐腰，就是無法停止霸凌他人。以此狀況來說，戰勝霸凌意謂為求生存，採取一切必須手段直到脫身為止。旁人也許會覺得你向惡勢力低頭，違背自身原則，輸給了軟弱。但你心知肚明自己有比不受辱更重要的事要做，而且只要有必要，你都能忍辱負重，以大局為重。

只要你沒有被恐懼與氣憤牽著鼻子走，就算不必為己辯護、說服他人，或繼續對你有害的對話，你大可都不同意。無論對方是否聽到你的抗議，你都了解自己的立場，維持自尊完好無缺。

簡易自我診斷表

無法企及的心願：

- □ 戰勝不公平的侵犯。
- □ 得到公平（fair）的結果（原諒我用了可怕的f開頭的字）。
- □ 免於被人胡亂批評的自由。
- □ 掌控自己的名聲。
- □ 尊重——尊敬的尊，重視的重。

切合實際且可達成的目標：

- □ 在怒火下保持冷靜。
- □ 學會選擇戰場。
- □ 就算沒人尊重你，你也要尊重自己。
- □ 找到最不屈辱且必須忍耐的選項。
- □ 對自己被陰還能笑著接受的能力感到佩服。

你能做的事：

- □ 沒準備好之前不要發言；不要只因生氣或厭煩就大吼大叫，也不要貿然行動。
- □ 收集能否贏得勝利的訊息。
- □ 評估自己，也尊重你對自己的評量。
- □ 列出所有正面的事，包括你自己和迫害你的人，以及關於這段關係，你已經做過的努力，以及還能做什麼努力。
- □ 對歧異與衝突表示遺憾，但此事無涉責任與也不需道歉。
- □ 採取行動的依據是因為某事值得，而非情緒驅使。
- □ 忍受痛苦，直到你可繼續向前。

真心話練習腳本

被誣陷、嘲弄或羞辱時，可對自己或罷凌你的人說以下這番話：

> 親愛的＿＿＿＿（我／某親戚／老闆／攻擊者）：
>
> 我重視我們之間的＿＿＿＿（請寫下好意、非暴力的正面形容詞）關係，我非常遺憾你＿＿＿＿（不開心／生氣／不滿意／威脅採取法律行動／逼我做出痛苦的舉動）。我相信＿＿＿＿

（辛勤工作／敦親睦鄰／飯後刷牙）的中心價值，也檢討了自己的行為，並確認是否真如你所說，需要——（改進／動手術／自慰）。結果是我無法贊同你，但我相信我們持續一起努力，一定會有很多收穫，希望未來一切都會變好。

你可知道——王子是啟發之神？

你無須喜歡歌手王子（Prince）的音樂（但其實應該喜歡才對），也不用同意他的政治立場或宗教觀點（你或許根本不想知道），甚至也不必在著作中引用他的話（因為我們付不起版權費，請自行google膾炙人口的〈讓我們一起瘋狂吧〉〔Let's Go Crazy〕歌詞[16]），一樣能欣賞本名Prince Rogers Nelson的王子。

因為王子才華洋溢，是怪咖、魯蛇，或自覺注定是邊緣人和輸家的精神領袖。他的確天賦異稟，令人稱羨，但這位紫色王子最啟發人心的並非音樂成就，而是他做音樂的決心，而且會盡力追求各種表達自我的方式（舞蹈、服裝、發出鴿子哭泣聲[17]等），展現自我的決心。簡言之，這就是他的音樂使命，也藉此蔑視世人膚淺的訕笑。

16 譯註：此事件為美國重要侵權官司。二〇〇七年王子控告youtube及eBay縱容侵權，原因是一位叫Lens的媽媽把一歲半寶寶推娃娃車跳舞的二十九秒影音上傳youtube，背景音樂模糊聽到Let's Go Crazy。Lens媽不服，反告環球公司濫用版權法。此互告案例後成為定義侵權的重要依據。

17 譯註：指一九八四年發行的When Doves Cry，王子憑藉此曲奠定樂壇天王的地位。

儘管王子是黑白混血兒，個頭小（約一五七公分），他對自己及自己的天分都具有強烈信心，自青少年時期就開始發表歌曲，第二張專輯封面更大方裸露上身。不可否認地，他以天賦主宰八〇年代的文化風潮，在非文化重鎮的家鄉明尼蘇達州明尼阿波利斯市就組樂團嶄露頭角。當時的他穿著海盜花襯衫，另一個團員穿著外科手術服。無論大眾反應如何，他都堅持走自己的路。以他的瘦小平胸、頂著黑人捲髮的中性形象來說，他所得到的回應可能十分殘酷。

所以，如果你曾苦於自我懷疑，希望自己更好看、更高，可以不要總是穿厚底鞋充場面的話，請多相信自己一點，相信你能做出一番成績。請向王子看齊，相信自己也能成為怪咖界的大人物，堅持你所規畫的願景與使命，不必放棄自己認定的夢想。

克服身障缺陷

由於我們將表現不好、損傷、異常，與自我價值低落畫上等號，也難怪身心障礙人士的人生目標往往是想藉著減少或隱藏異常來贏得自信，想盡快恢復常人的樣貌。有時他們會尋求特異挑戰，像是跑馬拉松等具正面意義的挑戰，但也有不那麼正面的，好比自覺沒必要而逃避治療，以證明他們有能力克服各種障礙，恢復自信。

但是為了控制疾病而扛起過度責任是有危險的，因為病人的脆弱程度異於常人，更會招惹一堆不可預見的討厭事，讓本來就不太聽使喚的身體更不受控制。這樣一來，如果你的自我價值取決於復原與否，就會產生無謂的恐懼，徒然浪費氣力，恐懼自己會錯失良機、受挫、一錯再錯等，連有能力的人遇到都沒輒的事，並將責任全往身上攬。

你或許會停掉可能有幫助的治療，或是為了面子而在家裡和職場都隱瞞病情。然後你的自尊會任由疾病擺布，最後你就成了疾病本身，而非不巧患有疾病的人。你並非與身心障礙共同生活；身心障礙即是你的**人生**。

相反的，請接受你早已知道的事實：病情時好時壞，絕對無法完全受我們所控制。請吸收學習有關病情的一切知識，變成專家，需要治療時就求醫，務必拋開你想當健康正常人的想望。人往往會因病而自慚形穢。這部分可藉著盡可能與他人分享你的感受來解決，而分享的界線應取決於你可接受的隱私標準，而非文化傳統的羞恥情結（culture stigma）。

既然身心障礙無法擺脫，就設法管理它，盡量把它影響生活的層面降到最低。你該引以自豪的，並非是讓自己的外表像正常人，而是能妥善應付身心障礙，忍受疾病的負擔，並盡可能從生活中得到收穫。與殘疾和平共處不是跑百米，而是馬拉松，所以每天一點一滴的小小成就，都值得驕傲。

下列跡象顯示你已遭身心障礙擊垮：

- 沒人知道你的身心障礙，有個萬一時只能自己處理，沒人能幫你。
- 你擔心病情變糟時，自己還沒做好準備。
- 如果你的外觀舉止無法跟正常人一樣，心情就好不起來。
- 除非你很確定某人會支持你，否則不敢透露自己的病情。

當人們因身心障礙而自慚形穢時，會說出以下願望：

- 要控制好自己，像正常人一樣。
- 拒絕依靠藥物，再也不上醫院。
- 避免失控。
- 在生活各領域都維持正常表現。
- 只要能完成以上所述的療法，都會接受。

案例分享

我是躁鬱症患者，但我不想告訴同事，他們一定會嚇壞的。我甚至不確定要不要繼續使用鋰鹽，因為我有這毛病很久了，而且我相信如果別人一旦知道我有這個病，一定會把我當成瘋子。我甚至不太清楚躁鬱症是什麼病，但我知道診斷結果嚇死很多人。我的目標是不讓別人知道我生病，慢慢把藥停了，看看自己是不是會變正常。

* * *

每次下班跟同事去喝一杯，我都很尷尬，因為我老是被指定要開車而不能喝酒。因為我很清楚自己是酒鬼，所以他們知道我不喝酒，有時候還會拿這個來開玩笑。我戒酒三年了，沒有想喝酒的念頭，但我知道如果偶爾來一杯，我就更能抬頭挺胸。希望我能找回自信，努力當個正常人而不是酒鬼。

我長得很漂亮，又有魅力，常常有男人約我，但我一直沒辦法好好跟男人相處。我曾被叔叔性侵，導致我對男人和性愛極為恐懼。我沒臉談，因為每次談都會哭，覺得自己很奇怪。我希望自己能抬頭挺胸，像正常人一樣約會，享受性愛，過正常生活。

* * *

在此我們想借用十二步驟治療法的一句箴言：「你會生病，只因你把它當成祕密。」這句話頗能符合上述情況，抑或是這一句：「你有殘疾，只因你隱瞞問題。」

為了維護自信而隱瞞自身疾病，乃人之常情。假裝自己能靠著表現穩定而騙過其他人，以免他人知道你的弱點趁虛而入。只有小孩和變態大人會覺得這種扮家家酒好玩，但在日常生活中無疑是一種自我毀滅。

隱藏疾病或迴避治療只會讓情況更糟。你能做的就是接受它，即便會尷尬或對自己失望。這是唯一實際的方法，你可藉此評估它對你的生活有何影響，而有朝一日，你就會變成管理此病的專家──知道何時要間隔久一點，何時必須接受治療，面對風險，並將疾病的相關資訊告知上司與家人，讓他們清楚你發病的週期，以及該如何幫助你。

不過說真的，一定有人完全無法接受你的病（尤其連你自己都無法接受時更是）。當你表現不如預期或不佳時，他們會認定你一定是偷懶、誇大其辭或神經病發作（而他們不說這是病）。他們的意見對你來說或許重要，但請不要浪費時間和精力逃避他們的監督，也無須試圖改變他們的看法。堅持你從經驗中體悟到的一點：你真的有病，而你正盡最大努力與它共處。無須浪費時間與那些不懂還愛挑你毛病的人爭辯。真正在乎你的人不會理會你的缺陷，至於沒辦法體諒的人，就叫他們去吃屎吧！

對，你可能會丟了工作，或是只能跟家人談一些彼此都能接受的話題。但還有一種狀況更糟，那就是無止盡的隱瞞、解釋和道歉，這會弱化你管理身心障礙和尊重自己的能力。

人們唯有真正了解你的疾病，才會尊重你管理疾病的方式，進而幫你對付它。如果你不告訴他們，他們會懷疑自己哪裡做錯了，不解為何不能幫你，最後你的害怕及丟臉情緒也會感染他們。告訴他們你真正的問題，並非告解，而是聲明，你該為你目前做到的部分與努力的方向感到驕傲。真正關心你的人就一定會支持你。

正如先前所說，若想靠著相信自己可以長久維持正常狀態，來建立自尊。如此得來的自尊無疑只是脆弱的假象。相反地，自尊必須建立在完全接受自己的異常，並清楚自己有能力為異常的自己做出正確的決定。至於別人愛怎麼想，那些想法又有多限制你，都無須理會。

你可能無法贏得比賽，但請為自己感到驕傲，因為你在這個艱難的任務中，歷經無數痛苦，狼狽不堪，但你依然完成了一些事。所以無須隱瞞你的病情，接受十二步驟治療法，參考其他珠璣格言，消弭你的羞愧感，並請將自我心靈成長列入優先考量，方法不限，可以按部就班，或是依循宗教、專門的方式進行。

簡易自我診斷表

無法企及的心願：

- □辛勤工作後獲得力量且病癒。
- □過著有趣或平淡的日常生活。
- □成就卓越，值得信賴，對朋友、家人及雇主都有助益。
- □有信心未來總能恢復健康。

切合實際且可達成的目標：

- □知道自己的極限，不會把自己逼到復發。
- □發病時，知道該通知誰以及要做什麼治療。
- □為自己的表現自豪，不與他人比較。
- □無須理會不接受你的人。
- □與接受你、願意幫助你的人建立交遊圈。

你能做的事：

- □學習有關自身疾病的知識，了解治療利弊。
- □不受恐懼與羞恥感擺布，影響你做該做的治療或過該過的生活。

- □ 讓別人了解你的疾病、需求及你的處理標準。
- □ 從能接受你的人中選擇朋友與雇主。
- □ 對於不能接受你的人，改變他們並不是你的責任。
- □ 定期審核你的行為表現，一天一點確定自己的可能性。

真心話練習腳本

對於無法接受你又老愛鞭策你的人，以下是你該說的話：

> 親愛的______（我／親戚／老闆／疾病檢驗者）：
>
> 我非常重視你對我的意見，特別是這些想法有關我的______（表現／效率／看似永遠好不了的病），因為我的病會______（定期干擾／不定期發作／每到聖史威遜節〔St. Swithin's Day〕就會發作），而我發作時會（痛苦不堪／顫抖得令人不安／覺得疲憊／不停流口水），我知道生病對我的限制，也十分驕傲自己有自知之明。我目前正積極治療，盡可能維持正常生活。我知道你很擔心，但我相信自己做得很好。考慮以往經驗，並與醫生討論______（請勿詳細解釋，以免令人覺得防衛心過重）的問題後，我只希望能維護隱私。我也期盼能在康復期間做到更多。

你可知道——

人生是一場特殊奧運？

很多人認為奧運具有特殊意義，因為匯集了全世界頂尖好手及最先進的評量技術與設備。在他們的心目中，沒有比拿奧運金牌更重要的事了（至少要等當年度奧運賽事結束後，才會忘記花式滑冰的存在）。

「人生就像特殊奧運[18]。」這句話我們常說，也打心裡相信，原因並不是想貶抑實際參加特奧人士的成就，也沒有看不起特奧競賽項目的意思。因為一般奧運並非真正公平的比賽；有些國家錢比較多，有些運動員可以拿到更好的藥以提升成績，這些人真是為了國家榮譽而戰嗎？倒不如說他們把奧運獎牌當作跳板，贏了就能代言球鞋。

現實生活中，許多失敗者要比天生贏家付出更多努力，因為輸贏本來就很難公平。只要我們認真思考競賽的真諦，了解競賽最終目的是獲得更多關注與尊敬，那麼人生就比較像特殊奧運。參加特奧的選手知道自己先天不足與難以控制之處，卻仍然選擇參賽，相較於天生好手，他們值得獲得更多尊重和更多獎牌的肯定。

18 譯註：特殊奧運（Special Olympics）是為身障者設計的國際通用全年性運動訓練及競賽計畫。

挽救孩子的自尊

如果家長只有一個要認真看待的責任，不會是讓孩子呼吸而幫他戴上氧氣頭盔，或是考慮幫孩子穿上全套防護衣來防曬，並認為這是外出最好的裝束，而是要保護孩子的自尊心。

你可能無法教小孩數學、棒球或音樂，而這些都不算失格，但如果孩子在童年沒有良好自尊，就是家長的失敗。自尊過度膨脹可能造成「自大症候群」（ESE，詳見第二章第一節），這樣的孩子相信他們是天底下最完美且獨一無二的雪花[19]、可以統治全宇宙，而他們天使般的臉龐是耶穌基督在天堂工廠親手打造的，只消露出一個微笑就能解決所有問題。

不幸的是，你掌控孩子自尊心的能力，比掌控自己問題的能力更糟糕。你可以給予孩子很多愛、營養均衡的飲食，扮演好具親職功能的夥伴，並提供合理的教育及安全保護，但仍然無法確保孩子求學或出社會都會一路順遂，也無法讓孩子變成緊張大師、完美主義者，或者是自我憎恨的小怪咖。

養孩子是很可怕的，尤其當你知道親子教養很容易出錯，而且在維護孩子自尊上，光靠父母的愛，能做的其實不多。我們寧願多看幾部用愛救贖的電影，看看片中的家長或內城窮人區的鐵腕校長，如何對某個孩子伸出援手，讓他免於苦難或自我憎恨。用孩子是否缺乏自尊來衡量父母做得好不好，必定讓你挫敗不已，即使你一開始做得不錯，最後仍有可能變成毫無作用的父母。不過往好處想，至少你和孩子現在因挫敗感而緊緊相連。

擁有好自尊帶來的骨牌效應，讓你相信如果能幫助孩子在數學、體育等領域成為強者，孩子就擁有自信，有了自信就有助於孩子增進人際技巧，成功、財富、快樂、神奇好運道自然接踵而來，最後你這做父母的也與有榮焉。但另一方面，如果骨牌倒下過程中發生你無法掌控的阻礙，最後一塊骨牌勢必不會倒下，而你身為父母的職責也永遠無法圓滿。

我們都很清楚為什麼父母要把這種無所不包的責任感強加在自己身上。眼睜睜看著孩子一蹶不振卻無能為力，肯定很傷心。然而，上述形容也說明了許多不幸父母的樣貌。有時候，不管你多愛孩子，他們就是無法體會，也無法愛自己。所以即使有點無情，但你的工作不過就是盡力把他們帶大，時時提醒自己盡了全力，該找尋其他目標了。否則你一定會燃燒殆盡，傷了孩子也傷了自己，而無法活著撐到明天。

父母的偉大之處，並非愛的力量，而是另一種同樣美妙的力量：當愛的力量毫無作為時，仍有力量去愛，不把孩子的苦難攬在自己身上，努力過活，繼續去愛。面對自我憎惡的孩子，仍不忘繼續去愛的父母，才是最美好而特別的雪花。

以下跡象說明你對孩子的自尊沒有任何影響力：

- 不論威脅或讚美，孩子都不痛不癢。
- 很難找到有效的處罰或獎勵方式。
- 不論你說什麼，都很難聽到孩子的回應或笑聲，甚至連吭一聲都沒有。

---

19 譯註：在此指涉「特殊雪花綜合症」（Special Snowflake Syndroe），指一個人認定自己與眾不同，高人一等。由於每一片雪花都不一樣，所以美國家長常以「你是一片特殊的雪花」來鼓勵孩子，但往往造成孩子過於自戀與自大，故得此名。

- 你與孩子之間除了沉默，完全沒有共同關心的話題。
- 孩子的心理醫師也無法給你好建議，因為他除了吭聲外，什麼都問不出來。

當人們想捍衛孩子的自尊時，會許下以下願望：

- 弄清楚問題出在哪裡。
- 用愛與讚美就能打動孩子。
- 幫助孩子做得更好，遠離壞朋友和毒品。
- 找到有助益的治療方式或心理治療師。

案例分享

我那十五歲的女兒會說謊。她從不承認自己沒做功課，即使證據確鑿也一樣。就算說謊已經讓她惹了一堆麻煩，她還是每次都說謊。等到本來幫助她的老師都表示失望而放棄她之後，這孩子才知道難過。對她，我罰也罰過了，也一直關心體諒。我和她的老師談過好幾次，也替她請了家教，但都沒有用。她陷入了表現差、說謊被罰，覺得自己沒救了的惡性循環。我希望能把她解救出來。

* * *

我的兒子簡直跟行屍走肉沒兩樣，高二被女朋友甩了以後，整整一年走不出情傷。他看過心理醫生，也吃了抗憂鬱藥，但一點用都沒有。他足足有一個月沒去上學，雖然現在回去上課了，卻無法聽進學進什麼，打電話給他也不接。我跟他談過，確認他沒有自殺念頭，但除此之外我不知道還能做些什麼。我的目標是幫助他恢復到和從前一樣。

* * *

簡單來說，我女兒太大隻了。我和老婆用盡一切方法不讓她繼續胖下去：家裡只有健康食物，規定她放學後要做運動，也跟小兒科醫師溝通了八百萬次。可是就算在她最瘦的時期，身高體重依然傲視全班女生。同學之間不分男女，都會講難聽的話嘲笑她。女兒一天到晚哭，眼看馬上就要進入青春期了，卻開始自殘和不吃東西，我們都快嚇壞了。我和老婆都希望能保護她不受霸凌，讓她不要那麼容易被欺負。

幫孩子找到自尊最好的方法是限縮他的責任，就像你必須限縮你的責任一樣，這對很多父母來說簡直是異端邪說，他們認為讓孩子累積實力、培養才能的不二法門就是賦予孩子各種責任，每天排滿活動，連上廁所的時間都寫在行程表上。對於家長和老師而言，一方面要管理孩子內心惡魔，一方面要面對外在同儕壓力，或者只是賀爾蒙影響，讓孩子少負點責任等同於溺愛的表現。

但事實是，孩子與成人的自我控制是有限的，一旦背負太多責任，逼過了頭，結果往往是摧毀自信，而非創造自信。

如果你認為孩子幸福與否，全都是你的責任，肯定失敗收場，孩子亦然。如果孩子既要負責把工作做好，又要控制自己的行為，當個乖小孩，快樂過日子，還要不受別人批評也不會被霸凌，如果這些都要孩子負全責，他一定會一古腦地討厭自己的缺點，討厭他無法掌控的環境，尤其是想到只要付出小小代價就能毀掉人生清單上的一切。

你對孩子的任務就是盡力，明確指出缺點並想辦法處理，對自己也一樣。但請切記有些問題永遠無解，解不開實屬非戰之罪。尤其對孩子來說，有些問題即使今年無法解決，還可以等長大一點、大腦較成熟後再說。無論如何，在人類無能為力的缺陷及失敗問題上投注太多心力，只會造成傷害，因此我們必須認清能力極限，將傷害減至最低。

所以不論是你或孩子，即使做了錯誤決定，也無須看得太重。只要記得孩子的優點，而身為父母的你也做了正確的事。不要總想著孩子一定活得不快樂，或覺得一定是你不夠關心，他的表現才不如人。你唯一做錯的事是與另一半做愛時沒做好安全措施，讓某個衝鋒陷陣的精子與卵子成功達陣，將令人難以忍受的問題基因傳給了下一代。

即使教育者的職責是從旁輔助家長培養孩子的自尊，並不表示他們有義務分擔家長的過度責任感，因此他們也要揪出到底哪裡出錯，而誰又該負責。一開始與老師會談多半相談甚歡，但只要一方的作為出現瑕疵，關係就會漸漸緊張。請不要走上這條路，若是遇到只會消極處理的老師，就無須浪費時間溝通了。

請勿將時間與心力浪費在無謂的爭執，提出「早知道當初就該那樣做」、「我們當時能怎麼做」這類論點，對事情一點幫助也沒有，最好的辦法是與老師攜手合作，尤其有些很多人都解決不了的問題，老師卻能處理得宜時，請務必給予肯定，讓師長和家長學生一樣，都能免於過度自責。

只要是你自覺**能夠**控制的事物，理應在合理範圍內負起該負的責任。有些賞罰規則是為了管制偏差行為而設，雖說你無法預測孩子對此會作何反應。你能設法追蹤孩子做功課的情況，適時提供額外的幫助；至於孩子想做壞事或飲食失調，也能適時劃下免於失控的界限。如果方法用盡卻都無效時，請找人談談，另尋他法。無論何種狀況，當孩子表現盡如人意時，也請勿時不時就將你付出的努力、孩子的努力或你認為孩子理應擁有的優點，全都當成自己的功勞而自豪。舉例來說，儘管孩子過胖，仍請多多注意他們的優點，不要只看到他們因肥胖而犯了哪些錯。

無論結果如何，為人父母者只要清楚自己付出了多少努力，沮喪、無助等情緒，再也無法妨礙你教養孩子，或是讓你喪失對孩子擁有未來的希望。不然，請至少堅持到孩子年滿十八歲，到時成年孩子及其自尊，依法都不再是父母的責任了。

簡易自我診斷表

無法企及的心願：

- ☐ 擁有維持孩子信心的力量。
- ☐ 有自信能保護孩子不得憂鬱症，不讓他們自我厭惡。
- ☐ 獲得解決上述問題的醫療資源。
- ☐ 獲得明天不會變慘的知識。

切合實際且可達成的目標：

- □ 成為做得不錯的父母。
- □ 面對多數問題，知道什麼能做，什麼做不到。
- □ 適時接受專業諮詢，並有能力判斷是否值得。
- □ 知道好父母與他人的幫助都有極限。
- □ 所有方法都不管用時，仍懷抱鬥志。

你能做的事：

- □ 藉由閱讀、觀察他人或自己的父母，建立一套「好父母」標準，而這套標準絕對不能建立在別人的快樂上。
- □ 以上述方法制定一套適當程序，以管理棘手問題。
- □ 請接受以下想法：就算親子雙方都扮演好自己的角色，你的孩子依然可能承受許多苦痛，包括討厭自己在內。
- □ 儘管環境惡劣，永遠記得你和他人做的好事。
- □ 千萬不要認為沒有進展就是有人沒做好該做與應做的事。
- □ 千萬不要認為孩子缺乏自尊，都因為你是失敗的父母，或是你必須投注更多努力和關愛。

真心話練習腳本

有人不明白你的孩子為何這麼不開心、缺乏自尊時，以下是可對自己與憂心第三者說的話：

> 親愛的＿＿＿＿（我／某親戚／老師／心理治療師／氣憤的社工）：
>
> 你擔心我的孩子＿＿＿＿（正在受苦／成績不好／行為偏差／正處於人生的黑暗期），我跟你一樣擔心，而且我早已發現好一陣子了。但我認為我和另一半及＿＿＿＿（請列出專業諮詢人士的名單）已擬定一些好方法來幫助他／她，有些有用，有些不太有用。現在我們正在考慮＿＿＿＿（新的心理治療療程／居家照護／換新藥／讓孩子去上軍校）。儘管問題依然難解，但情況漸漸明朗、露出一些曙光了。我們真的非常感謝大家的幫忙。

不論大眾心理學怎麼說，請別太過在意自尊問題。有良好自我評價固然很好，但聽來就像懇求你喜歡自己，最好還有個東西能幫忙你做到這點。請自行建立一套客觀審視方法，來決定你或你關心的人是否盡了力，並依據事實判斷，出錯的責任是否都該由你來扛。面對無法掌控的事，不論何種情況都有一套共通標準，你可據此評斷何謂盡力，進而審視自己是否符合標準。如此一來，不管你的自尊太低或過高，面對再壞的處境也有辦法因應。請為你的努力而驕傲，有信心自己能做對的事。即使你不愛自己，但一旦做了選擇，就喜歡你選擇做的事。

F*ck

fuck fairness

第三章

該死的公平正義

假使你相信政客寫的書、穿著斗篷的電影主角、談論法律與秩序的節目（不僅限於《法網遊龍》〔Law & Order〕），追求正義與維護公平應是人生值得追尋的理想。不幸的是，即使正義在虛構故事中是很好的動機，但在真實生活卻是危險的目標。

因為電影、電視節目、政客大多只是空談，他們會描繪一個以「公平正義」為基礎運轉的世界，來逃避現實。而我們真實生存的世界基本上是不公平的，我們要負擔義務，要工作賺錢，還得做一堆無聊事，如倒垃圾、付第四台的費用等，而這些都用不到斗篷。所以，當人們想忽略這些更重要、成就感卻較小的義務與瑣事時，尋求正義就如同難以達成的夢想，堂堂當成逃避的藉口。

當然，人遇到不公不義之事必會留下永久傷痕，一心只想討回公道，也渴望住在一個只容許公平正義的美好、虛幻世界。

這就是為什麼人們對公平正義的需求不只是哲學概念，而是深深的渴望，以致讓我們看不到後果與其他該優先考慮的事。因此，我們閒暇時愛看無辜者受害的犯罪事件，只因能滿足我們內心深處的想望——看到壞蛋真面目公諸於世，飽受拳打腳踢，最後五花大綁打入大牢。

為了正義而自願犧牲的人，無論有無披斗篷，都會變成悲劇英雄和殉道者。事實上，漫畫中的悲劇英雄多半戴著面具、穿著制服、長相一般；這些特徵都指向渴望正義的另一個副作用——消除個體性。不論你對朋友、家庭、教養子女或自我保護負有什麼責任，追求正義的大旗都能合理化自我危害（self-endangerment）的行為，而讓你維持自我主體性的事，優先順序則排到了後面。

當你強烈希望撥亂反正、鏟奸除惡，最糟的是想玉石俱焚，比起盲從直覺，你最好知道追求正義也會導致罪惡。

至少強迫自己想一想可能出現的結局或意想不到的後果，這樣就不會豁出去找傷害你家老三的傢伙報仇，卻傷害了老大和老二。然後請重新設定你的人生目標，請捨去追求正義或懲罰不公，改為接受世間的不公平，並忍受隨著不公不義而來的屈辱與無奈，然後在你的能力範圍內，做出最大的貢獻。

你必須接受事實，知道自己何時被整得一塌糊塗，也要清楚反擊只會讓你被整得更慘。唯一能讓人生恢復公平正義的方法是邁步向前，而且你自己也要繼續公平待人。

為安全生活的權利而戰

有這麼一種人，認為自己有居住安全及免於恐懼的權利，大多是中產階級，也有部分是保守份子，而且全都住在佛羅里達。然而這種想法不過是錯覺，沒他們那麼幸運的人就不做如是想，而且後者中還有許多人被上述那些以「安全」為名的人一槍斃命，命案地點也多在佛羅里達。

相信人有確保安全的權利，是很危險的想法，特別是面對危險與目無法紀的人，這種想法會把你捲入漫長且毫無勝算的衝突，也可能因暴衝而發生令人遺憾的事。一開始就知道世上沒有百分之百的安全，反而比較安全。請不要誤以為人人都必須爭取安全。知道何時該閉嘴、自認倒楣或逃出生天，你的人生肯定好過很多。

相信人有安全權利還有一個風險。只要有人威脅或傷害了你，你會以為自己就有權去怪罪別人。的確，有時當你發現有威脅而尋求協助時，接受報案的警察及時趕到，執法單位將責任劃分清楚，而你最後會受到保護或得到補償。然而，事情往往沒那麼順利：時機不對啦，事實遭到扭曲，界定責任與獲得賠償的過程曠日廢時，即使花了一大筆錢也可能徒勞無功。你可能會被折磨到腦海裡不斷糾結著該發生卻沒發生的事，進而責怪自己。最好避免責任歸屬的問題，有賠償就拿，快快投入別的事情為上策。

請別期待一生都能安全無虞，而要設想人生可能厄運不斷而變成殺戮戰場——新搬來的鄰居其實是瘋子；停車的地方隨時會塌陷；健康檢查一切正常卻被暴衝的公車撞了。為了恢復安全而努力奮戰，只會招致更多危險，甚至賠上一輩子。

如果你相信人都活在叢林裡，即使夜裡未必會睡得安穩，但至少可以提高警覺，盡所能保護自己的安全。必要時知道該撤退，忍一時之辱，承認敵人獲勝。你不會找人興師問罪，無論多沮喪都會放在心裡，除非你天生好運（或是有個很棒的律師）。

如果你能靠一己之力或有把槍（像在佛羅里達），維護自身安全，應會更愛自己。只不過當你發現情勢非你能控制，而懂得採取困難、丟臉、不動武的方式將危險減到最低，這樣的你更值得尊敬。

以下是你該有卻沒有的安全權利：

- 關燈、鎖好門（設好警報器、開啟自動感應燈並埋好地雷）後，就不會發生火災，小偷或危險入侵者也不會上門。
- 執法機關受理你的報案後，瘋子就不會再來找你報仇，你的安全獲得保障。
- 只要小心開車、定期換機油、完全遵守道路速限，就絕對不會發生車禍。
- 只要你什麼都沒做錯、講話也沒有不禮貌，就能得到警方即時、專業又親切的協助。

以下是人們許下的願望：

- 清楚知道為什麼非要逃跑，安全才有保障；不逃跑就只能陷入危險。
- 成功與高層溝通，不論他們是否無法提供保護，或是與加害者同一陣線。
- 搞清楚他們到底哪裡做錯而陷入險境。
- 歷經暴力恐怖事件之後，知道怎麼做能完全揮別陰霾。

案例分享

我丈夫的前妻患有精神疾病，無法控制自己。她停藥後，幾個月前又發病了一次，結果一心想殺死我老公，因為她腦袋裡有個聲音跟她說我老公被魔鬼附身了。上次她被強制住院治療是因為她放火燒我們房子，幸好當時我被煙味嗆醒了。雖然那次並未造成實質損害，但她馬上就要出院了，而且只要沒人看著她，她就會擅自停藥。因為她現在看起來一切正常，警方表示愛莫能助。我知道她半年內會再次發作，到時不論何種禁制令都拿她沒輒。我不打算放棄工作或搬家。我希望有人能制止她。這樣我們就不必離開一手建立與孩子們的家。

* * *

我男友很貼心又很愛我，但他只要喝酒就會動粗，有時還會打我。我總是原諒他，因為我知道他自己也很想戒酒。但戒酒對他來說特別困難，因為他的父母都是酒鬼，他的童年悽慘無比。我的朋友都說，我再不離開他就一定會受傷。我知道他們是我朋友才會這麼說，但他們不像我一樣了解我男友。我想找到支持他的方法，希望有人能幫助他，這樣我倆都能不再受他的暴力所苦，相安無事。

* * *

某天我提早回家而被小偷襲擊，後來立刻換鎖也裝了警報器，採取一切讓我覺得安心有保障的措施。但我還是一直做惡夢，門鈴響了也不敢應門，只要一丁點聲音都會把我嚇得跳起來，呼吸急促。身體的傷是復原了，但我仍然無法克服恐懼。糟就糟在有時焦慮突然襲來，讓我幾乎無法工作。我希望能重拾安全感，回到原來的我。

瓊・蒂蒂安[20]有句名言：「我們都靠著跟自己說故事才活得下去。」但人們說的不只是自己的故事，還會編撰一本又一本同人小說。這些小說就像謊言，也是我們生命不可或缺的要素。而我們經常跟自己說的最大謊話就是：「一切都會變好的。」

我們持續放大對安全感的幻想，才不會一直活在恐慌中。但有時一廂情願的想法不過是自欺欺人而已，以為自己就算受到嚴重、不可挽回的創傷，仍有能力讓危險人物改頭換面，或是壓抑內心危險的念頭。

然而事實上，就算我們事事小心還是無法確保安全，就像恐懼一旦襲上心頭就難以遏止，有時甚至必須放棄現有的一切，逃得越遠越好。

無論何種情況，請再三思量下列情形：安全措施是否實際可行、避免因錯誤理由而將自身暴露於危險中、因不可抗因素而導致傷害或損失時，停止責怪自己。

面對危險另一半時，你無法預測何時會被哪種方式攻擊，這時律師是你最好的治療師，因為唯有清楚了解你面臨何種風險，才是治療不合理恐懼與一廂情願想法的最佳解藥。千萬別去找只會握著你的手傾聽、認為警察與法院都不能真正保護你，為你不值並同情你的律師。只是為了博取同情而付那麼多律師費，不僅冤枉，也白白浪費彼此時間。

你該找的律師，除了能如實告知真相，並能協助你評估保護家園、維繫感情等林林總總的風險。好律師也會鼓勵你採取必要措施，即使再不公平也必須為之，因為這樣才能保護自己。

當心理治療師說可以協助修復你與危險男女的關係，請立刻將那人列入黑名單。會這麼說的治療師，雖是出於好意卻也愚蠢至極。因為抱持這種目的，只會挑起紛爭，進而刺激心理有病的人大爆發。

如果你愛的人有暴力傾向，但他自己有心想治好，這時才要趕快請他去接受心理治療，而且必須找一個不會白費時間、探尋憤怒源頭的醫師，而且無論病患內心有多痛苦，醫師都能協助病患好好控制憤怒情緒。至於你自己，在對方接受治療時，切記絕對不能插手。

就算你做了對的事，也不要期望心情會變好。沒有人能控制自己的創傷反應，痛苦可能持續好幾年之久。你應該試試「創傷後壓力症候群」（Post-traumatic stress disorder，PTSD）治療法，服用藥物或認

20 譯註：瓊·蒂蒂安（Joan Didion），美國作家與藝文名流，作品多元，以敏銳筆鋒享譽文壇。早年一帆風順家庭圓滿，直到過完七十歲生日，結縭四十年的丈夫一夜猝死，獨生愛女隨後也去世，人到垂暮才遇生死巨變。

知治療有時會有幫助。但無論焦慮恐慌是否持續，都請提醒自己，你已經做了對的事，無須因當前處境怪罪自己。

請認清事實，知道你無法保護自己及家人免於遭受瘋子攻擊，即使你因瘋子而飽受恐懼，也不代表你被打倒了。這只說明了：「人生處處有瘋子。」只要你能及時察覺瘋子的存在，不計代價立即採取因應措施，就稱得上成功。

請相信，只要我們每天踏出家門，做著一樣的工作，忍受恐懼與症狀折磨，這都證明了我們不是小說虛構人物，而是真正的英雄。

簡易自我診斷表

無法企及的心願：

- □ 無時無刻安全都有保障，一切都在你掌控之下。
- □ 親密關係、工作、家庭狀況等都能保證周全不變。
- □ 替被魔鬼附身的愛人驅魔。
- □ 恢復平靜的心靈。

切合實際且可達成的目標：

- □ 世界如此不安，在安全感與其他優先事項間找到最佳平衡點。

- □為了減輕暴力威脅，請建立防護牆，隔開危險人物（即使那人與你關係親密）。
- □強化你的求生技能，幫助家人活下去。
- □儘管屈辱、失落、焦慮和恐懼不會消失，也要堅強下去，繼續過正常生活。

你能做的事：

- □評估風險的標準放在會發生的事，而不是你希望改變的事。
- □向專家請教蒐集資訊，了解真正該做什麼才能降低危險。
- □放棄一廂情願的想法，做該做的事。
- □不要覺得自己是失敗者，設法管理失落的痛苦與無盡的恐懼。
- □你為了生存付出努力，你該為自己驕傲。

真心話練習腳本

當你覺得受到威脅時，以下是你該對自己或別人說的話：

> 親愛的＿＿＿＿＿＿＿（我／某家人／會施暴的家人／前男友或前女友／硬要插手你生活的瘋子）：
>
> 我討厭把暴力威脅視為你我之間的問題，好像是我們沒辦法＿＿＿＿＿＿（解決問題／不走

法律途徑／避免激烈衝突），但無論我們怎麼做，這些都是我們無法控制的事情，因此我只能 ————（採取一切必要行動／離開這裡／執行證人保護程序），把這段危險關係做個了結，讓我們大家都能展開新生活。我想我們應該停止溝通，我不再接受任何 ————（寫下各種溝通方法，包括飛鴿傳書）。

你可知道——

茱蒂法官是美國英雄？*

退休家事法庭法官茱蒂斯．賽德林（Judith Sheindlin）就是美國家喻戶曉的茱蒂法官。她每年賺進大把銀子，做的卻是全世界最令人討厭的工作：在電視上直指愚蠢人們犯了哪些錯；人不能覺得這是別人欠我的，而想要什麼就有什麼。還有成年男人真的不適合再穿破洞吊帶褲了。

《茱蒂法官》已在全美播映許久，儘管傳遞的訊息並無多大改變，茱蒂法官的身價與知名度卻持續水漲船高。這著實令人費解，儘管節目一再提醒，但觀眾卻還是沒被點醒，繼續上演著很瞎的戲碼：沒結婚就跟另一半簽約買房、不知道口頭約定都是廢話、法庭上依然雙手抱胸吊兒啷噹。到頭來，人的內心深處根本有一部分拒絕接受「人生不公平」這個事實。

也就是說，每當茱蒂法官對某人說：「你不能把借出去的錢全拿回來，就算那人是孩子的爹。」「這裡是法院，不是醫院，我才不管你有什麼感覺。」種種情景都像是一本迷你啟示錄。

她不只是審理小額訴訟的法官，也是總能說出至理名言的先知。我們看到茱蒂法官法庭內上演的人生百態，也看見一位處理世間事的真正英雄。

*本書在艾咪．波勒[21]的回憶錄暨人生總結《是的，麻煩了》（*Yes Please*）出版前完稿。波勒在書中同樣使用「茱蒂法官，美國英雄」這樣的措辭，可謂是英雄所見略同。我們都出自於對一位法律女英雄的共同景仰，絕非剽竊或故意雷同。我們希望波勒女士能夠理解（或請她也看看本書，她真的很棒！）

終結童年虐待

虐待兒童，罪無可逭。孩子無法保護自己也無力抵抗，虐待的陰影會永遠存在。只要是真心想幫助受虐兒童成長茁壯的人，看到孩子們的傷都會心如刀割。而人們不但出自本能想懲罰施虐者，更想用最痛苦的方式，將他們全都殲滅。

但有時懲罰施虐者，對受害者反而是傷害大於幫助，也難以減少虐童事件發生。有些虐童者比較好對付，像是貪杯父母一旦曝光就不會再犯，把他們關進監牢也無濟於事，只會讓家庭財務陷入危機，而且最重要的是受害者會更難以復原。況且家裡可能也有人害怕施虐者因坐牢而讓家庭頓失支柱，反而有所隱瞞不告發。

21 譯註：艾米．波勒（Amy Poehler），美國喜劇演員，NBC長壽綜藝節目《週末夜現場》固定班底。

有人會說，讓受虐者對抗施暴者，甚或只要讓施虐者受到公權力制裁，就有助於治療創傷。事實上，孩子更容易把父母等大人造就的情境，歸咎給自己，情緒也不易撫平。研究也證明，相較於父母對孩子，孩子對父母的責任感往往更為深重。不幸的是，平復虐待傷痛通常需要很長時間的反覆練習，宣洩並無用處。甚至等孩子長大、逃離以往威脅後，內疚與破壞衝動都還纏著他們揮之不去。

所以不要以為只要鼓足勇氣面對施虐者，就能克服童年受虐傷痛。承認受虐這件事，請了解公布並法辦施虐者惡行不一定能改善受虐者的憂鬱、絕望與孤獨。然而真正有效的做法是學習珍惜自己，並奮力戰勝想要自我毀滅的衝動。

沮喪、焦慮、創傷後壓力症候群，這些源自童年虐待的長期症狀，若受虐者採取對抗的態度，不管直接或間接，或許有幫助，或許沒有用，事實上這些症狀經過任何治療都可能不會痊癒。但重點是受虐者明白這些症狀的形成與消除都不是他們的責任，儘管沮喪、焦慮、有創傷，都要活出有意義的人生，這才是從童年受虐站起來的唯一有效方法：儘管童年受虐，虐待也無法定義你的人生，要當個健康的成年人活出完滿人生。

以下是大家認為童年受虐者應能做到的事，但通常不是如此：

- 能從焦慮、沮喪和自我憎恨的情緒中療癒。
- 能減少需要為他人感受負責的想法，也不要對責任太過敏感。
- 對於親密關係、性和其他事物能安然接受。
- 相信自己擁有保護他人的能力。

以下是人們許下的願望：

- 停止焦慮、沮喪和自我傷害的衝動。
- 打破擇友與擇偶的模式，不要再選擇有虐待傾向的朋友和伴侶。
- 能感到快樂、自在或正常。
- 對自己的經驗做一了結。

案例分享

在我把事情告訴學校社工後，我父親就沒有再虐待我了。現在我在看心理治療師，她試著幫我走出沮喪，她認為我不想看到我父親受罰，因為我想保護他。我也擔心如果他進了監獄我們家該怎麼辦，我們破產了，我媽無法工作，如果父母付不出錢，我那幾個沒有被揍的兄弟立刻就會被退學。我的目標是釐清什麼對我的康復最好，找到能幫助我的治療方法。

* * *

原來我女兒一直被她繼父強暴，只要他喝醉了，就去找我女兒。我之前並不知道，現在得知後覺得好可怕。她在看心理治療師，因為她割腕，宵禁時跑出去，現在和一個吸毒的混在一起，那個吸毒的比她大很多，明顯在占她便宜。我跟我女兒說對不起，因為我太忙了才讓事情演變成今天這樣，我一定是瞎了眼才讓這種事發生。但她既憤怒又憂傷，我不知道該怎麼辦。我希望能幫助她從恐怖的傷痛中復原，我覺得我有責任這麼做。

* * *

我被家族常來往的世交長輩性騷擾，從我小時候只要兩家聚會，這事就一再發生。到了現在十年過去，經過心理治療才讓我了解這件事有多不堪，而我又有多麼恨他。我把事情告訴父母，他們都嚇壞了，也非常支持我，但他們和那家人感情很好，也不好說些什麼，特別是現在那個人也老了，身體也不好。我告訴父母，如果他們不說，我就會說。我的目標是確定這件事不再發生，我要開誠布公反擊，這樣才能幫我平復。

童年受虐倖存者感受的憤怒不是恨得要死就是完全退縮，這絕對可以理解，卻很難改變或管理。無論你把這件事歸咎他人還是自己，都讓信任、希望、和解的空間變小，也對於你的人際關係和活下去的念頭只有百害而無一利。憤怒就像**自然**災害般強大、具破壞力，也陰晴不定，除了天性使然外別無其他。

一味對施虐者憤怒似乎是合理選擇，而他們也活該，但這麼做並不會使憤怒消失。你也許對心情平復或治癒抱持虛假期望，一旦希望破滅，傷痛反而加深。

你也許覺得治療師安慰了你，跟你一起對施暴者憤怒，一起氣生命中對你不好的人。然而幾次下來，你該問問自己，這樣是否真的有幫助。你的心情也許得到抒發，但無論你的敵人有多可惡，長期目標不是去恨他，而是找到實際可信賴的朋友，並學著管理極端情緒，像是你太努力反而不討人喜歡，受到傷害時又太生氣。請確定你接受的治療可以提供工具和好的引導來面對這項艱難任務。

教育自己做補救的最好方法，是了解「辯證行為療法」（Dialectical behavior therapy，DBT）的各種修習內容[22]。DBT是幫你管理極端情緒的認知／行為治療，它提供想法、練習和價值觀，訓練你當感到憤恨絕望時做出建設性的反應。不幸的是，它不會讓那些感覺消失，阻擾那些情緒只會讓它們變得更糟。然而事實上，你阻止自己做出傷害自己或摧毀友誼等有害行為，卻可以保護自己不再受傷，最後反而給了自己更好的人生。

如果你的孩子或朋友正被童年受虐的極端負面情緒折磨，請建議她管理情緒，這比試著消除她的痛苦或為她承擔責任更有幫助。如果你覺得你有責任，請認真想想你到底能控制什麼，又為了什麼而道歉。別讓愧疚感讓你變得只能盲目鼓勵，並容忍對方的發洩、指控和惡劣行徑。

你反而應該提醒自己，你和她都不該受苦，她必須學會管理情緒，否則只會更痛苦。請熟悉辯證行為療法或其他認知行為療法來管理自己的負面情緒，也鼓勵她這樣做，然後交談時拿掉負面態度，努力帶她往正面方向走。

如果你不知道跟家人說是否有幫助，那就別為了發洩情緒而說。你應該把正面後果和負面影響一起評估。如果公開是防止再次侵犯的唯一方法（若你是有合法授權的記者），那當然要公開。否則事情一公

22 譯註：DBT的內涵包括行為治療、行為科學、辯證哲學與禪修，強調以辯證方法調適個案對困境的對應，並以禪修的精神審視個案心中無法被肯定的情緒。常用在邊緣性人格的治療。

開可能會在朋友或家人間捅了馬蜂窩，他們可能受不了真相，也因此造成受害者更孤立，帶來更多衝突。重要的是說出真相，懲罰犯罪（尤其不能讓那些人再害人），請盡可能從願意支持你和了解你的人那裡得到幫助。

並非所有受虐者都被負面情緒困擾，但大多數受虐者背負的痛苦、焦慮與不信任感永遠都放不下，即使他們接受了很好的治療，也有愛他們的朋友。只有當他們能忍受這些情緒，也找到活下去的理由，也能夠愛人了，更能抵抗負面情緒的衝擊時，他們才算真正克服傷痛。負面情緒也許頑強不散，但只有正面行動才是最重要的。

簡易自我診斷表

無法企及的心願：

□一個沒有虐待、性侵的世界。

□沒有痛苦、創傷、懷疑、自我憎恨，不再遇到壞人壞事。

□只要透過宣洩、強烈支持或任何快速方法就可有效治癒。

□只要透過懲罰和緩慢痛苦的復仇就能治癒心靈。

切合實際且可達成的目標：

□加強安全。

□ 更能控制自我毀滅的行為。
□ 受到負面情緒和親密關係較少干擾而得到清楚的想法。
□ 能寄望有更好的未來。

你能做的事：

□ 知道有人虐童，請阻止並舉報。
□ 討論出一套評估方法，衡量你能做的事，也確定較重要的事，而不只是回應強烈負面情緒或他人想法。
□ 練習一套方法，當你被負面情緒淹沒時，仍能抱持目標和價值觀。
□ 找到引領你進步的指導者和支持者。
□ 儘管你感到絕望，只想傷害自己，毀掉人際關係，在這種壓力持續下，都要為自己達成的事感到驕傲。

真心話練習腳本

以下是當你受到虐童案波及覺得害怕絕望時，應該對某人或自己說的話：

親愛的＿＿＿＿（我／施虐者／羞辱我但程度不到虐待的人／冷漠的混蛋）：

我覺得人生就是＿＿＿＿（請填入「爛」的同義詞），我最關心的人並不在乎＿＿＿＿（我的付出／我，他們利用我就像吃烤海鮮時用的濕紙巾）。我知道我的童年帶給我恐怖的情緒，讓我交朋友時也帶著這種恐怖的品味。我會繼續努力不再＿＿＿＿（酗酒／吸毒／和混蛋打混），參加有相同心境的人的聚會，可以的話我會繼續努力，重新練習，以提醒我什麼是對生活和自己重要的事。

要求公平待遇

一分耕耘一分收穫，除了有些人對收穫有過高的期望，得到該有的收穫應是合理的希望。是啦！你的年紀小於七歲才會這樣想。當雙方都想要或都想避開某個東西時，孩子通常會搬出公平當理由，這也是他們的爭執多半以眼淚收場的原因。

如果你覺得只要挺身而出求青天大老爺主持公道，就能得到你應得的，這個世界就太好了！但事實往往無法確認無誤，大老爺和一般人一樣都有相同的弱點，所以追求公平引起的爭端迅速增加就不意外了。如果主持正義的是父母，大可直接告訴孩子，世間本就不公平。如果有大人控訴其他成人做事不公不義，也就暗指對方是壞人，最後搞得一團亂，結果通常會比你什麼都不做更糟。

為了爭取公平工資而罷工，你以為是爭個道理，但可能會逼得你只能赴海外工作，或者為了讓另一半了解你的想法，卻換來冷戰和幾個禮拜的婚姻諮商。你**覺得**要爭得你該得的，但如此狂熱正告訴你那是危險的期待，要你把公平當目標和行動理由前，先仔細想想清楚。

如果你費盡心力讓訴訟案成立，之後卻一點進展也沒有，請查清楚那些擋路者的態度和過去的所作所為。八九不離十，你會發現他們言詞和行為都反映出幾乎無法動搖的價值觀，以致根本不認同你所謂的公平。若你爭辯你認為的公平比他們心中認定的公平更有道德高度，你就等著他們以同樣方法回敬你。到最後你越是有理，他們就越恨你。

所以別大發脾氣，停止傷害你的案子，看看是否能用其他激勵機制取代愧疚感與公平要求。如果沒辦法，你也只得接受搞砸後的痛苦。當然，選擇後者會讓你覺得極度不公平，但身為成年人，我們要接受人生就是這麼一回事。

人生從來不保證事事公平，但在這個不公平的混亂市場中，你可以做個又公道又實際的商人，只要你先假設沒有人需要以你的角度看事情，無論事實真相有多明顯。若你得到該得的只能說幸運，而不是權利。你也許有很好的理由覺得自己被欺負了，但你不能自暴自棄，不給自己一段暫停時間收拾心情，好為這次爛生意製造最大利基。

當你要求公平卻得不到時，你多半會這樣想：

- 如果你知道你的權利並信心滿滿表達出來，就能得到最終勝利。
- 低級仲裁單位搞死你，上級單位保護你（上級單位包括人事處、法院、辛普森口中的耶布斯[23]）。
- 只要堅持並站在對的一方，就會獲得累死對手的滿足感。
- 如果是你該得的，就該有信心，尤其這東西又是來自不值得的緊握拳頭。

以下是人們許下的願望：

- 有個他們信任的系統替他們出頭。
- 只要是他們該得的，一分不多一分不少都要拿到。
- 有個人人都通用的仲裁系統。
- 有個知道何謂公平的老闆。

案例分享

我一年半前就該升職，但顯然並沒發生；同時間卻有個跟在上司身邊的老傢伙卻升了官。我的工作表現極佳，以前我們這裡從不顧慮什麼倫理問題，但輪到我該升職的時候，上司卻擔心我會引發倫理問題。現在我在考慮該不該向人事單位提一下我的想法或先和我的上司提一下。我的目標是早一步升職，他知道這是我該得的。

我老公每天晚上一定要出去和他的狐群狗黨鬼混，他說，因為他要養家，工作太累，不讓他出去發洩一下他會瘋掉。但我也工作，他就每天晚上把我和孩子丟在家裡。我跟他講這不公平，他就開始嫌我嘮叨，說這是每天晚上他要出去的另一個原因，因為他受不了我嘮叨，也受不了我總是要他做超級老爸的壓力。我希望他能認清他根本沒有盡到做丈夫和父親的責任。

＊　＊　＊

我爸媽把我弟當成什麼壞事都不碰的乖寶寶，總是要我陪著他好好教他。事實上，我弟根本是酒鬼加廢柴。我愛他，也想看他有進步，但逼得我快發瘋的是我父母的態度。他們把我的好表現視為理所當然，只要覺得我惹我弟不開心，就不給我好日子過。有時候我真想叫他們都滾開。我的目標是我爸媽不會因為顧及我弟的需求而變得扭曲不公平。

人一遇到不公對待，就希望別人也遭遇同樣的事。所以當你遇到有人對你不公平，那個人多半也覺得自己正遭受不平的壓力，所以才刁難人，才要你付出好像你本來就該給的東西，這樣你才能略為理解，尊重她受的罪。好像有句中國諺語是這麼說的：「傷人者，受傷最多。」（he who dishes out the most

23 譯註：卡通《辛普森家庭》中的父親荷馬搞錯了Jesus與Jebus。

shit feels the most like the toilet of the world.）

你也許覺得自己的做法才是對的，也有好理由這麼做，但只要別人以她的方式看事情，覺得她應該比你更有權利獲得，你就不會贏。再說，為了公不公平吵架可能讓情緒更糟，讓周圍的人都遭殃，壞事不斷惡性循環，有理也變得沒理。沒錯，你越是有理，她就越懷疑自己，反應就更劇烈。這就是為什麼想表達自己受到不公平待遇是危險目標。

一旦你知道無法說服別人，上司、老婆、同事都不認同你所謂的公平，那就閉上嘴，好好想想。就算你想到更好更新的智慧妙語，也別再拿出來爭論你是對的。你反而應該找個正當方法了解他人的權利，觀察他們的行事作風，慢慢修補關係。

不管你真正感受如何，都別再暗示她的看法反映了自私、懶惰或其他不好的價值觀。反而要說好的價值，起碼理論上應該如此，這樣做才能駕馭對方，讓她無須證明她是對的，你是錯的，而你只是用不同方式把各種事物加在一起看。

但這能不能作為討價還價的籌碼就很難說。好比說，老闆對你的貢獻視而不見，又專挑你工作上的毛病，如果你再跟他說你有多愛這份工作，欣賞他的領導，有意無意地點出：儘管各地就業現狀都證明了像你這樣條件的人在新興市場越來越搶手，但你還是很想留下來，這時你老闆可能真的會對你的問題好好想想了。

如果真的無法被人公平對待，那就別爭了吧，就接受不論你的意見夠不夠有理，你也不需要別人肯定了。真走到這一步，你該問問自己到底想做什麼，時候到了，也不用爭執，你大可換個更好的工作，告訴你的夥伴要不改進要不就走人，減低朋友家人給你的壓力。方法很簡單，只要說一聲「我同意」或

「不同意」，話題就此打住。即使得不到，你都相信你的標準才是所謂的公平，這樣的信念可以幫你劃出界限，採取獨立行動。

知道自己無法得到公平對待後只能閉上嘴，心情肯定很沮喪失落，甚至覺得被打敗了。事實上，你只是衝撞了一般好人壞人混亂的處事方式，這些來自不同文化、構造有別的大腦，對公平也有迥異的定義。

如果你一直深信自己的價值觀，且能避開衝突與是非，利用手邊有的選項來決定自己能做的事，那麼你一定會從自己那裡得到最公平的待遇。

簡易自我診斷表

無法企及的心願：

- □ 人人都被公平對待。
- □ 有人不知如何是好時，能有公正不阿的仲裁制度來矯正不平行為。
- □ 深信公道的力量只會行善不會造惡。
- □ 滿意最終獲得平反。

切合實際且可達成的目標：

- □ 如果你運氣不錯，可以藉由辛勤工作建立力量和市場價值。

□ 找到理解你對公平看法、也能做決定的朋友。

□ 理解自己的感受，也公平對待自己。

□ 知道何時該閉嘴。

你能做的事：

□ 當你對公平的想法已經威脅到別人時，你也要有自覺。

□ 如果有限度的道德認同被人當成屎，請開誠佈公解除威脅。

□ 你必須有所付出才是重點，而不是在意一般人對公平的認知。

□ 無能為自己或他人求得公平，也不要覺得自己被擊倒。

□ 即使只在你能控制的極小部分世界，也從不放棄追求事事公平運作。

真心話練習腳本

以下是當你感到被不公平對待時要說的話：

> 親愛的______（我／忘恩負義的傢伙／不守承諾的人／控制狂）：
>
> 我覺得我被______（最好朋友／老闆／父母／另一半）捅了一刀，他們覺得他們的想法才是公平。這讓我快要______（請填入「抓狂」的同義詞）。然而，現在我知道，他們真的

相信他們所說的公平，我一點也不驚訝，我只是沒料到這件事竟會發生在我身上。如果因為————（愛／孩子／沒錢離鄉背井、找殺手或律師），我們的關係必須要維持，我會修補關係，為自己定義公平，做我該做的事。

「不公平！」語出政治人物，也出自老班奈特女兒的四歲兒子雅各？

1. 我們要的就是……賦予美國人民公平。我的老天！
2. 不公平！哥哥們都可以去，而我不行，而且你說我可以吃烤乳酪三明治的。
3. **當我想要的時候，我就要得到我要的！**
4. 我提出公平交易，但對方不買帳，意謂著我好像該當個絕地武士，用心靈融合（原文就是如此[24]）統合這些鄉親，說服他們做對的事。
5. 這聽起來不像是好計畫。不公平。這聽起來根本**不是計畫**。

1. 政治人物John Boehner在ABC新聞談話節目This Week with George Stephanopoulos（10/6/13）中的訪問；2. 雅各；3. 政治人物Eric Cantor的高中畢業紀念冊；4. 政治人物歐巴馬（Barack Obama，3/1/13）；5. 雅各。

24 譯註：歐巴馬搞錯star trek（星際爭霸戰）和star war（星際大戰）。瓦肯人出自star trek，是史巴克族人，記憶是集體記憶，大家用心靈融合儲存共同記憶。

洗刷汙名

如果你熟悉科幻奇幻小說，或民謠藍調，讀過名人自傳《我，蒂娜．透納》（*I, Tina*），你就該知道名字具有神奇力量。名字常成為致命的攻擊目標，也許是因為名字代表身分與名聲，而一旦有人知道你的真實身分，你就曝光了。

即使受法律保護，被汙名化一定會讓你覺得無助被侵犯，需要花好長一段時間才能捍衛自己，而自己卻變得很脆弱。至少在這星球是這樣的，問問蒂娜．透納便知。

通常汙衊你的人真的相信自己說的話，不管這件事是否被扭曲，或根本不是事實。如果你近來還沒有向你家附近反對施打疫苗的人士打聽過，你也許早就忘了人們相信某事是因為他們深信不疑。但說實話，只要有人說這件事是真的，你要證明它沒發生幾乎是不可能的。除非你很幸運，剛好在對的地方有個全視角監視器，不然根本無法反駁，爭論只會加深欲蓋彌彰的印象。

如果你正在氣頭上，發飆似地捍衛自己的清白，聽起來就像可能真的做了什麼可怕事的暴徒。這時誣陷可能引發連串調查、控告和法律行動，時間一拖都要幾個月或幾年，他們也許不准你看孩子，或要你支付監護人和監視器的費用，還有其他昂貴的支付事項。你越想洗刷汙名，傷害擴大的風險就越高。

有時錯誤的指控可能讓你懷疑自己，即使你知道自己並沒有錯。很難不讓人懷疑你一定是做了什麼才會這樣，可能是惹毛某人，想到像你這樣的人還能做出什麼好事，尤其指控者是家中成員或你相信的人更是如此。與其再三保證扭曲事實的是他不是你，沒道理要你為沒幹的事受罰，倒不如多關注指控者的心情，繼續保持互動。

知道自己對心情變好和控制詆毀無能為力，一定很不舒服，但可以幫助你不讓情勢惡化，指引你追求現實的希望，而這都需要耐心和收集資訊的意願。如果你忍的時間夠久，一直紀錄良好，堅信自己的善惡標準，謊言終究多會大白。然而為了活下來，你必須接受你面前的種種不平對待，並相信：這只會發生在好人身上。

忍受別人對你的嚴重誹謗就像得了癌症，會占去你大半人生，造成極大痛苦，人也脆弱不堪。即使如此，這都不代表你犯了錯，或在一場戰役敗下陣來，因為不論你是因它生病或死亡，都不影響你身而為人的意義。

撇開痛苦羞辱，你的力量與奮戰意志已經說明了你是誰，而你的表現也超越了你的名字及其所代表的一切。

以下事項好像會在受汙衊的被害者身上看到，但多半不會發生：

- 迅速調查終結後認定無罪，接著就是寬恕犧牲的戲碼。
- 字面上和情緒上都沒有付出驚人代價。
- 給你機會陳述你這方的論點，大家都相信了，只有你的狗和治療師例外。
- 給你保護基本權利的機會，讓你保留隱私，別人不會知道你在哪家公司上班。

以下是人們許下的願望：

- 通過指控者、警察、媒體、法官、其他親戚、小報等相關人士的考驗。

- 不需要等很久很久才能展開調查程序，證明自己清白。
- 當對方覺得他們才是一開始受委屈的一方，請不要覺得自己受到嚴重懲罰。
- 保護孩子，不讓家庭崩毀，免於遭受潑糞影響。

案例分享

我一直心知肚明，只要老婆心情一不好就看不起我，但我還待在那個家，因為我愛孩子。大家都知道她嘴巴惡毒，但一下就過了，我從不覺得那些話都是真心的。所以一個月前她把我踢出家門時，我真的嚇傻了。她還換鎖，跟法官說我打她，因此拿到禁制令，但事實是她打我，我從沒有打過她。我氣壞了，上警察局要求幫忙，但連警察好像都站在她那邊。她不讓我拿回工具，害我沒法工作，也不知道自己請不請得起律師。真不敢相信我被整得有多慘。我的目標是從一堆謊言中脫身，再次看到孩子。

* * *

我母親說她不再跟我說話。她說我騙她，她得了癌症也不願幫她，但這都不是真的。她是那種會編故事然後深信不疑的人，我們家都知道她的毛病，但沒有人會在她面前說什麼。所以只要有我參加的家庭聚會，她就不去，時間一天天過去，我擔心我們之間因隔閡疏遠而傷了對方，還沒有機會和解說再見，她就死了。我希望我能確定家人都知道她說的話不是真的。我的目標是在她死前結束這場瘋狂衝突。

我知道我前夫很壞，我倆連離婚也很戲劇化，中間還要求禁制令。法院已經釐清我們的財務狀況，他甚至還再婚。就在我以為我和這人再也沒有瓜葛，卻發現有人匿名在各大網站寫負評攻擊我，說我當房產仲介有多差。我本來有個客戶快談成了，居然被其他客戶提醒。現在他們只要google我的名字，立刻就打退堂鼓。我知道這都是我前夫搞的鬼。我的目標是保護自己，不再遭受這種詆毀個人名譽的惡意攻訐。

* * *

當你被不實指控，無法報復，也無法端正視聽，此時最大的錯誤就是你決定做「對的事」。因為發生在你身上的都是莫名其妙、惡意攻訐，讓你痛苦的事，用事實與理智反擊看來就是「對的事」。不幸的是，這就像違反物理定律，妄想從核爆中重建秩序。反擊是沒有用的，反而會加倍失序，讓情況一發不可收拾。

不幸的是，沒有人能確保一定不會遭遇這種傷害，表達憤怒只會讓你的敵人寬慰、高興、興奮，亂上加亂。根據「班奈特瘋子能量第一定律」，在瘋狂的情況下妄想加諸理智的力量，只會增加瘋狂的力道與動能。

所以可能的話，請把上唇塗滿醬糊，然後閉嘴。只在必要時才冷靜溝通，這不是假裝你不在乎，而是展現自我控制及專注事業的專注力。首先要做的是開始記錄你的交易過程，只要有誰想把你的話斷章取義或引導你說出讓自己後悔的話，就把整個過程錄下來，保存真實現況。保持冷靜，做有建設性的行動，證明你與那個捏造現實的人正好相反。

如果時機成熟，你準備好要反擊，這時請不要爭吵、辯解或勸說，攻擊你的人是聽不進去的。如果真的需要爭論，你的律師會比你更了解基本法則。沒錯，把一切都藏起來很辛苦，但不這樣做只會讓事情更棘手。

如果你和子女關係面臨危機，請勿驚慌。雖然這比什麼都重要，但你有很多時間把事情想清楚，之後才能處理好，好比當忠誠度大戰變得不新鮮，離婚議題也篤定的時候。如果短期內沒有人站在你這邊，就等時間過去，你的機會會越來越多。

你的目的不是要證明敵人錯了，而是要避免你的人生被敵人和他的指控糾纏。無論你的壓力有多大，要花多少時間金錢在這場爭鬥上，請為了堅持基本價值而戰，無論是誰耗費這麼多心力想逮到你，他們都該明白開始把你抓著容易，後來就不是那麼簡單的事了。

請記得，遇到誹謗攻訐這種骯髒事只證明你過去識人不明，誤信了某個和你很親近的人，現在拉開距離，對你來說是多健康的事啊。你以前只覺得這個人有些扭曲，現在你知道他比你想的更糟糕。如果兩人還維持密切接觸，關係必定不好。請接受痛苦，既然知道彼此疏遠是正確的事，心裡也該舒坦一些。

你無法讓自己免於眼前的痛苦與被攻訐的無奈，但只要你專注目標，控制情緒，努力恢復生活、能量與宇宙的平衡，最後終會贏得勝利的。

簡易自我診斷表

無法企及的心願：

- □ 快速查明，快速平反。
- □ 在財務、名聲及家庭關係上不受損失破壞。
- □ 可由說服、協商或報復控制損失。
- □ 從暴怒和無可置信的爛事中解脫。

切合實際且可達成的目標：

- □ 不要讓事情變得更糟。
- □ 降低損害，獲得盟友，必要時奮力一戰。
- □ 好好過生活而不是防衛。
- □ 加強自我控制。
- □ 從錯誤中學習。

你能做的事：

- □ 不讓憤怒控制你。
- □ 學習在小心翼翼仔細思考的情況下為自己說話。

- □ 明白什麼是值得奮鬥而你也可贏得的事。
- □ 不要因暴怒與恐懼嚇得驚惶失措。
- □ 習得相關法律及法定程序，在你付得起的範圍內得到最好幫助。
- □ 用心關注在你的長期目標和增進行動力上，擺脫那個想抓住你的混蛋。

真心話練習腳本

當你受到汙衊時，以下是你該說的話：

> 親愛的＿＿＿＿（我／偏頗的指控者／那些相信不實指控的人）：
>
> 我知道有人謠傳說我＿＿＿＿（到處拈花惹草／是犯下重罪的壞父母／不洗澡），我向你保證，這些都不是真的。我不想討論，除非有必要維護＿＿＿＿（我的生活／和孩子共度的時光／我脆弱的理智和現實感，即便如此，討論對象也只限律師）。除了否認傳聞，我也希望不要把時間浪費在過往恩怨，而把焦點放在＿＿＿＿（請寫下除了謠言以外，具有正面意義的任一名詞）。

立即宣洩情緒吧！

以下提供假想正義戰勝不公的劇本，大家就不必再費心去找了。

令人沮喪的情況	假想的正義	最好的情節
過了幾個月的幸福日子後，你的夢中情人忽然說一切都是他的問題，不是你的錯。把你當成用過即丟的擦手紙，就這樣把你甩了。你從此再沒聽到他的消息。	他無情拋棄你後不久，罹患了一種罕見疾病，病毒攻擊他的下體，讓他成為世界首例陰莖放屁的人。他沒撐多久就死了，死前孤單，氣力放盡，幾天都無法闔眼，因為他前面那裡一直脹氣。	你好幾個禮拜都在看諾拉・艾芙隆[25]的電影時生悶氣，思考約會伴侶的更好標準，像是別老想著夢中情人，而該多放點心思在現實生活中的正派好男人身上。
你有了面試心目中工作的機會。面試時，你表現得極為出色，所有面試官都非常滿意，還跟你擊掌，但再也沒下文了。之後你才發現他們把工作機會給了一個能力比你差的人，只因他是老闆兒子的哥們。	原來老闆的兒子和這位新員工的關係不止是哥們。當他們把祕密戀情向思想保守的老爸，也就是公司CEO公開後，兩個人都被公司攆了出去。這件事引發大眾抵制，公司因此倒閉。這對戀人最後還是結婚了，在紐澤西開了一家小型犬SPA美療館，經營得很成功。	請記得，即使人生並不公平，導致原本屬於你的工作與你失之交臂。你沒被錄取的原因與你的工作技能無關，但有工作技能仍然很屌。你會在其他地方找到工作的，也許是某個不那麼精彩，但爛人比較少的地方。

25 譯註：諾拉・艾芙隆（Nora Ephron），好萊塢最擅長浪漫喜劇的編劇、製作人，知名作品包括《當哈利遇上莎莉》、《西雅圖夜未眠》、《電子情書》。

從你有記憶以來，你和姊姊就一直處不來。直到你姊因一場車禍突然身亡，你才了解到你有多想跟她講和，更痛的是，你知道自己再也沒有機會了。

收拾姊姊的遺物時，你找到一封她留給你的信，上面寫著她真的很愛你，即使她總是和你爭吵不休。隨信包在一起的還有數十萬美元，所以你（在買了一間大房子和小馬之後）以她之名建了一座雕像。

請提醒自己你姊不是壞人，如果她有機會也會做同樣的事。請別想著兩人無法和解的事，記得兩人共處的美好時光，你姊一定有些時候也是好姊姊。

討公道

人有時很難從重大挫折或期待又失落的心情中平復，不只為了那個失去的東西，也為了曾經可能或註定屬於你的卻沒出現。自此悲痛難以撫平，一直陷溺在人生不公的震驚裡，想終結這個莫大的情緒怪物。

你一直仰賴著道德信仰帶來的力量，加上你的行為紀錄良好，個人和家庭及社群生活得以持續向前。而當你對社會秩序的信心完全崩盤，心也碎了，在兩者皆破滅的情況下，才會渴望報復了結。

因此當有人背叛你，或發生了什麼無可奈何的壞事，感覺就像你的世界破了洞，卻彌補不回來。也像一個傷口，只有封起來才能杜絕感染，讓你的世界重回自然秩序。

然而在現實中，就連信仰相同的人都會看見不同世界，對規則解讀也大異其趣，若覺得錯在另一方，到頭來相互背叛也是有的。旁觀者和仲裁者被事實所惑，要聽多方辯詞，若無法當機立斷，往往讓善的一方受傷更重。

當萬事萬物以破壞信念的方式開始崩解，既無需驚訝，也不必奇怪，你對辛勤工作、犧牲奉獻的信念，你相信天理昭昭、這個社會是公平的信念，早已蛀蝕得千瘡百孔。你需要找個東西重建信念，但你要的信念已與之前的不同。你成了那個行善卻又從中得到好處的人，那個必須把瘋狂危險念頭敲出腦袋的人，而不再繼續逼迫自己紓解心情，不再追求那永遠也得不到的平反。

問題不只是揮之不去的抑鬱，原本相信大家認同自己的價值觀，但現在這樣的信念也岌岌可危。信心崩盤讓你對現實視而不見，一旦事情稍有出錯你就過度反應，想找出類似的情況，想重複成功的經驗，或謀求矯正的機會。你伺機而動想找個方式討回來，或只是單純想把事情導回正軌，而不是坐以待斃，船過水無痕。

換個方法吧，接受人生就是痛苦的教訓，有些你信任的人就是會背叛你，因為在他們的認知裡，這麼做是對的，或覺得背叛是他們唯一能做的。有些人遇到壞事只會袖手旁觀，也不會痛擊惡人，因為事情太複雜了。如果有人承諾你別的作法，他們錯了，他們只為自己說話，而不是真正力量所致。

所以如果你想做好事，請承諾融入社會，不要期待這會很簡單。事實上無論白費多少力氣，或遭到惡意對待，好心被雷劈，你都該得到更多掌聲，假設他們都知道你吃了多少苦頭，惹了一身腥。

如果你真的惹了一身腥——做了那個你覺得不該發生卻又忍不住做了的事——請別太在意在可能或應該發生的事上，而要多想想從現在這一刻起，什麼事會發生。請記得，不公平才是現實，報復了結不是。

當人們遭遇壞事卻走不出來，以下是他們覺得應該發生但不會發生的事：

- 天使插手介入。
- 變身超級英雄，或變成超人用神力扭轉時間，把不對的事情變成對的。
- 做錯事的人願意認罪招供，接著戲劇化賠償所有不當行為。

以下是人們許下的願望：

- 對於真相得到一些官方說法，好宣洩情緒。
- 從事件裡看到一些好處，而不全是壞處。
- 理解到底哪裡出錯，心情才能平復。
- 惡有惡報，才有天理。

案例分享

我上份工作算很理想了，直到來了一位新上司。在那之前我在團隊裡滿快樂的，大家互相尊重，工作上如魚得水，人人都知道我做得很好。我真的好愛！然後新上司來了，卻若有似無、有意無意的，對待男的都像哥們，對待女的就有點詭異，所以和我之間完全起不了化學作用。工作成了地獄，沒有我抗議的餘地，所以我等合約到期就離職了。我曾經有過美好日子卻失去了，我不喜歡這感覺，而且我現在的工作雖然ＯＫ卻很無聊。讓我不禁一直想著，如果我那時作法不同，緊抓那個適合我的工作又會如何？我的目標是擺脫這種感覺，別再想著那個曾經擁有卻失去的選擇。

* * *

我結婚將近二十年，老公後來搞上女祕書而離開我。我原以為我們婚姻幸福，相處融洽，離婚讓我的生活天翻地覆，我覺得我為老公、小孩、為了這個家做得累得半死，犧牲了自己，而他回報我的竟然是為了那個賤貨把我甩了，這個衝擊實在讓人難以忍受。現在我和前夫分開的時間都超過結婚的時間了，我不想再那麼恨他，但想不出法子不恨他。小孩跟他們的家人也處得不錯，我也找到我真正喜歡的事業，但離婚後我幾乎沒什麼約會。現在只要聽到孩子說要和爸爸及那個賤女人生活的事，我的心仍然很痛。我不在乎要不要再婚，但這麼多年了，我恨前夫這件事仍然糾纏不去。我希望找到了結方法，最後我仍需要放下。

* * *

酒駕撞死我弟的人拖了五年才得到審判，我知道他們終於找到罪魁禍首了。真不幸啊！那傢伙出身富有家庭，有錢請個好律師，最後纏訟多年，案子從酒駕到攻擊傷害，每一次都給他逃過了。我每天一定出庭，狠狠瞪著那個被寵壞的混蛋，我要陪審團知道，除非他被定罪關起來，這件事對我和我家人絕不會有善了的一天。法律不該用在富人身上是一套，用在像我弟這種工人階級身上又是另一套。我希望能替我弟討回公道，獲得平靜。

失去了你覺得不該失去的東西後，也許你會發現自己無法走出悲傷，直到找到能平衡不平情緒的東西，或賦予失去正面意義。其實你真正需要的是打擊某個根深蒂固的假說，也就是「不會發生不公平的爛事」。

理性來看，你知道很多壞事無緣無故就這樣發生了，但你的潛意識會告訴你相反的事。你的工作是說服自己，而不是一味想了結，就像永遠不會發生的冷融合，或像芝加哥小熊隊拿到世界大賽冠軍。

與其為不公平的遭遇懊惱嘆氣，倒不如增進自己在不平世界多做好事的能力。你也許已斷絕了應該持續但未能持續的關係，但無論如何你總是盡力了（不然就是可能愛錯人）。你也許丟了很好的工作，但當機會降臨時你表現得很好，讓你學到一課，就是你無法與這類老闆工作。挑戰一下自己，把「應該會發生但未發生」與「可能發生卻沒發生」這兩組詞從生字庫拿出來應用一下。

無論你失去的東西多美好，請想著你曾為這樣的美好做出貢獻，而不要一直想著你到底做錯什麼才讓美好溜走。無論那是份好工作、美好感情或只是快樂時光，請專注在你擁有它時值得感謝的美好事物上。好比夏天，你知道你對夏天結束無能為力，那就不要打陽傘吧！也像有人在事情進展順利時甩了你，這可能跟他的人格特質有關，而不是你做錯了什麼或有了什麼影響。

死亡可能是最沒道理也不公平的事，但賦予死亡意義不是你的工作。在許多人眼裡，死亡是最無法控制的事，也最不想因死亡而被人記住。人生之所以有意義，在於我們生時的作為，而不是如何結束，所以多想想亡者生前好的一面，而你與他的感情也不因他的死亡和你倆關係終止而變得恐怖。

如果你無法停止遺憾，渴望有個了結，請思考它的代價；體驗某種美好卻不願放手是要付出代價的。只要你有太多時間思考，你的大腦或許不時以「此事應該如此，但沒有……」的信號刺激你，請保持忙碌，建立一套對抗懊悔與渴望公平的哲學，人間本就不存在公平。

有些人總覺得需要有個了斷，就像截肢後總覺得腿在癢，如果你是這種人，請學著與這種欲望共處，而不要注意它告訴你的。如果你不斷提醒自己，即使你不能擁有你想要的，人生還有其他更重要的事，了斷的欲望就較難控制你的人生。

即使人生從未喪失對你做壞事的能力，你也不要喪失對生命做好事的能力。

簡易自我診斷表

無法企及的心願：

- □ 重建你的信念，相信事情一定能了結。
- □ 對「事出必有因」這道理深信不疑。
- □ 希望有公道、公平、證明無罪、世界和平……
- □ 希望事情了結或從對方那裡得到寬慰，等這些事發生就像等另一隻壞鞋也掉了。

切合實際且可達成的目標：

- □ 請接受真正失去的是你以前誤以為屬於自己的東西。
- □ 請承認你真正的缺失在於你無法保持快樂，也無法讓美好時光繼續下去。
- □ 好人有好報，這是錯誤假設，請發展一套方法對抗這種假說。

□不用考慮重要性，帶著懊悔活下去。

你能做的事：

□對抗「為什麼不是這樣……」或「為什麼沒有可能……」的負面想法。

□思考你該如何展現做好事及享受歡樂時光的能力。

□學習容忍後悔，不需讓這種情緒評估你的價值或控制你的生活。

□對抗自己遭受不公的失落感。

□再次告訴自己，對已逝去的東西並沒有責任。

真心話練習腳本

以下是當你渴望事情能有了斷時，你該對自己或他人說的話：

親愛的＿＿＿＿（我／仇恨終結者）：

我知道一旦我有過＿＿＿＿（令人稱羨的工作／另一半／好車／不可動搖的安全感），就再也不能把它趕出腦海了。現在我需要一些方法恢復我的生活和信心。我也知道人生很＿＿＿＿（請寫下極度負面的詞彙），我沒做錯什麼，不該承受這些事。但只要我還沒——————（搬去更好的地方／去整形／找到神奇大師）之前，我會努力接受這件爛事是我根本無力阻止的，也要努力學習與——————（我腦袋裡的／膽子裡的／骨頭裡的）壞情緒共處。

如果我需要了結，我會去弄條束帶。

有人吹捧人類對公正公平社會的渴望，當然，這是每個人的希望，很多人都以此為目標，以致無法停止這樣的渴望，接受在很多、很多情形下公平公正都是不可能的事實。諷刺的是，否定事實才是加深痛苦、沮喪、不公平的必然道路。接受不公不義的事實，但不要放棄你做個公平公正的人，即使那會逼你面對自己的弱點、家人的弱點，面對你生存世界的混亂本質。但另一方面，接受事實也會讓你有更多力量應付混亂，在秩序與正義上加入自己微小的力量。

F*ck

fuck helpfulness

第四章

該死的熱心助人

樂於助人該是高段的行善方式，但你現在應該知道，如果某事讓你感覺良好（助人可能感覺特別美好），此事就可能是危險的（就好比也能引發美好感覺的海洛因）。

事實上，帶有利他感受的努力往往也帶有讓事情惡化的高風險，但聽聽宗教領袖、治療師、政客和專業慈善團體說的，彷彿你為同胞做的永遠都不夠。歷史上也有太多這樣的例子，像是傳教士、軍隊，以及奧施康定[26]的發明者，自以為懷抱善意，最終卻是造成人們死亡的元凶。

而真相是，助人的感覺驅使我們努力改變他人，不管做不做得到，也不顧會不會產生意想不到的後果。目前已知會讓助人者興起最強、也最堅決的殺人動機的，是想拯救他人的靈魂，不讓他們的心靈受傷。如果你正窮一生之力去拯救靈魂，也許你就做錯了。

是的，有人需要我們的幫忙，我們也應該幫助他們，尤其有責任幫助家人。但事實上，只要談到助人，我們彷彿都在大腦內建了開關。按到「開」，我們自認對需要幫助者的遭遇有責任，如果我們沒有幫忙做些什麼，心中就有愧；如果按到「關」，糟糕，他們得自求多福，我們則毫無罪惡感。

而在「開」與「關」之間，我們則避免承諾，因為這讓我們更加不確定什麼是我們應該做的，又是否做的已足夠。不幸的是，人生多半沒有這麼方便，做的決定不是開就是關，不是黑就是白；而是處在兩者之間的灰色地帶，你必須少做一點，多想一些，這也是大多數人最討厭的地方。

不加考慮只本能地胡亂幫忙，只會造成傷害，造成誤導，資源錯置，風險高漲。是的，為他人利益犧牲自我是高貴情操，但不是用在利益極低、成本與風險過高的情況下。很多助人者天生就對成本效益分析無感，認為自己為助人而生，鄙夷風險利益管理者，認為他們冷酷、自私又膽小。助人者會毫不遲疑為了無法救治的病兒犧牲全家所有，不管家裡是否還有其他孩子，不管他們也有健康與福利的問題，這些孩子保有建康安全成長的機會，正隨著助人者每一次的高貴行動一次又一次地減少。

請抵抗助人的天性，事件緊急發生時也請先忍一下，除非你願意了解助人隱含的傷害與邪惡，有各種方法管理這種強大情緒與可能引起的危險。所以若你想幫助自己做個更好的助人者，請繼續讀下去。

撫平他人傷痛

如果天平的一端是要你捐出腎臟，另一端是全員待機，這時你想：「起碼讓某人微笑吧！」如果無法資助物資，最少你可以試著撫平他人的痛苦與哀傷。然後麻煩從此開始，當事情不順利，別人也無法因此覺得好過些，你反而製造更大的麻煩。

我們都覺得應該替自己所愛的人著想，毫不遲疑、沒有限制地為他們的幸福負責。要不就是因為我們勇於負責，要不就是我們做不到時會深感內疚。也就是說，當我們所愛的人不笑，我們就哭了。

或許我們需要助人來讓自己快樂，把它當成終身職志，在有罪的道路上奉獻，抑或只為了滿足利他的衝動。然而，人生悲哀的事實是我們往往無法改善他人的情緒問題，無論我們的動機多好，與他們多親，許下多少承諾。

好比說，有些人無法克制只能在痛苦中沉淪，無論他們是因為遭遇不幸而痛苦，還是因為身體或精神上的疾病而痛苦，甚或這種痛苦是某種無法察覺、無法停止、自我毀滅的行為。但如果連其他愛他的

26 譯註：奧師康定（OxyContin），會對中樞神經產生反應的止痛藥，有些毒蟲會把這種藥當成海洛因的替代品，俗稱土海洛因。

人和專業人士都無法改變這些人的苦難，相信你也無能為力。

即使你出於善心接受這個責任，但並不表示你有更多力量能夠幫上忙。也就是說也許你的插手只會把事情搞得更糟，讓別人更難做，幫倒忙後對你的傷害只會比別人多。

我們承認這項指責，因為只要不高興就找人怪罪是人的天性。怪罪的對象就從你愛的人開始：抱怨母親疏於照顧，抱怨痛苦的童年，抱怨有個報復性強的前夫或前妻，最後指責的對象總會輪到總統或當地球隊，當然結婚最主要的原因也在於有個對象可以怪罪。但這個對象並不真的就有這個人，他可以是父母，也可能是某政客或投手，這個人只要為我們的不愉快負責就好。更多時候，真正的源頭可能是我們的個性、基因或狗屎運太好。

要知道人是無法讓別人快樂的，即使全心全意都做不到，知道這點是你改變心願的最重要因素，把原來危險累人的目標改成有建設性、能達成的願望。接受這點，最後你會少受點傷，至少好過些，即使沒有人會好受。

以下是你希望擁有但沒有的減輕痛苦能力：

- 有能力讓別人覺得明天會更好，起碼不要每天總想著去死。
- 有份治療師名單，保證能處理保險問題，絕對不讓病人在治療第一階段就退出，要退出也是在病人好過一點後。
- 知道有某種抗憂鬱藥、心理治療方式或心靈成長影帶，保證治不好就退錢。
- 有訣竅讓人覺得讓人快樂是某人的責任，而某人並不是你。

以下是人們許下的願望：

- 一切都失敗後，找到對的話、正確的作為或治療方式讓別人心情好一點。
- 讓不開心的人了解，他們已經盡力幫她，但她需要自救。
- 讓不快樂的人改變那些讓她不快樂的行為。
- 無力幫忙時，不要感到那麼內疚和無力。

案例分享

我好恨我十七歲的兒子得了憂鬱症，而我卻幫不上忙。幫他覺得好受些是我和太太的優先考量，但我們做什麼都沒有用。醫生說他很沮喪，找不到適當的藥物幫助他；心理治療師則說找不到他變成這樣的原因。我兒子還虛弱地開玩笑說我看起來很悲慘，他非常非常抱歉因為他的憂鬱造成我的憂鬱。其實我只是無比擔憂，我希望能做些什麼，什麼事都好，只要能幫助我的兒子。

* * *

我和我媽多年來感情一直很好，但她得了失智症，現在跟她相處只覺得完全無助。她一直說有人闖進她家，偷走她的東西，也不斷抱怨說我根本不想管她。然後她開始摔跤，有幾次跌得很慘，但她拒絕用拐杖。她很害怕，覺得被人遺棄，但我一點忙都幫不上。她的律師告訴我，除非我媽已經明顯沒有自主生活能力，否則我無法強迫她就醫，或接受起居照護。我的目標是讓我媽少受一點苦，保護她不受傷害。

我好害怕我前男友會自殺，這樣就變成我的錯。我們交往前我就知道他有憂鬱症，之後我決定結束這段感情。他跟我說他每天晚上一直在喝酒，停不下來，很想死。我勸他尋求幫助，但他說唯一能讓他好過一點的是跟我說話。我討厭看到他受苦，但我也不希望繼續這段感情。我想勸他戒酒看醫生，但希望用講電話方式勸他就好，但他說喝酒是讓他活下去的唯一理由。我的目標是不要為我前男友的自殺負責。

* * *

如果你一直覺得讓別人好過些是你的責任，這只會讓**他**覺得愧疚而非改善，而若他沒變好也只會讓**你**覺得愧疚，然後耗盡大家的資源，直到你和他變成彼此痛苦的奴隸，在可悲的死亡漩渦裡不停打轉。而這點，如果不是你也在接受治療，唯一幫到的對象可能是當地的酒保。

最後一定會變成你對你想幫助的對象發脾氣，為自己生了氣而生氣，或對其他不夠幫忙的人生氣。如果你不知道什麼時候該放棄「望你幸福」的目標，你大可以困在生氣後愧疚、愧疚後治療的惡性循環中，無論拖你下水的是現實還是某種液體。然後你會發現自己竟也成為介入治療的主角，所有朋友都想幫**你**，然後你的世界就崩潰了。

讓自己為他人的痛苦承擔責任前，先問問自己做什麼才真有用處，而你也承擔得起（你的其他承諾），然後這個忙是不是別人來做會更好（這也包括那個你想幫助的人）。

依據以上準則，你可以判斷你想幫助的人是否已安於久治不癒或根本無解的痛苦中而習慣了。若你無法幫忙，也不要覺得自己失敗，不要老想著為什麼他不能看在自己費盡心力的份上振作起來？為什麼不能珍惜你付出的努力？為什麼不能忽視痛苦，珍惜你與他在一起的充實生活？請記得只有超脫才更懂得欣賞自己的小勝利，而不是聚焦於更大的失敗。

若你全力想幫的人是一位需要幫助但自我要求很高或很難滿足，那你更該為自己感到驕傲。你知道對方根本逃不過抑鬱折磨，跟他相處一段時間後，你可能也想接受治療。一旦你做了決定，依照自己的標準提供必要照顧，就可以保護自己及自己的需求，做其他該做的事，然後頒給自己一個勳章。

你贏得最高勳章是因為試圖幫助一位非常不快樂的人，他說你是他活著的唯一理由。無論你是他的前男友女友、孩子，還是治療師，一旦接受了挽救他免於深陷絕望的責任，你也就接受了他的奴役。不幸的是，唯一能拯救他人生的只有他自己，唯有鬆開所愛人的死亡之握，才是讓他邁向復原的第一步。

只要你不接受這樣的責任，不替生命中治不好的不幸負責，就能自在地評估什麼才是更重要的事並予以尊重，那就是：假設某人的抑鬱真的無法避免，大家是否都做了該做的事？別驚訝，長期抑鬱的人，只會讓周遭的人想法負面，不斷自責。

然而，如果你撇開那人的抑鬱，記得自己有多尊重他的所作所為，大可以向他展示對抗負面思考的方法，鼓勵他找能帶他建立自尊的心理教練，讓他專注在面對處理痛苦，而不是在意自己是否痛苦。

你也許無法讓他快樂起來，但可以讓他知道維護自尊需要有力工具，有些強大黑暗勢力會讓無助變成煉獄（有時則是酗酒），請把他和自己從這股黑暗力量中解救出來。

簡易自我診斷表

無法企及的願望：

□在你愛的人臉上看到幸福的微笑或其他類似事物。
□相信你有改善別人情緒的能力。
□相信正確治療的力量能解決所有問題。
□相信只要照顧好自己、練習冥想、做瑜伽、過無麩質生活，人人都能變得更好。

切合實際且可達成的目標：

□知道你曾做過什麼讓別人快樂的事。
□不退縮也不責備地容忍憂鬱。
□無論對方是否有憂鬱症，只要是願意追尋自我價值的人，我都尊重。

你能做的事：

□找出做什麼事才有用，適當盡力就好。
□如果改變行為有必要，請客觀判斷是否可行。
□只要你覺得某種治療方式有幫助，就勸對方接受治療。

□ 若有些治療還未證明有用，請不用去了。
□ 若症狀允許，鼓勵受折磨的人去做生命中重要的事。
□ 運用以上價值觀，教導大家對抗負面思考的方法。

真心話練習腳本

當你一直想幫助憂鬱症患者，以下是你該說給某人或自己聽的話：

> 親愛的＿＿＿＿（我／家庭成員／可憐又悲慘的王八蛋）：
>
> 我無法眼睜睜看著我關心的人＿＿＿＿（痛苦／哭泣／退學／陷在傷痛裡）而不做些什麼。總是有些事我能幫上忙的，我應該可以＿＿＿＿（更努力找到方法／走訪法國盧爾德〔Lourdes〕朝聖找答案／找錢做心理分析），但我知道那不是真的。如果可能，我們可以＿＿＿＿（做朋友／一起戴彩虹黑人假髮／一起放屁），我會撫平你的傷痛。如果我的努力沒有用，我不會用失敗來評量你我，而會尊重你，因為你持續＿＿＿＿（洗澡／倒垃圾／面對新的一天）。

我們為了「鼓舞」憂鬱症患者而說的蠢話，其實可以換成更有助益的好話：

蠢話	為什麼蠢	好話
拜託，振作起來，你的意志力呢？	憂鬱症是一種疾病，就像癌症，沒有人能說你可以用意志力除掉腫瘤。請用同理心，不要責怪他們。	今天還好嗎？
為什麼我們不知道他憂鬱的原因？	尋找痛苦的源頭並不會找到治療的方法，只會製造更多責怪。請關心忍受痛苦的負擔，而不是傷痛的起源。	你覺得安全嗎？
看到你變成這樣，我心如刀割！	要憂鬱症患者為你受的苦內疚，倒不如踢他下體算了。請別指責，拉他一把吧。	有什麼事我可以幫忙的？
你確定這樣做對你有幫助？	又來了，讓他覺得自己犯錯而受苦，好像他們連醫生都選錯。	是不是我們太雞婆了？
你不該受這麼多苦！	真正的憂鬱症患者會接著說：「所以我死了算了！」請用正面態度接受憂鬱症，而不是強調它，把它當成不該承受的折磨。	過了糟糕的一天也很了不起啊。

解救酒鬼與毒蟲

我們都想把最好的給親愛的人，所以一看到有酗酒或用藥跡象，便立刻很本能地表達擔憂，不惜吵架詢問是否真的有問題，然後逼對方去就醫。重獲新生不是介入治療者所說的「禮物」，而是「特別的禮物」，是上癮者列在耶誕禮物清單上的Elmo娃娃。

如果吵得太兇，或是上癮者發作時行為太惡劣，結果就是生氣，然後為此內疚。大家都同意有件事一舉兩得，既可醫治上癮者，也可以舒緩我們的不適，那就是前文提到的「治療」。它就像止癢藥膏，只要性行為倒了楣、中了標、起了疹子，只要擦一下，所有問題都沒了。

但不幸的是，就像一般人面對他人意見時的反應，把上癮者送去治療往往沒用，尤其是為了安撫他人而去的，逼他去戒常常只是適得其反。

一來倘若逼得太急，會讓上癮者（和沒有上癮的人）覺得問題不在上癮，而是你的感受。她的目標不是評估狀況改善自己，而是為了讓你開心，改變你的想法。她覺得需要為你的感受負責，你卻覺得需要承擔解救她的責任，而她為了自身幸福及自我控制該負的責任卻遺落在兩者之間。

如果她為了讓你開心才同意去治療，不只治療沒什麼幫助，失敗了反而可以怪你，麻煩都到家門口了，能不管嗎？治療失敗更像你該負責的麻煩。這讓你更生氣，比以前更無助。換句話說，當你介入上癮者的治療，也就開始了恐怖的惡性循環，通常會引起比清醒時更多的衝突和藥物濫用。

但幸運的是，比起用情緒化解決問題，或其他強制方式治療，有更好的方法與上癮者討論戒癮問題（或確定某人的用藥習慣是否已到了危險境地）。首先你要接受的是你無法讓上癮的人戒癮，這就像讓上癮者接受他們無法控制癮頭發作一樣難以接受。

這需要你把恐懼和氣憤等強烈情緒藏在心中，也讓你帶著較小的傷人和被傷害的風險出手幫忙。因此，如果你受愛情或厄運召喚，妄想拯救上癮者，請賞自己巴掌，立刻尋求協助。

請報名參加「匿名戒酒家屬團體」（Al-Anon）找個好諮商師，教你管理想救人的本能。是的，其中也許有些好事或有助益的事是你可以做的，但在此之前你必須學會保護自己不陷進去，不要把上癮看得太重或輕忽，也不要在不經意間變成鼓勵成癮。然後，你就能拋開指責和恐懼，用冷靜談正事的語言描述這個需要改進的問題，並說明若不改進將會發生什麼事。

控制你想助人的衝動，就能幫人控制他們想喝酒吸毒的衝動。請給他們真正有用的禮物：幫助自己的力量。

以下是你期望擁有但沒有的救援力量：

- 擁有摧毀否認的洞察力，告訴最盲目愚蠢的上癮者他們的廢話有多扯。
- 擁有愛，引領上癮者相信你的見解，為了你的未來和感情願意向外求助。
- 獲得介入治療界最強治療師的名字，他們必須具備打臉否認的最強功力（例如《幫你戒癮》影集裡的光頭佬，不然同劇裡的戒酒指導員Candy Finnigan也可以）。
- 獲得某診所、某大師或某咒語的名字，只要投入足夠時間和金錢，保證有良好效果。

以下是救人者許下的願望：

- 滿足造成上癮者成癮的癮頭需求，但用健康的方式。
- 幫助上癮者了解是什麼情緒造成成癮，進而加強控制。
- 讓上癮者得到有效的治療。
- 讓上癮者知道治療的必要。
- 理解大家都是錯在哪裡。

案例分享

我男友很棒，會為我做任何事，但我卻沒辦法讓他戒酒。我知道他的童年很悲慘，基本上都是靠自己打工賺錢養大自己，這點我很佩服。但他每天都要喝到爛醉才能睡，到了周末則是下午三點手上還拎著杯子。有時他喝太多，情緒一來，也分不清楚他到底是生氣還是害怕。每當我提到戒酒，他就會一遍又一遍提醒我說他從沒傷害我，也從不翹班。但我知道這樣下去一定會出問題。我認為他在我之前沒有過認真的感情，如果我能讓他知道戒酒很重要而我愛他，我有信心他會聽我的，我希望能讓他接受治療。

* * *

我哥一直是我最好的朋友，但他從伊拉克回來後就變了個人似的。他因為使用藥物和酗酒而被除役，這讓他更難受。他有創傷後壓力症候群，我想他一開始會喝酒用藥都是因為他想自我治療。之後就在勒戒所進進出出，但始終就如旋轉門，從來沒有得到他真正需要的幫助。我願意做任何事只要他變好，我用我的薪水讓他加入為期三十天的私人自費療程，也許出來後我可以讓他搬來和我跟我先生一起住。就像你想的，我先生一點也不愛這點子，特別是我哥上次來我家還偷東西。我的目標是幫助一直扶持我的大哥，無論代價是什麼。

* * *

我老婆總是嘮叨要我不要再喝酒了，但我喜歡晚餐時小酌幾杯。我有信心絕不會過量。過去十年來，只要我要開車，我從來沒有一次會喝到宿醉或過量再上路。我老婆對喝酒這件事太敏感了，因為她父母在她成長時期一直都有酗酒問題。我不喜歡讓她不開心，但我工作很辛苦，喜歡在一天結束時來杯好酒，我不想只為了她高興而放棄這件事。我的目標是讓她明白我不是酒鬼，讓她好受些，而我也能繼續享受美好杯中物。

用愛或其他強烈情緒逼上癮者去勒戒通常沒什麼效果，不是給你虛晃一招就是大吵一架（就像已故歌手艾美·懷絲唱的：「不！不！不！」[27]）。所以當你想幫助上癮者戒毒戒酒，最好先小心管理好自己的情緒。

試圖將受盡折磨、被誤解、喝得爛醉卻深愛妳的史瑞克轉變成充滿自信的王子，這顯然是童話故事，但卻像把紙上談兵那一套化為真實行動一樣危險。有太多事情無法矯治上癮問題，愛是其中之一，即使是無條件、相互付出的愛。明知道不是那麼回事，卻要靠「美女」的愛治療酒癮毒癮，這只會阻止「野獸」瞭解**他們**需要學習自我管理。

庇護需索無度、走投無路的酒鬼，雖是另一種甜蜜表現，卻會適得其反。上癮者會碰上可怕危險，而他不該承受那些，但如果你不用其他方式把庇護條件定在他要清醒並保證你的安全上，上癮者是不會變好的。而你（還有你的婚姻、健康和信用評比）受的苦將會比他們多更多。

救助只會讓上癮情況更糟，除非你能控制想當解救者的癮，並說明什麼情況是你可以接受的，什麼又是安全的。套用《幫你戒癮》影集裡的一頁台詞：如果他們不給自己機會試著戒掉，請想清楚什麼會逼得你離開，或趕他出去，或乾脆離婚；請跟他們說清楚上癮相關的偏差行為必須停止，包括偷竊、昏沉、忽略孩子，以及各種該死的狀況。決定該用你的腳、錢包和全新警報密碼做什麼，然後讓上癮者知道你的立場，帶著遺憾，準備好「撩落去」。

不要吝惜你的愛，但要知道該做些什麼避免溺愛成癮，包括幫助。讓你的關心成為清醒的動機，而不要刺激情緒反應。

如果喝酒吸毒只是可能選項，還不到病根深入的災難，請不要過度判斷或過度反應，更不要只因為你的關心或擔心就要求你的愛人嫌疑犯戒癮，請他自己想清楚標準在哪裡，再用標準評估問題藥物及使

27 譯註：引自艾美．懷絲（Amy Winehouse）暢銷單曲Rehab：「他們要我戒了它，我說不不不，沒錯我是黑名單，但我回來時你將瞭瞭瞭，我沒時間進去耗，只要我老爸認為我沒事，他想要我戒了它，我絕對不會去去去。」

用藥物的狀況。避免和他反覆爭吵，討論他施用、宿醉、戒斷症狀的次數只是自找麻煩。應該要問他施用藥物是否已影響工作，或讓他做出後悔的事。若他不能確定，請他設法清醒幾個月比較一下。

請學習有關治療與戒癮團體的知識。如果你覺得這些團體有幫助，可加入有規模的介入治療團體，但請記住，就像成人禮和魔術表演，介入治療僅適用於年輕、易受影響的初期接觸者，至少對他們比較有用。即使如此，治療成效都是有限的，大半要靠人的動機，請不要假設勸戒方法越多越好。

如果治療無效，就勸他要記著自己想戒的理由，不是為了讓你高興，而是他想和你一起生活下去，只要當事人覺得有幫助的方法都要一試。但就算復發也不要灰心或覺得又失敗了，試著每一天都保持清醒，只要盡力就是成功。

如果你無法幫到上癮者，請珍視這份力量，繼續愛這位總是身陷麻煩，總是需要小心處理的人，而結果可能或不可能清醒、康復，並有所成長。只要你能管控好想救上癮者的焦急情緒，不放棄，你也許就能幫助他們戒掉並康復，得到他們回答「好！好！好！」

簡易自我診斷表

無法企及的願望：

□ 不管有無專業支持，都有與人溝通成癮問題的能力。
□ 對治療有信心。
□ 與上癮者大方分享感受就能有進展。

□ 免於復發的恐懼。
□ 免於上癮的最糟狀況。

切合實際且可達成的目標：

□ 接受上癮者可能無法避免也控制不了的行為舉止。
□ 不要給上癮者太多責任，也不要責備。
□ 管理憤怒情緒與虛假希望。
□ 在不承擔救援責任的情況下盡力幫助上癮者。
□ 知道你什麼時候該離開，知道你已做到最好。

你能做的事：

□ 討論出理性思考上癮問題的方法。
□ 確定到底是什麼改變了你和上癮者的關係，尤其是當你們同住一個屋簷下或在目前情況下。
□ 請不帶負面情緒提供成癮行為的最新資訊，表明你對這些行為的危險性或其他潛在危害的想法。
□ 勸上癮者搜尋可能的治療資源，保證耐心搜尋一定有回報，但剛開始會找到很多無用的東西。
□ 當你發現無法拯救別人，可以的話，就救自己吧。

真心話練習腳本

當你被引誘去解救某個上癮症患者，以下是對你自己和那人說的話：

親愛的＿＿＿＿（我／心愛的毒蟲或酒鬼／那個我曾經信任卻把我的電視當了去買藥的人）：

我可以用我的＿＿＿＿（命／電視／財富）救你，但這條路似乎只是賠上我的＿＿＿＿（命／電視／財富），讓我＿＿＿＿（氣到不行／家徒四壁／破產／沉迷生命中的某段感情，這讓我最不開心，但我也沒辦法）。所以，我不會那樣做，只好＿＿＿＿（查看你的健康保險／把錢收好／換鎖），並讓你知道，和我住在一起需要＿＿＿＿（清醒／你也要盡一份力／不再惹莫名其妙的麻煩）。當然，有各種治療方法可以幫你完成，但決定權在你。祝你好運。

他們怎麼說「介入 vs. 什麼才真有幫助？」

A&E頻道的長壽真人實境秀《幫你戒癮》明白呈現下列幾件事：(1)即使看起來最猥瑣的毒蟲也有可愛的嬰兒照。(2)吸食鍵盤吹塵器也可以上癮。(3)而最重要的，誠心跟上癮者談話是最能破解成癮魔咒的最好方法。儘管三項裡有兩項也不算壞，但最後一項的介入課程其實是錯的。因為當你想讓當事人承擔問題，發自內心的請求卻往往讓此人的上癮問題變成你的問題，倒不如繞遠路請一位名叫傑夫的前酒鬼，在飯店預定一間會客室，讓他和上癮者一對一談話，從關心的內容中脫去戲劇化的因素，詢問對方是否準備面對問題。同時，把A&E的舊節目《囤積狂》（Hoarders）找出來，因為裡面每位治療師都比介入治療影集裡的導師要壞，但起碼讓你有動機清理房子。

介入	有助益的介入
你的上癮問題在以下各方面影響到我……	你的上癮問題在以下各方面影響到我。問題是，哪一項是你重視的？
我不能眼睜睜地看你害死自己……	你已經失去保護你自己的能力（甚至連洗頭都無能為力）。
我是如此愛你，你的毒癮卻毀了我。	你的上癮症會把愛你和依靠你的人一個個逼走，最後你只能和一群新認識、好像對你很好的吸毒伙伴鬼混，他們也許會在你無意識時強暴妳。
聽你媽的話！你欠她那麼多！	試著聽聽自己的價值觀與經驗怎麼說。就算破產，也別再打給你媽了。
你要接受我們今天送你的禮物（如勒戒或其他）嗎？	如果你以前沒去過勒戒所，那裡有很多方法可以幫你戒除，但去不去在你。如果你上次勒戒時並沒有幫助，問問自己是否準備好更努力。無論如何，如果你不能正視你成癮問題的嚴重性，我會從這段感情抽身。

保護不公受害者

人人都愛落水狗，最可能是因為大家都有一段時間當過敗犬。如果你運氣不錯，從不覺得心力交瘁或被人虐待，你可能覺得幫助弱者是你生命中的特別義務，因為當你覺得自己不值得那麼多好運時，幫助那些無辜弱者就是減少內疚撫平宿怨的最好方法。

這就是為什麼對不幸弱勢者伸出援手既無私也自私，幫助不幸的好人就像你替個人伸張正義，也讓這個世界變得更美好，所謂救人、救己、救天下。

不幸的是，賺人熱淚的故事往往如現實事件難以區別，並不是所有遭受不幸的可憐人都一定是好人。

即使你確信對方是好人且真的被人所害，也許保護他一點用都沒有，只是讓你離火坑更近了，還會危害自己與親朋好友在內的其他好人。換句話說，即使你不覺得受騙上當，只是單純想救善良的人，不想讓他受欺負，但這也會把你捲入莫名其妙的處境，製造更多不公不義與受害者，也就是你。

幫助不公受害者是一種本能，幸運的是，你可以保護自己不受本能驅使，這樣才能在適當時機真正幫助他們。救人需要毅力與耐力，情緒常受挫折，如果你發心要救人，不讓某人受到欺凌，也該在真能達到目的時才行動，而不是為了滿足你想成為弱勢保護者的欲望，如此才能跳脫泥淖，真正做點好事。

以下是你為了保護弱者不受欺負而想擁有的神力，但事與願違：

- 擁有讓人說實話的符咒，幫你區別誰是情操高尚的受害者，誰又是心機重的說謊者。

- 擁有被施了魔法的金絲雀，牠能告訴你，在你的保護下還有多少新受害者會創造出來。
- 擁有正義之劍，能捍衛真正受害者，舞劍者和無辜旁觀者也不會受到劍傷、扭傷或肢體傷殘。
- 只要向受害者伸出援手，就有一隻天馬帶你飛往下個任務，消失得無影無蹤，終結你對受害者的責任。

以下是渴望撥亂反正的正義使者許下的願望：

- 找到保護被害人的有效方法，且不會激起反效果。
- 讓人了解受害者也需要支持與尊重。
- 讓大家都知道真相，誰害了誰，所持理由為何是錯的，結果很糟糕又不公平。
- 覺得自己做了對的事。

案例分享

我們新來的主管打算解雇我們團隊中最好的成員。他很忠誠，從我開始入行就一直幫助我，他值得更好的對待。基於某些原因，這個主管好像很喜歡我，但她不喜歡我挺這位同事，認為我挺他是在破壞她的威信。我不想讓自己陷入麻煩，也希望找到好方法保護這位辛勤工作的同事，不讓他成為不平攻訐的箭靶，甚至丟了工作。

我的家人都很討厭我女友，因為她和之前男人生了三個小孩，但三個小孩卻是分別跟不同爸生的，而且這些男人她一個都沒嫁。我試著向家人解釋，那些男人都是虐待狂，我的家人就該像我一樣，把她看成受盡折磨終於苦盡甘來，因為她終於找到愛她、對她好的人。她現在不會想再自殘，止痛藥也不碰了，我真為她感到驕傲。我希望我的家人不要再對她惡言相向，打擊她的信心。

* * *

我是高中輔導老師，幫助問題孩子，不管他們有無犯法。我覺得我和其中一個特別的孩子建立了正面關係，這對那孩子來說是好事，因為他需要格外關注。我同事警告我要小心，因為寄養家庭出來的孩子總是很麻煩，加上收養他的寄養父母有一長串，過去有過很多暴力事件的特殊背景。他還趁上個輔導老師去度假時闖入她家。但我慢慢熟悉這孩子，覺得他只是因為成長過程艱苦，大家都把他想得太壞了，每件事都怪在他頭上。我的目標是給予他應得的信任和信心。

保護不公受害者要承擔很多風險，說不定還會招來暴力，把你從保護者的角色變成受害者，這也是你要事先做好評估的原因，想清楚你會遭遇多少危險，才能跳上白馬馳騁在懸崖邊。

首先要查出在你之前投身戰役的白馬騎士下場如何？通常，他們要對付的壞人，背後不是有大老闆撐腰，就是有人事處做靠山；也可能這位落難少女會一直回到危險情人身邊；或者這位諮商者只是來陳情的。你可以和之前那些想救他的人談談，但可能很難，因為白馬騎士可能躲了起來，或關在監獄，或已作古。

盡可能查出實際情況，因為聽到同一個故事真誠卻矛盾的三個版本，你開始頭痛起來（絕不是訴苦）。資訊是其中的關鍵，你需要知道這件事值得你幫多少忙，還會引發什麼後續狀況。如果你知道你同事在人事處的記錄良好，你的努力說不定還有挽救他工作的一絲機會，最重要的，也不會賠上自己的工作，如是這樣，那你就去救吧！然而也要知道，這些事情會成真的機會和找到聖杯的機率差不多。

第二，無論受害者看起來有多無辜，都要調查他們的背景。不用怪他們運氣不好，而是探討他們比一般人運氣更慘的原因是否起於無法改變的性格缺點，包括精神疾病和成癮症。如果是，從長遠看，除非他們願意改變自己的壞習慣，你的介入不太可能保護得了他們。有時候他們的故事太慘，慘得不像真的，也請你保持懷疑，特別是故事裡有成串的受害者且遭遇悽慘。你眼中無辜的單親媽媽也許心性並不穩定，愛上人的速度很快很隨性，但恨起人來也一樣。

最後，請記住你還有其他必要考量，像是對他人的義務，還有你自己的自主、安全和安定，即使這些承諾缺乏好好幹一架的情緒拉扯。在確定你的保護任務不會危害你對家庭的其他任務前，請不要貿然行動，就像上面提到的落難少女。你心中被人誤解的青少年也可能變成偷你筆記型電腦的小混蛋，因為根據第九章對大混蛋的定義，混蛋總認為自己是被害者，且有些受過不平對待的人最後也變成混蛋，你的工作是要保護自己。

真正能幫助不公受害者的機會其實很有限，當你經過選擇且小心注意，助人才最有效。也要為自己仔細篩選喝采，因為是辛苦活兒，通常還很痛苦，很少讓你有鏟奸除惡、大快人心的快感。即使你無法保護某人不受欺負傷害，也請尊重他們，人忍受不平對待卻依然保持良善堅定是非常不容易的。

人生不公不義是事實，若無辜受害者無論救援隊伍上路與否，都堅持心中的正確道德價值及優先重視的事，你尊重他們其實就是做對的事了。

簡易自我診斷表

無法企及的願望：

□ 有智慧判別誰是真正值得幫助的人，誰會真正受益。

□ 有力量保護那些應該受保護的人。

□ 有資源保護自己不受報復。

□ 有能力保護人們遠離不斷受害的性格缺陷。

切合實際且可達成的目標：

□ 適當幫助受欺負的人。

□ 學習技能評估那些以正直為名的複雜情況。

□ 容忍你可能無法幫到人的事實。

□ 儘管有保護別人的衝動和壓力，請以保護自己為優先考量。
□ 尊重那些無論發生什麼遭遇仍忍受不公的人。

你能做的事：

□ 發展一套蒐集事實的有效方法。
□ 認真評估風險，包括被害人壞習慣引發的危險。
□ 認真評估利害關係，包括傷害會擴大或可能受到報復的風險。
□ 無論你是否能撥亂反正，都要尊重那些忍受不公平對待的人。

真心話練習腳本

當你很想解救不公受害者時，以下是你該說的話：

> 親愛的＿＿＿＿（自己／飽受不平折磨的可憐人／骯髒事的受害者）：
>
> 你一直受到＿＿＿＿（你老闆／你前夫／流言八卦／國稅局／福斯新聞網）的不平傷害，幫助你給我莫大喜悅。但我不能忘記＿＿＿＿（我也需要謀生／當遇到骯髒事攻擊，我的應對總是很弱／你有樹敵的歷史），因此我會查出更多真相，無論這些不平遭遇是否會再次發生，我都會

思考我能幫忙的地方，然後＿＿＿＿（就此沉潛／隱姓埋名過日子／因為有無上美德而獲頒諾貝爾獎／讓它看來像是別人做的）。即便我幫不上忙，也敬佩你＿＿＿＿（受厄運折磨／做了錯誤選擇／在惡兆下誕生），還能一路不受干擾，專注在人生目標和重要價值上。

調解家庭紛爭

從乳酪到衣服，在所有「製造」業中，締造和平的和事佬是唯一受神祝福的[28]。這說法背後有個好理由：好乳酪能讓你上天堂，但休兵息鼓帶來更多潛在利益，因為衝突往往造成傷害，對大家各方面都帶來最壞影響。

如果交戰雙方勢均力敵（例如，印度和巴基斯坦、哥吉拉和摩斯拉、紅襪與洋基），成功達成和平任務當然令人雀躍，但肯定也有危險，有時還會延長加賽。所以請不要假設每位和事佬都是、或應該是如有神助，可以不穿防彈背心順利完成任務。

為他人的戰爭負太多責任，意謂你很快也覺得該為他們的一言一行負責。所以沒多久，他們的頭痛變成你的頭痛，他們要找人抱怨時，也會抱怨給自覺有義務的人聽。對，你也許有千般理由萬般好心想讓紛爭止息，但你締造和平的方法卻實際讓敵對狀態更容易持續，特別是他們的衝突有了某個方便交集，可接收所有不滿和指責的人類代表。

平息長久以來的紛爭，其實也意謂低估了那些人經年犧牲積累的不平怨氣，所以當他們發現你正著手調停，更會想盡辦法讓那些老掉牙的爭議理由再次搬上檯面，還外加新發現、新證據、禁制令，甚至又一輪的暴力。

到最後，敵對雙方達成的唯一共識是他們都恨你。當然只要你不會太敏感，在紛爭中活了下來，你也許會將這視為任務達成。

所以不要只憑一片好心或想讓大家和平相處的助人想法，就想居間調解，在你一腳踏入戰場前，請先按捺想做和事佬的衝動，學習必要的調解技巧，再決定哪些衝突值得調停，哪些又該遠離。

學習認清責任歸屬，責任從來就不在於你。如果衝突就像流沙，就學著做新鮮莫扎瑞拉乳酪，不要做和平使者了。

以下是當和事佬必要的力量，但你可能缺乏：

- 你一現身就散發沉穩魅力，一開口要求大家「看在我的面子上」，大家都渴望贏得你的認可。
- 你高度同情參戰者的委屈怨懟，讓他們對其他需求滿足釋懷，所以可從他們那裡直接感受到痛苦。
- 有能力引起憤怒雙方對和平互利的興趣，儘管他們的共同興趣是拆對方的台。
- 手臂夠力，可以壓著雙方的頭相互叩首。

---

28 譯註：出自《聖經．馬太福音》第五章。

以下是人們許下的願望：

- 免於痛苦。保護參戰者及其家人免於衝突的痛苦。
- 終止嫌隙。嫌隙使群體與家族分裂弱化，終止嫌隙讓人們運作更有效率。
- 解決問題。有些問題是人們覺得需要負責的，但沒人幫忙就沒有出口。
- 讓大家一起坐下來，無論有多困難都要替爭議找到答案。

案例分享

我不像其他孩子，我很高興我的父母離婚了，因為住在兩個人不斷爭吵的房子裡簡直是地獄。從他們奇蹟般和平分手後，我才能享受和他們單獨在一起的時光，只要不在一起，他們都是和藹可親的人。直到今天，他們只要一起出現就會開戰，這也是說，我要平均分配假期、活動、生日等是不可能的任務，這些日子都是他們的孫子會出席的聚會。他們都堅稱自己是吃虧的一方，而我偏袒對方。兩個人甚至都沒想過在同一場合不要再大小聲，起碼為了孫子稍微忍一下。也許我該建議他們去作婚姻協商？我的目標是讓他們坐下來，停戰，收起怒氣，享受家庭聚會而不是抱怨又被排擠。

* * *

我有兩個聰明能幹的得力助手，但兩人總是看對方不順眼，行事作風完全不對盤，彼此都覺得對方有問題，對方提出的要求都很愚蠢或只是找碴，然後就紛紛找我抱怨。我曾找過人事處幫忙，但調解不成。而我喜歡採用開放式管理，但兩人只要找到機會就會找我麻煩，向我抱怨對方的一切都做錯了。我的目標是讓他們成為團隊中快樂的一份子。

* * *

我最好的朋友對她十幾歲的兒子蠻橫又不講理，我卻無法讓她明白這點。她認為她的孩子是個不知自重的騙子，因為她兒子常常跟她說功課做了但並沒有做，我卻覺得他是好孩子，雖然有點「注意力缺失症」(attention deficit disorder，簡稱ＡＤＤ)，但很開朗，他會說謊是因為害怕他媽的反應。只要我一提醒她批評得太過分，她就會說不關我的事，我在損害她當父母的職權。我希望能幫助她，不讓她犯下這麼明顯的錯，不再對她兒子精神虐待，損害母子親情。

在仔細考慮維持和平的風險後（並向先你而去、英年早逝的聯合國維和部隊藍盔軍致敬），請為交戰者思考完全正面而專業的目標，且顧及雙方的幸福利益加以規畫。

當你確定目標的同時，一定要格外小心不要讓自己變成大家的箭靶。這件事會發生在你把事情搞砸，或搞到公親變事主的時候。明明是別人犯下的惡劣行徑不法勾當，是兩造指責對方的錯失，卻搞到自己要負責擺平，這時就成了箭靶。

要求每位參戰者把你的考慮算在內評估，思考衝突的成本是否遠超過衝突帶來的利益。苦難日子會拖很長，不斷冤冤相報，後果未能預料，這些衝擊都要考慮在內。是的，發洩怒氣特別爽，這也是對敵人釋放的強硬訊號，與其希望最後產生你要的結局，何不勸大家面對現實，記住真正發生過的事，想清楚還會發生什麼連串壞事。當雙方各依最大利益做了決定，就朝停戰的方向提供幫忙。

如果戰爭沒有停止，不要排除加強自我保護的底限和懲罰的可能性，雖然此舉並不符合任務的正面意義。如果美國可以對伊朗實施制裁，你也可以對祖父母的探視權加以制裁，或對員工考績做一制裁。如此，你就送出明確的訊息，你很遺憾他們不開心，但如果他們不能有苦自己吞下去，你也願意處罰他們的壞習慣。

但需把立場說清楚，無論你設了什麼底限和罰則，都是無可奈何必須如此，並不是存心要說什麼壞話，也不是想展現上司權威或用高壓手段逼人改變。如果祖父母或手下員工有能力管住情緒，衝突就到了解決的時候，你將滿心喜悅地解除制裁。

如果一方較為強勢，不要急著保護弱勢的另一方（請見前一節），因為這對和平進程只有負面影響。你反而應該想盡辦法讓壓迫者知道攻擊意識到的弱者可能適得其反。對方可能會消極抵抗，或連絡其他同受威脅的人一起共同抵抗。例如，在上述案例裡，你可以用關心取代質疑，不要質疑這位挑剔的媽媽對她表現不好的兒子是否關愛支持，而該關心她表達立場的強烈態度，會不會讓她與兒子或學校之間的關係更僵持不下。如果她也認為如此，你再提出你的意見。

你要說明化解敵意的方法不在於放下委屈，你沒有要求他們一笑抿恩仇，忽然相信起對方，只是單純希望不要逞口舌之快，一下子發洩情緒或直接開戰。說明只有做到某些行為才讓他們免除罰則，無論那些罰則是你或其他人所設。只要他們遵守，也不需放棄自己堅持的理由，只是決定不要再用衝突加深彼此的糾結。

無論你多熱切期待和平，不要做出超出能力的承諾。因為選邊站一點用也沒有（或看起來像選邊站），抱怨聽多了也只是累。你只要提供客觀見解，說明衝突的代價，讓化解敵意的可能性變得容易些也就夠了，多做只是造成傷害。

如果徒勞無功也請不要責怪自己或他人，有時候好的想法需要時間沉澱；有些人堅持戰鬥的原因是你無法理解的。不要期待世界和平，你能做的只是給停戰一次機會，請尊敬這樣的自己，且試著做得比之前的維和部隊更好。

簡易自我診斷表

無法企及的願望：

□ 有能力化解怨氣。
□ 有力執行公正的解決方案或阻止惡劣行徑。
□ 有能力規勸他人，讓人知道什麼事情對他們最好。
□ 擁有足夠的耐心，不因他人的暴怒而生氣心煩。

切合實際且可達成的目標：

□ 收起負面情緒不要增加敵意。
□ 在戰爭比和平耗去更多成本的基礎上尋找停戰理由。

- □ 如果有能力，可在以上原因中加入你的制裁和底線。
- □ 不需為他人的怨恨與敵意負責。
- □ 小心保護自己。

你能做的事：

- □ 無論感受如何，講話請保持禮貌。
- □ 保持正面和關心，但若用在聽抱怨上則不必了。
- □ 向他人說明和平的特性，包括無須加諸他人的痛苦嚴厲煎熬。
- □ 如果人們不想息戰，請你遠離子彈。
- □ 就如我一直說的，尊敬你的努力，而非結果。

真心話練習腳本

以下是當你想調停雙方衝突時應該說的話：

> 親愛的＿＿＿＿（自己／一直有冤屈的人／受到不當傷害的人／互相憎恨的鄉親們）：
>
> 我想讓你覺得好過些，但經驗告訴我，傾聽＿＿＿＿（不過五分鐘作用／只會讓我頭痛一小時／是聽音樂，而不是聽意見）。此外，更重要的事在於停止＿＿＿＿（說垃圾話／冷戰／造

謠生事／臉書激鬥）。我已經整理了一份＿＿＿＿（提案／PowerPoint簡報／一頁備忘錄），詳細列出停火的好處與壞處，也留下我的聯絡方式，如果你想要和平，請和我聯絡，不然別call我，但請知道我會持續為你祝福。

犧牲奉獻做公益

無論行善助人要做多少犧牲，像是犧牲個人需求、錢財或衛生，行善總涉及一定的快感，在自私與無私間留下模糊界線。

即便人們犧牲了自身的健康福祉，真正付出的人一定要等到受傷，才知道痛苦原來也是一種回報。人類利用痛苦消除愧疚已有長久歷史，從中世紀僧侶自我鞭笞到現代青少年自殘身體都是如此。

所以，當許多人因為收到感謝、溫情和特製的愛心托特包而心滿意足時，有些人卻寧願生病。病能治療生為健康人的羞愧，無論何時，破傷風帶來的滿足就贏過了托特包。

無節制的施捨也許感覺良好，但善心人士仍需做出心有虧欠的困難決定：行善還需考量自身的需求、資源及其他責任，也要考慮施捨可能反成傷害的風險。圓滿的公益行動能在自私與無私間取得平衡，不以犧牲多寡或犧牲帶來的喜悅評估成就，而是以行善的客觀效率做為衡量。

這就是為什麼一談到行善樂捐，你需要準備一個能反映自己價值觀的計畫。因為你的資源有限，價值不免互相競爭，這並不是說施捨給可憐人不對，但如果連你的安全都捨去了；或讓原本可得較大利益的人卻因為資源分散無法得到；或委屈了某些你更應該直接負責的人，犧牲他們的福祉，這樣就不好了。

幸運的是，如果你能拋開捐獻要捐給真正可憐人的巨大雜音，從檢視每個案子的具體情況下手。你會發現，付出做公益的風險不是無限的，而是可評估管理的。歸根結柢，重要的不在捐了多少，也不在捐後獲得的喜悅有多少，而是投入公益時付出的關心有多少。

以下是你想擁有但可能缺乏的力量：

- 媲美比爾．蓋茲和巴菲特的資金。
- 無懈可擊的免疫系統（和腸道）。
- 可同時做兒童照護與拯救世界的天才。
- 神奇的後見之明，保證你的援助不會損及對方文化，也不會引發嫉妒，不會因為破壞而造成反彈，更保證人們對你的援助只有感激與敬佩。

以下是人們許下的願望：

- 奉獻生命給值得的事。
- 幫助最需要幫助的人。
- 幫助人生最糟的瑕疵品。
- 避免自我放縱讓生命毫無意義。

案例分享

我是基督徒，大半人生都在做公益與當志工，幫助窮人、精神病患者，以及遭社會遺棄的人。我這樣做不只是上帝要我如此，而是我覺得樂在其中。但最近我的信心開始動搖，因為我請了某位常來教堂廚房領餐的常客來我家刷油漆，他雖有點脫線，但一直很親切。但是他離開我家後，我發現上鎖的櫃子門被撬開，我太太的珠寶有好些都不見了。有部分的我希望寬恕他，讓他看到愛，希望能重建他對人的信心；但也有部分的我同意我太太的說法，那傢伙偷了東西，我們就該報警。我只是想幫助那些真正需要幫助的人，象徵我對妻子的愛的珠寶也不會因此遺失。

* * *

凡跟動物有關的事我都喜歡，牠們比人類更友善可愛，所以我經常替當地的「動物終養庇護組織」收養動物，我也願意收留流浪狗或被虐寵物。我的朋友開始抱怨他們不能來我家，因為家具沙發都被貓狗占領了。鄰居也向有關當局投訴說他們受不了臭味，但我認為他們只是反應過度，因為我的貓都不同種，我的狗都是比特犬。我只是想幫忙收拾因人類殘酷造成的傷害。

* * *

我生在富裕國家，過著中產階級的舒適生活，四周充斥只要我想要一定買得到的奢侈品，我覺得很自私，所以每年花幾個星期去開發中國家做公益對我來說一直是很有意義的事。上次的行程十分愉快，讓我開始思考也許我該找個我能認可付出的NGO（非政府組織），把做公益當成我的全職工作。但是我男友卻說，這樣的行動對我們的感情不會有幫助，對我的退休金也沒幫助。而他很滿意他的工作，認為做公益只要捐一點錢就好。我希望能為這個世界做一些好事、一些重要的事，但也不想失去生命中重要的東西。

偉大的波士頓慈善家羅森伯格（Daniel Rothenberg）有一篇著名評論，他藉由訪問慈善團體的駐衛警來評斷此組織的工作效率，理由是警衛就如煤礦中的金絲雀具有警示意義，最能反映組織價值觀的實踐與維持公益優先的能力。換句話說，狗屎只朝坡下滾，粗活只見下人扛，如果連清理門前狗大便的傢伙都覺得受到公平對待，這個組織也許知道如何好好做事。

在你決定與可怕傳染病與潛在危險為伍前，請先問問自己，你和那些靠你過活的人到底欠了別人什麼？包括安全在內嗎？否則，若你只想到感性的理由而沒有考慮這些問題，你可能將自己與親友置於危險中而沒有一點好處，只是把有隱喻功能的警衛留在有狗屎的溪裡。

在假設你的人生奉獻不夠前，請思索你到底能付出多少必然有利的幫助。如果在沒有考量你有多少資源的情況下，無論人狗來者不拒，這種公益只有你會做，而你周遭的人都會找你碴，你得到的只是一堆爛事。

在你成為全職社福工作者前，也需要評量各種情感關係的價值，當你決定奉獻精力給全新的全職工作，也同時剝奪了他人的時間。多數的親密關係都需要一定的參與和在旁陪伴，如果你踏上奉獻的十字軍之路，你的感情也許會分崩離析。

準備一張投資風險評估表，用來確定令人振奮的公益行動不是需求無度或太過複雜。如果讓你發現很多行善計畫只是空想或花費太多，要維持熱情與善心就很難了。談到公益活動，永遠是細節的問題。

要當個好人，並不代表要做全職社工或是賠上你的生活方式。當個好人，在於對朋友家人盡心盡忠，努力工作，自立自強。如果你能將這些標準牢記在心，然後才擴及其他，再進軍較大世界，你就會整理出做公益的規則，讓你既可以做好事，認識你的人或替你收拾爛攤子的人也不會把你當傻子。

簡易自我診斷表

無法企及的願望：

□ 足夠的資源防止一個團體得了好處，就相對剝奪了另個團體該得的好處。
□ 再三保證，得了好處的人不會濫用別人給他的資源。
□ 當你對文化富裕程度差很多的人民施予援手，你有信心不會造成對方心理不平或文化傷害。
□ 保證你不會傳播或接受不請自來的新種細菌。

切合實際且可達成的目標：

□ 做全面性的評估，以免造成傷害或無效捐贈。
□ 不要重蹈覆轍以前失敗的援助經驗。

□ 幫助最多的人做最大的改變。

□ 學習將影響力極大化，而不是浪費資源。

□ 將傷害和意外後果減到最低。

你能做的事：

□ 決定最迫切的需求。

□ 認出誰沒有，誰又無法獲得。

□ 定出你應該也做得到的貢獻量，而不是最棒的貢獻量。

□ 讓獲得援助的人極大化。

□ 讓投下的每分錢都花在刀口上。

□ 先設想會有意料不到的傷害。

真心話練習腳本

當你或你愛的人想捐獻或服務減少人類苦難時，以下是你該說的話：

親愛的＿＿＿＿＿＿（自己／另一半／絕望的乞求者／蜷縮著渴望自由呼吸的人們[29]）：

我願意犧牲——（大量時間／金錢／我的DVD收藏）讓這個世界變得更美好，但不會滿足只是一小群人對我的強烈感激，這群人也許——（一開始並不需要你我的幫助／需要幫助但報恩方法是送你少見的阿米巴原蟲／不值得我丟掉婚姻或銀行帳戶或跨出腳去）。我需要時間評估需求，不想因為——（大聲乞求／令人鼻酸的故事／披頭散髮的外貌）而受影響。我要學習如何分配資源，評估影響，供給需要的人需要的東西，否則無法顧及最多數的人，有最少的負面影響，而我引以為傲。

你可知道——社會工作的黑暗面？

有一首鄉村老歌〈媽媽別讓孩子長大變牛仔〉[30]，這想法當然值得商榷。媽媽與其擔心小孩變成偷牛賊，倒不如擔心他會變成表演藝術家或參議員。還有另一個父母應該嚴重擔心的職業就是社會工作者。信不信由你，你把錢花在孩子唸表演藝術的MFA（藝術創作碩士）絕對比花在

29 譯註：引自自由女神像底座紀念詩〈新巨人〉（*The New Colossus*），後句是：「擠在彼岸如糞土的可憐人，送來吧！無家可歸風雨飄搖的人們，全都交給我吧！我在金色之門舉燈相迎。」

30 譯註：原名是Mammas Don't Let Your Babies Grow Up to Be Cowboys。鄉村歌手傑寧斯（Waylon Jennings）於一九七八年發行的歌曲。

念倒了楣的MSW（社福系碩士）要好。

學校裡的社工系所會把你的孩子訓練成終極小幫手，你也許會認為這樣會讓他們變成真正的乖孩子。畢竟，他們會仔細聆聽你要說的，對你的感受表現無上興趣，你永遠不用吩咐他們倒垃圾，或限制晚上不准出去，絕對不會有藥物濫用的問題。然後，一樣的，他們也會對各色各樣濫用藥物的人付出同樣關懷，因為他們覺得有責任幫助他們，然後擴及娼妓、罪犯、拾荒者及其他。

那是因為社工系所沒有教孩子如何對壞人說NO，對好人暗藏的醜惡本能也沒有敏感度，沒有要他們管好自己愛施捨的天性，也不教他們捍衛自己的需求。最重要的是，它鼓勵人在作諮商時的一些最壞習慣（包括心理醫師），聽話不帶評判，要有同理心，要深深關愛那些被你照顧的人。所有技巧都只是請君入甕，好讓人占便宜，養大他的胃口，助人目標在一開始送他們進社工系時就已失落。

可悲又諷刺的是，社會工作往往用心腸最好的好人對付心性最壞的壞人。情況好一點，只是奪去好人對人類的信心，不斷努力只是幫助壞人，還一點用處都沒有；最差的情況是，他們根本不知道自己被陰了，還代表他們的受害客戶對世界生氣，至少要等到預算削減人被解雇之後（社會工作者總是第一個被砍的）才有些了悟。

當然，很多輔導師和社工都做得很好，因為他們從經驗中學到敏銳直覺（不是從學校），即使如此，他們的工作也往往吃力不討好，收入微薄，工作條件嚴苛。想當社會工作者，就像當修女或Wal-Mart百貨門口接待員一樣，回報犧牲的是更多犧牲（這三種職業都需面對貧窮、衣衫襤褸、不快樂的單身時期）。在這麼多輕蔑後，其中仍不放棄的多是為了他們想幫助的人，那些動不動就拿長尺打孩子發洩怒氣的人。　　你也許希望你的孩子樂於助人，但不是以這種方式。倒不如教他們當個牛仔吧！起碼你還會得到免費牛排。

助人是崇高的追求，若沒有一套獨立且保護自己的完善理念支持，造成的傷害比行善多，而學校裡的社工系所很少提供助人需要的準備。

助人的願望是一種強大的動力與自尊來源，讓你了解人類互動的不同層次，從幫助某個親戚變得更快樂，到終結愛人之間的衝突，再到改善全世界。在各個層面上，只要我們無法認清現實，只要我們沒想清楚風險與後果，我們想助人行善的需求很容易適得其反。有時助人根本不可能，接受這個事實你還變得更有幫助；而有時最有助益的事是什麼也不做。真正的助人往往不會讓人滿足，但如果花些時間衡量你的作為，心中自有一把尺，將「真的有幫忙」放在「感覺有幫忙」更高的位置，你就有權去實踐理想，做正確的事。

F*ck

fuck serenity

第五章

該死的心平氣和

對那些不是醫療領域的人來說，要知道什麼事有益健康，什麼事傷害身心，只要查查文氏圖（Venn diagram）就能明白。找到圖中間有「有事實根據的科學知識」、「流行文化」和「純廢話無誤」交集的地方，就會看到「羽衣甘藍是上帝個人專屬沙拉」、「除臭劑會讓你得阿茲海默症（或其他疾病）」，還有用粗體字寫的「壓力會**殺人**」。

因此很多人都認為應該減低壓力或消除壓力，還有憤怒、恐懼等情緒也一併消除，讓生活更平靜。這樣做的本身就是目的，也能促進身體與精神的健康。他們認為憤怒、恐懼等情緒是可以清除的，方法不外透過冥想、平靜練習、賦予哲學意義，或是做熱瑜珈，喝精力湯等。

不幸的是，緊張也好，恐懼憤怒也罷，人生所有的不愉快都是無法避免的，至少在某些時候是如此。況且在某些層面上，這些情緒是有益的，就像恐懼和侵略本能都是原始的防禦功能。所以無論壓力是你生命中好事的推手或壞事的動力，或者兩者皆是，想要去除它，結果必定徒勞無功也有害，只會讓你抗拒你的基本天性。

如果你真的想致力過平靜人生，全心浸淫在療癒與宗教修行的生活，那你不是大腦額葉切除術獲得成功，就是因為做不到而自認是失敗者。這種悠閒生活的經典人物也許是「督爺」傑夫．樂波斯基，他是柯恩兄弟在一九九八年的電影《油炸綠腳趾》（The Big Lebowski）中創造的虛構角色，他的生活態度就是什麼都不介意，什麼都隨便，看來關鍵是哈了太多草，喪失自我意識，或沒有和土撥鼠一起洗澡。

當然，只要你不是逃避責任，你大可以、也應該避免壓力。免去紛爭是好事，就如你可以和你合得來的朋友打交道，而不是和逼你上絕路的人在一起。然而我們認為，生命並沒給你選擇權，它直接把很多衝突感情丟在你身上（或丟進你的浴缸）；同樣的，你的心性也在你身上丟了很多情緒，像是憤怒和焦慮，它並沒有徵求你的同意，當然也沒有必要回應你做的冥想、運動、藥物治療、深度心理治療。

請記住，目前作為十二步驟治療法中心思想的原版寧靜祈禱文，原本並不是讓祈禱者解除壓力或憤怒情緒的，而是為了整理思緒，以謙虛的心處理人生無預期丟給你的必然情緒。當衝突、恐懼、負面情緒不可避免出現，當你誠實試過所有方法，當你尋求建議卻仍然卡關過不去，當你開始第二次心理治療和第三次藥物治療，祈禱文通常是你對自己說的話。

《自我》（*Self*）雜誌告訴你「壓力會殺人」，但把全副精力都放在消除壓力上只會讓你覺得沒有真實活著。能一心平靜者少之又少，不能適當處理壓力與恐懼，只會讓心靈失控。

我愛你，我不要恨你

這可比許多人認為不該愛錯人來得容易多了。導演伍迪・艾倫的藉口是：「心要它想要的」[31]。小孩也是這樣，但你可不會順四歲小孩的意替他買匹小馬。

另一方面，不愛人是不可能的，無論他們有多糟糕。但當這個糟糕的人是家人，是親如家人的朋友，或是一路苦過來的好兄弟，他們不只是朋友、伴侶或工作夥伴，而是你生命的一部分。人際關係和經歷把你和其他人綁在一起，所以你的愛沒得選擇，無法回絕走人。不幸的是，也許你

31 譯註：the heart wants what it wants，這是伍迪・艾倫二〇一二年的自傳告白，隔年被小天后席琳娜引用成為暢銷天曲「用心去愛」，盡訴她對小賈斯汀明知愛錯人卻無奈的愛。

發現其實自己很恨他們，或恨自己面對他們的態度，但這狀況很難自己想怎樣就怎樣，也很難說停就停。

如果你很幸運，你恨他們的理由可能是暫時的，纏成千千結的積怨大可放下就算了，不然也可以不用期待太高，恨意就不會那麼深。好比，你可能恨你的父母，但等到你長大，也能站在他們的立場看事情了，也許會理解這些過失錯誤有時只是忍不住和不得不。有時其他的理解也能讓你放下仇恨，就像你有權拒絕不可能的任務一樣，所以就別再恨那個你以前覺得需要對他負責的那人了吧！

我們讚揚由恨到愛的轉變，將它編成故事後再次傳頌，因為這樣的感覺很好，你不用再恨你愛的人，也不用再像個充滿恨意的人。但不幸的是，我們熱中愛大復活的感人時刻只因為它們實在太罕見。大多情況是，你無力停止恨你所愛的人。你努力不恨，卻反使恨意更重。你試著把化解不了的問題談開，或想改變你或對方的個性，但反倒是引發戰爭的最好方法。你覺得像個失敗者，這讓你的恨意更加尖銳，更難把恨藏在心裡，而心才是收藏恨意的地方。

你也試著化解你的負面情緒，但努力一番後得到的結論依舊是無法不恨他。如此也請不要絕望，因為若真的無力停止憎恨，責怪自己或怨恨自己一點用也沒有。一旦你接受憤怒不會消失（且越生氣對抗這股恨意，事情越是每況愈下），現在該是你好好想想如何管理你不滅怒氣的時候了。

然而請注意，接受恨與接受充滿恨意的行為是不一樣的。人生可悲之處在於很多人情不自禁愛上的也是他們恨的人，但只要你能不表現出恨，而與恨共處，就可說做得很好了。

活在憎恨中絕對不好過，一觸即發的怒火被你藏在腦海裡，若有人知道你藏起多少恨意，他就該為此高尚行為知道你有多值得被尊敬。我們的心只想要它想要的，但恨想要的是全部，如果你恨的對象恰巧也是你在意的人，請把我們的建議聽進去。

可愛之人必有可恨之處，你想把恨拿掉，但缺乏以下力量：

- 耶穌般的能力，能關愛豬頭，替渾蛋洗腳。
- 甜美的氣質，就像你喜愛的幼稚園老師，永遠都不會對人發脾氣（但也可能是我記錯了）。
- 有能力把他馬的該閉嘴的人當空氣。
- 找到家庭治療師，他的診斷和方向都被大家視為福音（參見上述耶穌的能力）。

以下是人們許下的願望：

- 少生點氣。
- 讓親愛的人停止可恨的行為。
- 想清楚別人如此生氣的原因。
- 發現關愛世人的祕密，即使關愛的對象是讓人又愛又恨的人。

案例分享

我十七歲的孩子是個廢物加騙子，總稱混帳東西。我知道我該支持他，但我就是無法不被他滿口屁話激怒，而我一生氣則無濟於事。他被學校開除，也沒有工作，所以想也知道他買毒的錢是打哪來的，他明明看起來就像有吸毒。他可不是用我給他的錢買的，因為家裡三不五時東西就不見。當然，他不承認，滿口謊話。我大吼他，他看起來不知是不屑還是害怕，很明顯就是不好。我老婆說都是我的錯。我希望幫我的孩子成長、戒毒，但我一發火就幫不了他。我老婆是對的，這也是我首先要改掉的。

* * *

我討厭我老公對孩子一副頤指氣使的態度，他不是罵，只是很霸道。他讓我想到我最不喜歡我父親的地方。我老公通常都很講理，也是負責任的人。當孩子不在身邊，我們處得很好，但孩子很少不在身邊，最少還有五年他們才會離開家。我每次要他改變態度都叫得好累，但一點用也沒有，孩子也不喜歡看到我們吵架。所以我只能坐在這兒，一肚子怨嘆，哭喪著臉，我老公是和我一起生活的人，我卻只能對他生氣。我的目標是不要一直生他的氣。

* * *

我相信做人要尊重父母，我當然愛我母親，但她經常很刻薄，對我父親超惡劣。我爸太老了，又重聽，根本沒辦法護衛自己，有時只是惹到她（這很容易理解啊！因為我爸根本聽不到她在說什麼……），還搞不清楚他到底做錯什麼時，她就不讓我爸好受，但我媽對自己的行為就有好多好話可說。我相信要接納自己媽媽，但我每次一見到她就沒辦法不生氣，這不是我，我根本不想這樣。我的目標是能跟她好好相處，我爸也不會老是很緊張或被激怒。

凡是自己真正關心的人，你絕不會想恨他。有件事情很重要：承認自己會恨某人多半已是發生一拖拉庫壞事之後，如果你因為某人無法不做那些糟糕事而火大，那麼也許少生氣才是唯一讓他改進行為的方法，也就是說，他永遠不會改進。

即使分析了憤怒的原因，也降低了期待，更試著原諒，你也許發現自己的感覺一點都沒變，仍是哀鴻遍野的一級戰區。所以如果你的目標是停止憎恨，不再為自己的情緒感到內疚，你就知道那裡是你的安息地了。

在此情況下，第一要務是試著了解、遺忘，並原諒，但是一旦證明那只是白費力氣時，請接受你是躲不了憤怒情緒的，請用常識將傷害降到最低。要「輕聲細語說話，但手持一根大棒」（這是羅斯福的名言，不是你底下那根）[32]，如果你有的話，可以用來對付某人可恨的行為。

吸毒者向來是自私的大混蛋（參見第九章），但只要你的兒子戒了，也許他會回到那個原來、還可忍受的他。在那之前，把他的壞習慣列表說清楚，像是偷電視，或者連藥房買的自行藥檢測試都沒過等等……你需要和這個年輕人花一個晚上或更多到別處好好談談。你必須不帶怒氣地接受他現在這個樣子，但如果他不能接受你的規矩，那就輪到他該生氣而不是你。

32 譯註：引自美國老羅斯福總統的外交策略「大棒政策」（Big Stick Ideology），又稱「巨棒外交」，認為需以軍事做為外交後盾。

如果你的另一半管教孩子的態度令你生氣，就把責任分開吧！把你個人該做的工作發揮到最大程度，並固定安排孩子不在身邊的時間好好在一起。如果你表達怒氣，就會發現很難設定底線；如果你設下底線，就會發覺自己不再那麼生氣。

如果父母一方對另一方很壞，而你無法保護其中一方，請想辦法個別探望他們，例如，和媽媽吃午餐，和爸爸參加小豬賽跑大會。無論是全員到齊或一對一相處，請讓談話輕鬆，遠離有爭議的話題。如果對話開始尖銳，請避開，在附近找一間有鎖的浴室躲起來，想像著這會保護你且減低厭煩感。不要討論你的情緒，以最有建設性的行動回應父母的惡劣行為。

千萬不要對惡劣行為或充滿仇恨的化學效應口出怨言，不要抱怨這些事都是沒事找事做，或把它們當成家庭失序的證據，你反而應該讚揚自己做得好，知道如何在艱鉅關係裡折衝樽俎，同時避免公開衝突。

對於某些親密關係你可能無法不心懷恨意，但你應該尊敬自己竟能持續這份感情，即使它處在很困難、完全快被搞死的狀態。

簡易自我診斷表

無法企及的願望：

□ 不被仇恨玷汙的心。

☐ 沒有害群之馬的家。

☐ 全新的脾氣性情。

☐ 沒有什麼讓你討厭的另一半。

切合實際且可達成的目標：

☐ 控制你的嘴。

☐ 對處罰惡行有信心。

☐ 能與恨共處，不會恨自己。

你能做的事：

☐ 運用標準方法冷卻怒氣。

☐ 請接受當個好人的部分工作是管理愛恨交加的情緒。

☐ 抓緊一切機會阻止惡行，降低你與這些行為接觸的機會。

☐ 永遠不會因為生活中可恨的人或心中憎恨的人而感到氣餒。

☐ 管理好恨意是值得尊敬的事。

真心話練習腳本

如果你恨你愛的人，受仇恨折磨，以下是你該告訴某人或自己的話：

> 親愛的＿＿＿＿（我／家庭成員／冤親債主）：
>
> 我希望不要對我的＿＿＿＿（父母／配偶／孩子）這麼生氣，但我已經試過＿＿＿＿（家庭治療／驅魔／高劑量的浣腸）都無法擺脫＿＿＿＿（憤怒／髒事／邪惡的想法／內在緊張）。我無法為＿＿＿＿（請填入「難以忍受的精神痛苦或導致精神痛苦的人」的同義詞）負責，但我會變得很會應付那些脾氣不好的人，且讓他們相處得很好。

忍受煩心事

除非你關在關達那摩監獄或在北韓勞改營，最糟的折磨莫過於因為家庭、工作或只是地理關係，被迫與某個你恨到可以空手殺了他的人共處。就連美國前副總統錢尼都承認這經驗比「強化偵訊手段」[33]更痛苦。

如果和你綁在一起的是個大混蛋（參見第九章），那還真不好受，但還有更糟的，就是發現你被某人無心的作為干擾到想對這個天然呆暴力相向，而那應該就是你和錢尼副總統關在一間上鎖偵訊室的時候。

你也想當好人，希望大家都處得好，而不是緊張、煩躁、血壓高到快爆衝的討厭鬼，但只要一碰到那個人間極品（哈！你還經常會遇到），就覺得靈魂被闇黑勢力籠罩了。你無法改變他，但你應該找個方法改變自己。

這是真的，有些你受不了的人、煩得要死的事都會因為理解或自我接受而得到解決。如果你覺得自己對一切都煩到不行，你可能得了憂鬱症，治療可以幫你控制症狀。

然而，一定會有一刻，當你全都放下後，終將體認到最陰魂不散的煩惱竟只是你是誰，以及漫漫人生中你被逼得要坐在誰的旁邊。所以不管是綠豆大的小煩憂或是天大的煩心事，想法子讓自己免疫不過是另一種徒勞，只是逼自己不再是自己而已。

當然，要別人不要這麼討厭通常無濟於事，因為他們不覺得自己哪裡做錯；要別人改變雖不一定沒有用，但如果可厭的行為已是個性的一部分，你要他改就是引發惡鬥又傷感情的最好方法。增加溝通只對電信公司有利，對人們減輕煩惱卻不是好方法。

為什麼他會惹到你？想清楚就好像更容易忍耐，但如果你發現自己不喜歡他是因為對方的某些特性和你不喜歡自己的地方竟是如此像，請勿驚訝。這也是說，這個發現不是有價值的體認，只會讓你覺得那人更討厭，因為符合雙重目的，自己變得更討厭，就能讓你更煩自己。

33 譯註：二〇〇九年歐巴馬關閉關達那摩監獄，布希時代的副總統錢尼（Dick Cheney）跳出來護衛刑求政治犯與戰俘的正當性，認為灌水、精神虐待、禁止睡覺等折磨手段都是「強化偵訊手段」（enhanced interrogation technique），與侵害人權無關。

相反的，你應該準備與壓抑很久的厭煩感共存，即使很多人都跟你說，壓抑對自己、血壓、靈魂都不好，請接受你無法讓這些情緒爆發，但也扼殺不了。你也許走不出迷霧森林，但你絕對會逃脫情緒的水牢深處。

以下是你渴望擁有的自我平靜能力，但你並沒有：

- 一組瑜珈動作，讓你進入深層放鬆狀態，甚至可以飄浮起來。
- 一筆錢，讓你建造隔音室、隔音屋、有警衛的隔音房產，隔離討厭鬼。
- 一位催眠大師，可以迷惑你，讓你覺得討厭鬼做的所有煩人事都變成喬治·克隆尼做的一樣迷人。
- 一份完美謀殺案的執行計畫或手段。

以下是好人許下的願望：

- 當個好人，而不是混蛋。
- 不懷敵意。
- 內心少點煩躁，好好度過一天（或一晚）。
- 改善惡劣關係或想法子改變對方。

案例分享

我向來不喜歡岳母，但自從我丟掉工作，我們一家只能搬去和她住。她對每件事都有意見，因為住的是她的房子，所以我們只得聽。她也沒怎麼照顧我們的孩子，卻要我老婆幫她煮飯。我只要一回到家、一想到她就恨，看她窩在大沙發裡看電視，聲音開得好大，因為她聾了。我知道我沒什麼話好說，但她可是對好多事情都有好多話可說，而我連講都不能講。我跟我老婆抱怨，雖然她才是真正承受壓力的人，但還是護著她媽，這我可以理解，只是會讓我更火大。我希望每當我回到那個不是我家的房子，可以不要那麼生氣。

* * *

我老闆是個好人，但他一點也不適合當老闆，因為他想盡辦法不做決定，不採取立場，讓辦公室裡那些最壞的爛人都騎到他的頭上，只要有人向他抱怨，他就給他們糖吃；而閉上嘴巴努力工作的人，他給的糖就少多了。換句話說，他是那種欺善怕惡的人，有好康只會給那些爛咖。所以無論他做人有多好，我都想掐死他。我無法辭掉工作，因為薪水很好，分紅也多，且問題也不在於我有多討厭他，而是我討厭自己恨他，而我老婆更討厭聽到我說這事。我希望每次去上班，不要再整天想著這種鳥事。

* * *

不久前我搬進新公寓，在電梯裡遇到一位鄰居，有一段彼此都覺得愉快而無害的談話。我一點也不知道我那當下竟變成這位六十多歲、不知界線、沒有朋友、聽不懂暗示的傢伙的最好朋友及無照心理醫生。他無論早晚只要有時間就來我這兒向我傾訴，說什麼沒有人愛他，他再也找不到像他死去老伴一樣好的人，還有當天他在電視上看到什麼節目……真煩人。我在家工作，所以逃都逃不掉。我和這棟大樓的其他住戶談過，他們認為唯一能躲掉他的方法是裝死或假裝不會說英語，但那樣好像很壞。我的目標是在不撕破臉（或搬家）的情況下，讓這個人放我一馬。

干擾就像狗哨聲，有些聲音大家都聽得到，有些只有對上某人的特定頻率才會聽到。也就是說，某人認為快把他逼瘋的擾人大笑可能是其他人的盈盈淺笑。一旦對上了你的頻率，再想調開就難了，如果你能接受此事無解或沒有調開的方法，就該擁抱痛苦，制定管理計畫。

當然，第一步是不要責怪自己有想殺人的衝動和嗤之以鼻的想法，把真正會惹毛你的言詞及情況列出來，想一套禮貌而簡單的腳本台詞，如「有意思」、「呵！怪了」或「抱歉！無可奉告，因為我必須集中精神背圓周率」。

永遠不知進退的聒噪丈母娘的確會把女婿逼瘋，即使她絕對有權力在自己房子裡大聲嚷嚷。所以重要的是，你要想的不只是一套台詞，還需要一套必要時參與（或避開）的心理法則。找個避難所（浴室、車子或星巴克），隔絕你非得看到聽見的討厭鬼、煩人精等。還要想出一套用得上的劇本，像是已經用到爛的「有事先走了」。一定要有禮貌，醫療緊急事件也要回應，要分擔家務，做些報答她該做的雜事，只有這樣你才不會因為內疚或為需求所逼，逼得一直要與這些人勾勾纏。

老闆聽到員工在抱怨，說功勞總被那些又愛發牢騷、又愛指揮別人的同事搶走了，欺善怕惡的老闆聽到應該會變本加厲吧！但請記住，這只是一份工作，你只是在那裡賺錢糊口飯吃，不是去改善工作場合或增進工作平等的。當某人努力討好上司，你只希望今天沒丟了工作，工作目標也符合自我標準。請把你留在那裡的原因列出清單，然後把永無休止的干擾當成某種形式的工業污染，只要薪水不錯，就值得忍受。

對付討厭的黏人精，請不要逼自己做超級爛好人，只為了證明自己做人不錯，沒有壞到也想讓對方感同身受一下你的痛苦。也許他對於自己被討厭、黏人又孤獨的狀況無能為力，但他的問題不是你的責任。如果你不減少曝光，以禮貌且不帶明顯內疚的方式迴避他，你的煩惱會越來越嚴重，因為你正對他以退為進的攻擊敞開自己，讓他侵門踏戶。你要做的是讚揚自己有禮貌的行為，忽略煩人的感覺，給自己交友的權利，讓自己和真正喜歡的朋友在一起。

不管你的煩惱來源是誰，你並不需要向同病相憐的人取暖，確定自己是不是壞人。也許你的內心很壞沒錯，身邊每個人都比你好或只是沒收到訊號，但只要心中之惡不被你洩漏出去，你基本上就是個好人。如果矯枉過正，太想做好人，太想得到別人認可，只會讓事情更糟糕。

煩心事或討厭鬼都是你無法改變的，若你對他們不友善，也不要怪自己，而該對自己已很克制的行為讚揚一番。你也許不覺得自己是好人，但當內心之惡不斷耳語挑撥時，能表現出像個好人的樣子才是更大的成就。請記得，只有少數人才具有天生、不造作的善良，而我們把這份善良都用在狗身上了。

簡易自我診斷表

無法企及的願望：

□ 有能力改變他人，讓他們知道自己為什麼要改變。
□ 人生裡有更好的人和更多選項。
□ 擺脫緊張情緒。
□ 個性不要那麼敏感龜毛。

切合實際且可達成的目標：

□ 一面做自己該做的事，一面忍受他人長期對你的錯誤期待。
□ 即使你無法控制你的感覺，也要控制自己的嘴巴。
□ 即使你大多時間都在生氣不爽，也要對你的努力感到驕傲。
□ 不要因為逃不掉而絕望。

你能做的事：

□ 時時提醒自己忍受這種無止境煩人鳥事的原因是什麼。
□ 制定一套可應用的方法隔絕你眼中的麻煩人士。
□ 發展一套防範法則和禮貌態度，如果有人踩線才能護衛自己。

□ 有些事情放在心裡就好，但要持續關注，也給不發作的自己掌聲。

真心話練習腳本

當你想讓討厭鬼知道你心裡真正在想什麼，以下是你該告訴某人或自己的話：

親愛的＿＿＿（自己／長久以來一直不給我好日子過的傢伙）：

你做的事快把我逼得＿＿＿（請填入「挫賽了」的同義詞），我一直努力＿＿＿（喜歡／理解／忽略／接受）這件事，但發現這並不會發生。因此想讓你知道，我很感激我們良好的＿＿＿（工作關係／同住情誼／無心插柳的關係），如果我有時候＿＿＿（離家出走／低頭看報，拒絕抬頭／躲在廁所一小時），請不要覺得我不給你面子或把你當空氣，我只是喜歡自己獨處的時間，也期待將有好多年＿＿＿（一起合作／同住一個屋簷下／咬緊牙根）。

你可知道——和瘋子相處有絕招？

被迫和你無法忍受的人相處很難受，但與神經不正常的人面對面更是可怕。你對瘋子及狂徒的刻板印象總是地鐵裡的凶神惡煞，那些人看起來就像和鬼椒大怒神吵過架（至少是某人不小心或太愚蠢和他們目光接觸）。不幸的是，要找瘋子不必去地鐵，和你同間辦公室、甚至同血緣的人也一樣不穩定。

姻親中有人腦袋不靈光了，尤其是老年人；同事中也總有某個奇葩，渾身聞起來像泡過牛奶的襪子，頭髮像自己在家用剪刀剪的。你或許會和某個憤怒瘋子一起困在地鐵，但更可能和他們困在一起的時間是感恩節大餐，所以學學不期而遇時該如何對應絕對必要。

就像大家說的，減輕公開演講的壓力是想像聽眾都只穿內衣，面對某人瘋狂激進的行為也以這種角度思考也有幫助，只要想像攻擊你的是一隻熊就可以了。這樣一來，你就不會想和攻擊者講道理，或幻想慈悲友善的平靜話語會馴服狂暴的野獸。當大灰熊火力全開時，只會專注在引牠注意的人；引牠注意，你就成為攻擊的目標。

然後就像對付熊一樣，離得越近，越要冷靜，如果需要，請找人幫忙。要是你覺得某人行為太過分已無法脫身，則可以找警察。或許他開始攻擊人，請你保持距離，眼睛往下看，盡量往出口靠近。如果你的好人厚道本性發作，請記住，好人都是熊的可口食物。你沒有對不起你的同胞朋友，因為同胞朋友的言行舉止眼下並不受控，你有保護自己的義務。

被瘋子威脅的經驗法則是承認你無法掌控他，最好的選項，就是像對付熊，讓自己隱形，活下來，這樣才有再搭上地鐵或再次享用感恩節火雞的一天。

面對恐懼

有一點點恐懼，小小的又可控制，其實還挺有趣。就像人們付錢看恐怖片、坐雲霄飛車也是這樣，才不會只因為免費就在家裡尖叫和嘔吐。也有一種完全相反的恐懼，隨機出現無法預期，讓你神經衰弱。這種恐懼一點也不有趣，反而要花錢收驚安神。

這種不好玩的恐懼是所有焦慮失調的公分母，身受焦慮所苦的人多半都有，且深陷不拔，他們和憂鬱症患者有著同樣的討厭病況。就像一般焦躁及悲傷，這些病人的情緒也必須被了解，所以只要他們知道困擾他們的是什麼，面對它，向前走，焦慮也就不是焦慮了。

許多人都分不清憂鬱症和心情不好或傷心的不同，同樣的，焦慮症也常常與一般恐懼和看恐怖片的恐懼混淆。事實上，焦慮症在各種面向上都來得更嚴重。

有些人總覺得焦慮一直存在，無法動搖，即使他們被愛與安全圍繞。還有人有恐懼感突然爆發的經驗，這是一種恐慌症，是一種不知從哪來的驚嚇，但說來就來，且越來越強。有理智的人覺得自己要死了，即使明明知道自己不會死。還有人在經歷車禍或長期征戰等重大創傷後，心驚肉跳疑神疑鬼的感覺揮之不去。

憂鬱症和焦慮症基本上是同父異母的兄弟，同一人身上一種病發作了，另一種病也會壯大。它們有時也對相同的藥物產生反應，兩者都會反覆發作，終其一生時好時壞。

人們希望這些病都能治好，就從尋找問題根源開始，或讓病患經歷某種矯正手段，一次又一次地讓病人面對他們害怕的東西，或用宗教信仰將心智導向健康。但這就像所有嚴重疾病，無論精神疾病或其他重症都沒有「治好」這回事（如癌症、一般感冒、嗑完一大塊牛排卻受濕冷苦）。治療有時只在某種程度上有用，但一般說來，這些症狀會持續惡化到病患中年，只能加以治療而無法治好。

如果你相信焦慮症或憂鬱症有可能治好，持續的症狀只意謂還沒找到對的治療方法或施以正確治療。如果你相信上述說法而面對恐懼，找到耶布斯，拿出男子氣概，或讓自己被愛。你試的方法越多，你的症狀就跟你越久，挫折感也越來越重。

如果你為了想治好持續的恐懼而做了各種合理嘗試，接下來你該做的是，接受這就是人生給你的負擔，你必須學著忍受。很多好人都有恐懼症，有強烈的幻想並沒有錯，有可怕的過去或未來也沒有錯，有痛苦又焦慮的腦袋更沒有錯。

你並不是幼稚、懦弱或缺乏勇氣，你只是困在某種慢性痛苦出不來。你永遠不會喜歡它（或恐怖片），但你可以學著忍受它，無論還要經歷多少恐懼，你都不會害怕面對每天恐懼來臨之時。

以下是你想用來戰勝恐懼的方法，但無能為力：

- 記住人生導師的智慧與平靜話語。
- 呼吸（對了，這件事你一直在做）。
- 服用不會上癮的藥物，就像用通樂對付恐懼，一定清光光。
- 經歷一場部落入會儀式／新兵訓練營／美國運輸安全管理局的安全檢查，只要經歷以上恐怖過程，恐懼將遠離你，不留一點痕跡。

以下是恐懼纏身的人許的願望：

- 成熟一點，不要害怕。
- 找到引起焦慮的深層原因，這也是目前讓人困惑的。
- 不再害怕他們不該怕的東西。
- 終於找到有效的治療方法。

案例分享

我半年前受到歹徒攻擊搶劫，從那時起，只要晚上待在外面就會心驚膽顫。我接受治療，學習冥想，也乖乖吃藥，但我依然害怕。有時候我發現自己迴避一些該做的事，選擇待在家裡，因為我不想面對晚上單獨在外面的那種焦慮感。我希望不要再活在恐懼中。

* * *

我以前總把健康視為理所當然，但自從去年確診有多發性硬化症後，我就一直想到死亡這件事。我的症狀沒那麼糟，目前狀況也算穩定，但我總覺得死期不遠了。我有參加支持團體，也與諮商心理師聊過，我變得把健康看得更重了，花了很多時間和精力研究我的病，改變飲食和運動，但對死亡的恐懼從沒有消失。我知道自己這個病不會根治，卻無法克服無助感，就像我得了不治之症，只是算日子等死而已。我希望不要再害怕死亡。

別人似乎都和這位上司處得不錯，只有我覺得他毛骨悚然。我不覺得他喜歡我，他不是那種會跟你勾肩搭背開玩笑的人，所以我也不知道如何和他相處。我非常害怕和他單獨會面，部分原因是怕洩漏我的恐懼，部分是因為每次他要和我說話，我都覺得是要開除我。我非常需要這份工作，在這家公司也待了很久，現在年紀也大了，到其他地方根本找不到一樣的工作。只要想到被解雇就很害怕。我希望找到方法克服恐懼，可以做自己，不再害怕任何人。

* * *

深受焦慮之苦的人若為某件事感到遺憾的話，那一定是生錯了時代。有個時代最適合神經超緊繃、一秒變恐懼的個性，就是避免被史前怪獸巨猛熊吃掉，焦慮是最好方法，而要隨時應付敵對陣營的攻擊，也需要這種特質。

可惜的是，史前巨猛熊在今日世界已不復存在，敵對陣營的攻擊行動也會事先公布在推特上，超緊繃的焦慮感不再是天賦而只是負擔，也就是說，這不是一種不可bear的事（雙關語，bear可以是「忍受」、「承擔」或「被熊吃」）。

畢竟是因為被搶才引發你的創傷後症候群，討厭單獨一人走在黑漆漆的街道是你的大腦在保護你，希望你永遠不會再面臨那種情況。這是巨猛熊反射，搶劫不是根本源頭，而是因為搶劫就像史前巨熊有不可測知的力量，所以你的努力也必須更強，才能說服大腦，告訴它你需要外出，而街道是安全的。

雖然你可能永遠無法消除反射作用，但有很多方法值得一試。請查詢認知治療（如，在可控制的情況下，以冷靜的態度談論慘痛經驗的細節），也可找一下「生物回饋治療法」[34]與自我催眠。由於恐懼通常也伴隨無助、負面、非理性的想法，像是「這一點用都沒有，我只是在浪費錢，病情只會越來越糟。」認知治療會讓你認識這些想法，而首要目標是挑戰這些想法。

目前幫助各類焦慮症有藥物可用，有非成癮性的，也有成癮性的藥物，如果沒有每天服用，成癮性藥物的風險也不大。很多受焦慮所苦的人都要隨身攜帶藥物，覺得只要知道藥在身邊就可以防萬一，這也是某種紓解。藥物也可幫助有創傷後壓力症候群、有焦慮經驗，或除了病徵之外過充實生活的人。

如果面對某種威脅終生的疾病會引發對死亡的強迫反芻，例如創傷後壓力症候群，你或許會發現自己陷在裡面很久都走出不來。只要有個外在事件引發症狀重複發作，它們多會永久留存。而恐懼就像在大腦鑽了一個孔道，漏水現象就從這兒開始。

沒錯，一直被死亡恐懼籠罩，日子必定難熬。老有人一直安慰你，提醒你我們都會死，因為他們根本沒工夫知道整件事情的來龍去脈，也不覺得需要採取什麼行動。這也就是說，反覆提及你的恐懼，或一直想著有無醫療解決方案，絕對會讓你的狀況更糟。

因此，別再在意身心檢查的結果漂不漂亮，而該隔開讓恐懼增長的行為，像是過度分享和放棄正常

34 譯註：生物回饋治療（biofeedback）是利用偵測個人的生理訊號如體溫、心跳、呼吸、腦電波等回饋給心理有壓力的人知道後，幫助訓練身心放鬆。

生活的各種活動，這些活動都會分散你的注意力。請把對死亡的恐懼看成詭異的腦部症狀，而不是你是伍迪·艾倫和英格瑪·伯格曼忠實鐵粉的證明。

和其他有多發性硬化症的病友一起聚聚也許有幫助，他們能分享恐懼而盡情生活。這就像酗酒者需要和已戒酒但仍意志薄弱的人在一起，對不斷鼓勵的需求就像對酒的渴求，只會通往不健康的行為，你不需要承擔這種行為，只要隔開就好了。

若你害怕參加社交活動，害怕進入某個工作環境，連參加演出都怕到不行，也許你的焦慮會因為你一次又一次面對同樣的恐懼經驗而減輕到一定程度，但不見得會消失。但如果你的害怕是「沒有理由」的怕，且強烈懷疑你的口吃、臉紅、放屁和其他更讓你難堪的問題都是恐懼造成的，焦慮感就被放大。恐懼最會引發恐懼，是心靈的最佳「永動機」，不需插入任何能源，永遠可觸動心靈反應。

有一種認知技巧可幫助你對付恐懼引起的尷尬，每天花一些時間，定下自己的目標，逼自己進入危險區。提醒自己這是工作，因為你需要賺錢養活自己。對於什麼是好表現，你有自己的一套定義。從自我標準和需求中設定目標，而不是為了回應他人而訂立。不要理會一直存在的恐懼，努力實現目標，然後給這樣的自己一些鼓勵。

假設你接受每日與恐懼為伍的不平人生，重要的是尊敬自己每天為了制止恐懼發生所作的努力。出於恐懼，你才想著應該要做些什麼來避免焦慮，你才覺得對你的生活及感情會有恐怖影響，請挑戰由恐懼出發的想法。只要你阻止自己藉由逃避、物質或其他妨礙目標的行為而放鬆懈怠，就給自己一個讚。

雖然放鬆有利於你的血壓，請記得，是美好的遠古恐懼感讓你得以活在今世，因為它讓你的祖先活到可以生小孩的歲數。就像你茹毛飲血的先祖，你絕不可能輕鬆很久的，所以無論你怎麼處理你的恐懼，都該為自己驕傲。如果你可以容忍它，不讓它掌控你整個人生，用它來自我保護，如此，你一定也可以好好活下去。

簡易自我診斷表

無法企及的願望：

- □ 治好沒有道理可言的恐慌症。
- □ 在沒有風險、副作用或復發可能的情況下，完整迅速地控制恐懼感。
- □ 消除當你害怕時出現的愚蠢念頭及被恐懼誘發的非理性想法。
- □ 擺脫因為害怕而想做傻事的衝動。

切合實際且可達成的目標：

- □ 培養評估真實風險的能力。
- □ 無論持續的症狀如何，養成習慣及步驟做該做的事。
- □ 找到能提供暫時喘息的治療方式。
- □ 控制出於恐懼的行為。
- □ 重視與恐懼共存需要的一切。

你能做的事：

- □ 當一般紓解恐懼的方法失敗，請接受你搞砸了。
- □ 當負面想法欺騙你時，請學習如何分辨及挑戰它。
- □ 搜尋管理恐懼的治療方法，覺得可能有幫助就請試試看。
- □ 如果不接受治療的風險較大，請不要迴避有風險的治療方式。
- □ 請記得用酒精治療恐懼是高風險的治療方法，只會帶來短暫的好處，卻會養成依賴性，讓你變成大混蛋。
- □ 當說到恐懼感時，學習以平靜及幽默的態度回應，他人就不會被你的恐懼嚇到。
- □ 為自己能管理恐懼而驕傲。

真心話練習腳本

以下是你受夠焦慮害怕該說的話：

> 親愛的＿＿＿＿（自己／顫抖的窩囊廢／脆弱的恐懼症患者）：
>
> 我討厭生活在＿＿＿＿（害怕／驚恐／逃避）中，但我到目前還沒想清楚＿＿＿＿

（為什麼我會莫名其妙地害怕／為什麼找不到我需要的協助／為什麼會有這麼奇怪的瞬間，上一秒覺得還好，下一秒卻慌到不能呼吸，心臟好像就要爆炸）。由於無法覓得幸福，我現在＿＿＿＿（放棄追求了／學著靜坐冥想／回到工作崗位），無視想用＿＿＿＿（請填入某非法控制物質）得到紓解的念頭，也不再＿＿＿＿（離群索居／不斷抓人訴說我的焦慮，逼得人避之唯恐不及／尋求神奇解藥）。今後無論需要多少努力，我都要掌管自己的人生，就像我不再恐懼。

如果你覺得焦慮就要來襲，請試試以下實用咒語：

這次也會過去的，如果我把口袋裡的特效藥丸吞掉，會更快過去的。

人生是旅程而非目的地，網路上說，焦慮並不會致命。

記得呼吸（即使呼吸沒有很自然，還是要呼吸。我這次麻煩大了，我總是不記得把鑰匙放在哪裡）。

我要找到我的生活重心，把今天忍過去，不然就要找到上司，跟他說我拉肚子，必須在家休養。

我如隨風吹起的落葉，專注看自己怎麼飛，聽一切聲音，但不聽大腦的。

治療心痛

談到心痛，免不了聽來一把鼻涕一把淚，或總是流於浮誇的濫情描述，但如果你的心與某人某事緊緊相連，當這人遠離不見，可是會因失去愛人而心痛。

想知道心盪到谷底是什麼感覺？什麼又是行屍走肉？心碎過嗎？這些就像世間少有的劇毒雞尾酒，用悲哀、傷心做底，混著絕望、憤怒、自責，讓你無緣體驗快樂，對生命的一切再沒感覺。雖然悲傷，但你知道你為什麼悲傷，也知道最後一定會好的，就不要去傷腦筋了。

大多數情況下，人們因為朋友支持，忙於工作與朋友圈，再加上好好照顧自己，心痛就會好。然而就像憂鬱症，心碎的痛是毀滅性的，甚至可能致命。

如果你相信失落可以癒合——就像很多治療師、香氛蠟燭的主人和全天下的編劇所做的那樣——如果你的悲傷沒有終結，你一定覺得自己像個失敗者。因為這也意謂你不肯向前，沒有辦法放手，不想得到幫助，無法面對你的感受或其他什麼的……

不幸的是，有些人的失落無法復原，即使他們有很多支持，工作也努力，也往前走。但也許失落觸動了天生的脆弱以致變得憂鬱，這種人的個性本就對失落非常敏感，或者缺乏控制巨大衝擊的能力。再一次，這聽起來濫情傷感，但骨頭斷了，心碎了，不見得都黏得回來。

如果你帶著一顆破碎的心活著，痛苦也趕不走，曾經有過意義的生命你也不抱指望，或許你就會把氣出在某人身上，特別是他曾預防過不幸發生，那個人也包括你自己。

有些人永遠也無法中止失落的心痛，如果你承認這悲哀的事實，你就準備好了，可以去找方法讓自己活得有意義，即使悲傷好像不會走似的，也許它永遠都不會走。

失落的心痛能否復原並由不得自己，如果悲傷地活著失敗了，那失敗來自你讓悲傷妨礙你活出精彩豐富的人生。帶著一顆破碎的心生活很難，但心碎並不會讓你變成破碎的人。

以下是你想擁有卻沒有的治療心痛能力：

- 即使冒著脫水的危險也要有大哭的天賦，以洗去憂傷。
- 無比信心讓自己相信，每一次失落、背叛和失望都是神／茲努[35]／撒旦偉大計畫的一部分。
- 去除大腦被憂傷感染部位的手術，而留下記得歌詞和知道如何走路的部分。
- 理解憂傷持續而真正帶來差別，像是理解「時間治療一切傷痛」就有幫助。

以下是人們許下的願望：

- 停止傷痛，重獲新生。
- 不要發瘋似地一直想：為什麼他們不在那裡？他們並沒做什麼來援助？
- 回到之前的狀況。
- 找到另一個關心目標。

35 譯註：茲努（Xenu）出自山達基教派，認為茲努是七五〇〇萬年前的銀河邪惡統治者，轄區有二十六顆恆星和七十六顆行星，包括地球。

案例分享

我愛我的妻子和家人，所以當她說結束了，我根本不知道就是要離婚。她說我沒做錯什麼，只是她不愛我了。我們仍是朋友，也一起執行子女監護權，但我心中的家是我之前住的那個地方，如今被趕了出來，看到我愛的女人邁向人生下個階段，找到下一任老公，當然我兒子也喜歡他就是。我無法不思念那不再和我緊密相連的人。我每隔兩個禮拜去接兒子，看到前妻會和她簡單聊聊，我的心還是會痛。我希望能忘掉她。

* * *

我母親久病離世，我很高興她不再受苦，也感念和她一起共度的美好歲月。她是我最好的朋友，我非常想念她，以前每天都會和她講電話聊天，如今每當我看了部好電影或聽到好笑的笑話都開心不起來，因為我知道我沒辦法跟她說了。每件事都讓我想起她，都是我們過去聊過的。已經兩年了，我還是無法停止哭泣。她絕對不希望我不開心，但我克制不了。我的目標是不再哀傷。

* * *

我忍受老婆酗酒及憂鬱症不願就醫已好多年，我受夠了（總不能也讓孩子受苦），所以我提出離婚。正如我所擔心的，離婚後她崩潰了，然後很不幸再也沒好起來。離婚後幾個月，她開始一喝醉酒就一副想自殺的樣子打電話給我，跟我說離婚毀了她，活著沒意思。然後我不再接她電話，沒多久她就服藥過量送醫急救，之後孩子的監護權就都歸我了。但我還是會聽到她的消息，因為孩子會說，聽起來她仍然憤恨不平。我的目標是停止擔心她，不要被這種無盡的痛苦愧疚折磨。

當悲傷好像永無止境，你想問問朋友，問問你的貓或神，為什麼痛苦不會停止。但真正該問自己（或許還有治療師），是否做了不讓自己復原的事？

說到無止境的心痛，很可能不是命中註定的，而只是做錯了。然後做出受痛苦趨使的行為，如用藥、變成跟蹤狂或沉淪在過去，這些都會讓你裹足不前。

然而如果你什麼事也沒做錯，壞消息是無盡的悲傷就不是你能控制的，所以不見得會好，而你的貓也沒有治療能力。好消息則是一旦你不再四處尋找藥方，而開始考慮用一種全新、低於理想的生活態度過活，你就有很多方法可以自救。

和已分開的前愛人繼續保持聯絡，只因為有共同監護權或在同個環境工作，也許是延長傷心痛苦的錯誤行為。你越是接觸，就越想接觸。你趁探視拜訪前妻，大可騙自己說這有什麼錯，只不過做朋友、聊天、大量眼神交流。但你該做的是斷開關係避免直接接觸，改以二十一世紀的溝通方式連絡就好，如電子郵件、簡訊、表情符號等。

就像酒精中毒的人，你可能以為要等到痛苦減緩到一定程度，不再溺水了，才是向外接觸的時候。但事實上，只有等你完全乾透，痛苦才會停止。請試試以下假設，先斷掉面對面的接觸，看看會發生什麼情況。如果你發現自己對某些眼神接觸如嗑藥般渴望，你就知道斷開是對的。然後也許就會找到檢視的力量，進而控制悲傷失速行為。

當悲傷停不了，你確定你不想再留戀過去，費盡一切努力只為了活在當下，這時就該尋求能幫助慢性憂鬱症的治療，如認知療法、運動、藥物。也要尋求朋友和心理治療師幫忙，他們能容忍你的痛苦，又不會被它過度影響，持續給你積極鼓勵。

不要跟自已說「時間會治癒一切傷口」或「一切都會過去」這種話，因為雖是真理但總有人例外，嘿，也許就是你。你反而應該尋找失落的正面意義，從你讀到的書籍、宗教、心理治療師和朋友那裡得到的想法去體會它。不要找那種只有興趣談失落情緒的諮商師，如你已走了這條路，就會發現那是沒有用的。請找正面的心理治療教練，對於你與去世父母的關係，他會表示敬意，無論失落留給你多少空虛，也尊敬你不顧空虛仍往前邁進的努力。

有時候，你可能會因自己的涉入而被他人的悲傷牽連而癱瘓。如果你的前妻無法忘情，跟你說如果你不覆水重收，她就死給你看。此時請不要先有愧疚感，請先替自己考量，想清楚是否要下更多苦心讓這段感情成功？是否真的可以接受為他人的生命負責？特別是那個人已經不是未成年，不是你轄下的士兵，也不是你正在做開心手術的病人。

有些人很不會拒絕別人，如果你們在一起前你不知道，最好現在立刻搞清楚。你最好探聽一下這是不是她第一次被人拒絕，如果你不知道，請上google搜尋，十秒搞定。

請不要委屈求全給予幫忙，不然你會發現自己正強化需要停止的接觸。請由心理治療師或精神導師那裡尋求建議，因為你有權結束關係，做長期下來痛苦最少的行動。然後不帶一絲內疚及恐懼告訴她你為什麼這樣做，保持一定距離，並希望你的前妻能找到活下去的路。

就因為失落引發長期的不幸，但這並不意謂你或其他人，甚至寵物有力量停止痛苦。有時候，你的行為甚至也可能是問題的一部分，你也許之前看不到，也無力控制它。面對無盡的悲傷，你能做的就是接受事實，尊敬你繼續生活下去而做的一切努力，而不是空等心痛結束。

簡易自我診斷表

無法企及的願望：

- □ 終止心痛、日日悲傷及負面想法。
- □ 能控制你的心。
- □ 有時光機器。
- □ 確定你一定會好起來。

切合實際且可達成的目標：

- □ 不要再做讓心痛持續的行為。
- □ 挑戰絕望的念頭。
- □ 不要未經仔細思考就與心痛糾纏或承擔責任。
- □ 過有意義的生活。

你能做的事：

□ 不要為了逃離心痛而傷害自己。

□ 找尋能對抗絕望的想法、朋友和精神導師。

□ 嘗試治療症狀。

□ 不要把自己的心痛怪在別人頭上，也不要認為自己要為他人的心痛負責。

□ 不論感覺如何，持續做有意義的事。

真心話練習腳本

當傷痛無法治癒，以下是你該說的話：

> 親愛的＿＿＿＿（悲傷的自己／沮喪的朋友／一直受委屈的人）：
>
> 我不知道為什麼我無法克服＿＿＿＿（失去／死亡／離婚／輸掉決賽）的痛苦，但我很驕傲我已停止＿＿＿＿（請填入危害健康、耗費金錢的不良習慣），開始＿＿＿＿（忙碌起來／努力正面思考／一直搜尋寵物收養網站，想養一隻需高度照顧的動物，讓牠霸占我的生活）。我已經準備好接受自己可能永遠也不會覺得＿＿＿＿（請填入「不慘」的形容詞），但這不會改變我的生活態度或重要信念。

忍受敵意

有些人好像越罵越旺，但除了YouTube上各類留言者、職業摔角手和唐納・川普，世上大多數人都不喜歡被人討厭，特別是那個氣到要跟你一刀兩斷的人曾經是你很親近的人。

通常這憎恨不活躍也不暴力，只是更多沉默和被動攻擊。但當是家族成員或社交小圈子裡，某些你在乎的人一直躲著你，你也很難找到內心平靜。要你道歉也好，委屈自己也好，或接受教訓，或親吻戒指等都無力挽回的時候，相信你會更難過。

如果你缺乏自信又懂得反省，會一直想著還有什麼可以做但沒有做的事能提前防範或修補麻煩？你不怕承認自己的錯誤，但不是想不出到底錯在哪，就是不知自己的道歉又錯在哪裡？

這時自信、好口才、道歉都沒有用。就算你是個厲害律師，有本領講到陪審團都哭了，也找不到人讓你的案子成立。你只覺得，你越是大聲抗議，越是讓敵人感到滿足。

當你聽到外面傳著不實謠言，說你做了一些亂七八糟的事，雖然你可以認真提出抗議，但花的時間越多，這件事越被人注意，而且往往無法證明你沒做不好的事。就像第十五屆「敏捷軟體開發」（Agile Software Development）國際研討會的著名結論：「反駁廢話所需要的能量，往往比生產它的能量大。」

你可能會想念那個刻意迴避你的人，心裡總想著化解，或者你變得害怕他們，想躲在安全護欄後面。不管哪一種狀況，日子一天天過去，你永遠不知道什麼時候會遇到他們，然後再次被提醒你化解不了的敵意。

如果你期待事情最終獲得解決，就不會放棄尋找有效解決之道，這樣只會把事情越弄越糟。人生嘛！有時就是有莫名奇妙的敵意針對你，只要接受這事實，你就準備好學習與它抗爭到底，而不會崩潰或覺得自己是輸家，也不會變成川普，學著太愛這種敵意。

以下蛛絲馬跡顯示和解極度不可能：

- 打個電話問問你到底做錯什麼，卻讓你發現對方電話號碼改了（地址也改了，連身分證上的名字都改了）。
- 你試著把一切講清楚，卻變成人身攻擊。
- 買到五週和平的道歉（比上次好了，上次只買到五天）。
- 你說你不想選邊站，卻讓你被拒於門外，而且門還上鎖。

以下是人們許下的願望：

- 聯絡上前好友，確定他們都沒犯錯。
- 找到他們愛的人聽你說。
- 停止這場他們都沒興趣繼續的戰爭獨腳戲。
- 中止被他們愛的人恨的痛苦。

案例分享

我哥不跟我說話，我像失去最好朋友。我不知道他為什麼這麼做，猜想是他老婆的決定，她恨我。我不認為他會不想拿起電話解決問題，就算我不知道要道歉什麼，我們也許再也不會像親密朋友那樣了。我希望他就告訴我到底怎麼回事，但他從不解釋也不接我電話。我希望找到方法回復溝通，我絕對沒有敵意，只希望找回我哥。

* * *

我知道我要和老公離婚，因為他重度藥物成癮，但就算離婚也不會解決麻煩。他每隔一陣子就去報警，說我違反離婚協議，講得好像真有那麼一回事，然後我就得上法院報到。這樣的事一次又一次重來，但他就是不想停止。每次就在我快忘記他時，他就會做些事讓我再次恨他，這和我要的剛好相反。我的目標是不讓他再挑釁我，因為他一直這樣，我就無法繼續我的人生。

* * *

十年來我和幾個親近的大學同學組成讀書會，因為我們都落腳在同個城市。我每次都很期待和大家聚會，不外乎找個藉口喝酒、聊聊八卦、一起大笑。但幾個月前，我根本不知道發生了什麼事，到底是誰犯到誰了，一個讀書會忽然變成兩個恨來恨去的團體，然後我必須選邊站。我不想跟誰打仗，這群女人都是我的朋友，即使她們已經有人不把別人當朋友了，而讀書會不允許有人中立。我希望大家和睦相處，兩邊都是我最親近的朋友，不要搞到中間一組人或兩組人都不理我了。

許多人都知道，如果你察覺別人對你有興趣，就該停下來考慮清楚，看看這位新甜心的感情是不是值得你認真看待。畢竟，有人喜歡你很好，但如果他們喜歡的是你的車、你的屁股、你的銀行帳戶呢？那就不好了。

但很少人會理解，當面對深愛的人，你也必須停下來做同樣的思考，用疑神疑鬼同等級的態度，甚至搞到快要生氣翻臉都不為過。無論眼前這位是否對你熱情如火或掏心掏肺，初步評估都是必要的。

所以在你跳到對別人的惡意做反應前，先以自我標準評估自己的行為。以你的看法，確定是否真的做了什麼錯事，然後再決定是否該受他的怒氣，該做什麼反應，是該送上道歉花束，還是聳聳肩一笑置之。

然後，不管別人說什麼（或不說什麼，如果他們把你打入冷宮是什麼也不會說的），你該知道人在氣頭上時，你做什麼都不應該，也做不到，所以也就不用吵架、改變心意或覺得要平反了。

如果依你的價值觀認為這件事做錯了，請努力彌補；如果你認為你什麼都沒做錯，請與這場搞死你的煩人事和平共處。如果某人片面決定不喜歡你，即使那個人是你的兄弟，你也只能等到他們片面決定不再討厭你再說。也就是說，如果在他們做決定之初，你就對他們的心意沒有直接影響，那就不要期望現在會讓他們回心轉意。

當然，你哥的沉默可能是來自老婆的壓力，但也可能是因為頭撞傷了或星座運勢說的；重要的是你知道他不是自己做的決定也不是你罪有應得，所以請接受他的行為，並想想你是否該讓這段關係保持距離但開放的可能性。如果是，請持續傳簡訊給他，告訴他你們的球隊贏了，看到好笑的信也轉給他，只要不期待他回信，也不提起強烈情緒，也不寄政治笑話，因為那是自找麻煩。

如果不是你哥而是他那個討厭你的老婆在做梗，請小心不要把這件事挑明，也不要表示痛苦、惱怒、憎恨的情緒，這樣也許你哥最終會在某次日常聚會時跟你打招呼。有時一直要等到事過境遷，一些事件和正面情緒才會把你們推回日常交流，但請小心恨意可能隨時回來，就像它想走就走一樣。

還有一種敵人，通常是已經變成有害物質的前任配偶，他們自以為有正當理由懲罰你，渴望讓你知道他們對你的恨意有多深，所以他們知道你在意。與其說他們想要報復你，不如說他們想得到回應。因為他們最近迷上的是你的強烈反應；如果你反擊，就讓他們有藉口火力全開，最後他們就能予取予求。

你想花錢找心理治療師幫忙處理憤怒情緒，或者想和前任配偶敞開心房把事情談開，在你做這些事之前，請先找律師，最好找能把你這隻縮頭烏龜的頭拔出來的律師，讓他幫你認清現實，或幫你申請一紙禁制令。一旦你改變看法，就換掉你的鎖，不再接電話。

請了解在法律上你需要回應什麼質問，如孩子或贍養費的問題，且只在必要時作回應。有基本資訊需要分享時，以簡單有禮的態度，利用電子郵件，也利用禁制令。然後，如果還有剩下的錢，再找諮商師幫你籌畫一套對付前任配偶的說辭，讓你完成基本需求的溝通，也不會因自己情緒上失血，任憑對方予取予求。

如果有一群朋友把你打入冷宮，你的運氣可真不好，有這群關係親密卻糾結的朋友。無論是讀書會還是工作場域，如果你保持中立一定會有大麻煩。沒有人想傷害你，但如果你不是無條件地站在他們那邊，每個人都會把你排除在外（和傷害你）。

這也是發現誰是你真正朋友的時候（就是仍然會和你說話的那些人，因為他們的門檻不高）。任何情況你都需要新朋友，因為除非你住在全天候的成人夏令營，否則這種行為很不ＯＫ。

同樣地，如果你不是造成裂痕的直接原因，任你做什麼也無法挽回。若中立是你唯一選項，就該有所準備，要當瑞士就會讓你孤立無援，宛如仍在戰爭狀態。無論你的損失有多令人難過，這件事告訴你為什麼擺脫高中人際小圈圈往前走是好事。即使這需要一點時間，需要一次就換一批朋友。

當你意識到關係無法修復，別一直想找原因或新法子，這只是折磨自己。只要確定你的心裡清清楚楚，學習帶著斷骨活下去。

無法與已經變成仇敵的人和平共處是一種痛，別期待這種痛苦會結束。如果你能接受被人排擠，等待有人會以對的理由愛你而不因錯的理由恨你，你就可以與自己和平共處。

簡易自我診斷表

無法企及的願望：

- □ 有機會溝通。
- □ 協調後反應良好。
- □ 有方法找回舊感情。
- □ 從被遺棄、排擠或更糟的感覺中平復。

切合實際且可達成的目標：

□ 相信自己的行為舉止。
□ 不要有惡化衝突的行為。
□ 保護自己不受額外傷害。
□ 接受和解，但不求和解。

你能做的事：

□ 用自己的標準評判自己的行為。
□ 明顯沒用的方法就不要再試了。
□ 你必須開始保護自己，請忍受敵意。
□ 停止情緒性化的溝通，如果覺得值得，請敞開大門。
□ 提醒自己，如果自己不該受，被排擠從不是懲罰。
□ 逼自己往前走，也尊敬自己為前進所做的努力。

真心話練習腳本

如果無法躲過被排擠的命運，以下是你該說的話：

親愛的＿＿＿＿（自己／剩下的朋友／排擠我的人（如果他們願意聽我說，不會一直反駁我該說的話））：

我曾試著調解，方法包括＿＿＿＿（嘗試了解／解釋／委屈求全／保持風度／真正當一回事），但顯然沒有奏效。如果我不覺得這件事＿＿＿＿（有錯／有傷害／品味很差），我是不會要自己負起責任，無論它們會造成永久性＿＿＿＿（請填入「深度鴻溝」的同義詞），我會接受這個我無能為力的損失，學習保護自己，＿＿＿＿（不求情／不分享／不作明顯的目光接觸或聲音交流）。面對排擠，我會因保有自尊而尊敬自己。

你可知道——

有（相對）好方法把某人踢出你的生活嗎？

被在乎的人排擠或唾棄總是很痛，其實可以用不戲劇化或不造成傷害的方法把某人踢出你的生活。這就像在醫院開盲腸和在花園棚架下用麥酒瓶割盲腸的差別；痛苦有別，結果相同。

再說，充滿戲劇化的排擠通常卑鄙又惡意，你想把某人趕出生活圈其實有更簡單的方法，如果事情才剛開始且你的理由經過深思熟慮，倒不如找個好法子來做。

好比說，你覺得某個朋友太虛華，或發現她太虛華，且就算你再喜歡她，也無法相信她。假設你夠聰明，了解她改不了，跟她說不但沒用還會造成傷害，唯一的選擇就是盡量給予尊重然後離開。

所以不是策畫一場鬥爭大會（或意外引起爭鬥讓自己氣得跳腳），而是漸漸消失，逐漸變得沒空。你可以說工作真的太忙，不是自己在發牢騷。除非聊天不可避免，請不要以為聊個天也不錯。你的目標是在不引起注意、不造成傷害的情況下，將友誼無痛降級。

如果發生爭執，請說真話但不流於情緒化。你可以告訴她，她是對的。你已經把別的事情看得更重，雖希望盡量能像以前一樣給予這份感情相同的時間，但你做不到，原因不是因為生氣或受傷，而是因為這件事無法避免。

但你自己知道，以目前這種情況，事情變成這樣都是出於自己願意負責的決定。因為讓別人知道你的理由，無疑開啟不可能有結果的討論，只是造成不必要的傷害。也因為就算自己做了有意識的決定，並不代表有誰需要被怪罪，只是你要這樣解決事情，因為你相信這對雙方都是最好的。最後，你的前好友打電話和寄email的次數會越來越少，她可能心懷怨懟，但你沒理由害怕遇到她，或她害怕碰到你。

如果你讓分開變成不是個人因素，你拒絕的是這段友誼，而不是那個朋友。至於把某人排除在你的生活之外，才是最安全、最無菌的技術，可讓傷疤最小。

心平氣和令人愉快，但願你有如此好運體驗過，如果沒有也不要太強求。有好多情況都是虛構、不真實、無法達成的目標，立下這樣的目標只會讓你頭痛，逼你費盡千辛萬苦來安定心理和改善精神。一旦接受你對心平氣和無能為力，就如同對恐懼、壓力和難解感情一樣也逃不掉，你就能更有效率處理它們，也更自豪自己做得有多好。所以不如放棄追求心靈平靜，專注在那仍在運作的小小心思上吧。

F*ck
fuck love

第六章
該死的真愛無敵

愛應該是恨的對立面，也是人生所有問題的終極解答，所以人們自然把愛理想化，宣揚它，並且把人生目標定在找到愛。愛很奇特，能克服一切，耶穌也有這樣的想法，認為應用愛對待你的鄰居就如同對待自己，而這也是你唯一需要的。

事實上，愛與恨並沒有什麼不同，兩者都會激起某種熱情、更熱切需要的感覺，創造出的麻煩比能解決的問題還要多。

當然，愛有讓你非常快樂的潛力。這就像你沉浸在愛中，或者有人回應你的愛，如果你運氣好，愛與性還能結合。只要愛的路遭到阻擋，更多渴望、不悅、憤怒就一股腦兒升起，這就是愛也會讓你心煩意亂的原因。

愛也可以讓你做出一些對自己不好的事情，不是結果注定不好，就是會讓你變成懦夫或笨蛋，或兩者皆是。愛可以讓你忘記自己的價值觀，忽略現實面，不理會個性、壞習慣和你改變不了的情緒問題。愛也因此成為你當個好人或尋求持久感情的終極阻礙。

你必須一次又一次地面對現實，你愛的人並不愛你，或者當內心渴求需要時找不到人愛。在愛情上挫敗總會讓你覺得是個人的失敗，所以如果你是個好人卻找不到愛人，或無法把看對眼的吸引力進一步變成美好的伴侶關係，你大概就該問問雜誌或算命的，甚至問心理醫師，自己到底做錯什麼？

欠缺愛情，十之八九並不是因為你做錯了什麼。人生本就不公平，身邊的世界激起你的強烈需求也同時提供虛假的滿足。如果你對愛人與被愛的態度是小心謹慎又很挑，你大概會發現寂寞空虛占據你人生大半光陰。

另一方面，如果你了解愛是有風險的事業，接受愛情中有痛苦、有挫折，也有無可避免的艱苦課程，你就可以從失敗中學習並重生。如果受傷有正當理由，你毋須感到羞愧，通常這些傷最終會幫你找到合乎個人價值觀且能長長久久的愛情。

請記得，愛的相對不是恨，而是冷漠。如果你很在意找到對的人，而不是某個感覺上好像對的人，你就會真的找到你需要的。

找一個伴

大多數生物會依據兩個因素來擇偶：生育能力和繼承血脈。人類明顯複雜得多，我們搞砸的原因是放了太多氣力在外表和天雷地火的觸動上。

事實上，如果你在找尋好伴侶時這麼看重吸引力，就會因為錯誤理由進行各種約會；如果你又不擅長篩選美色加欲望的衝擊，最後必定浪費太多時間。當然，你會有些火熱約會和豔遇，但也不忘留意尋找美好伴侶的特質。

受到彼此化學作用影響的情侶可能會忽略一項事實：這種感情缺乏夥伴關係所必備的特質，而做出大踩彼此紅線的行為，使夥伴關係維持不下去。吸引力和化學變化也許產生了火熱愛戀和冷戰夫妻，但對提升離婚率也有很大幫助。

如果你在找伴侶，眼光請超越吸引力，想清楚你需要怎樣的人格特質和個性，如果這些特質不存在，要有心理準備不要理會強大的吸引力。無論兩人打得多火熱，人際交流多麼電光亂竄，請記得你已經學到是什麼破壞了感情，無論你有多麼動心。

至於如何變得更有吸引力？如何得到更愛你的人？相信你已經讀過與垃圾掩埋場同等級的雜誌文章，它們也無法增進你那垃圾般的愛情生活。是該採取新策略的時候了！

請確定你到底在尋找什麼，專注於求取的方法，展現你的長處，有效執行，找個不會把你搞到精神耗弱或浪費你時間的伴侶。如果你想要天賜良緣和羅曼史，這個策略不會有用。但如果你想要如天鵝般堅定的伴侶關係，不要以離婚收場，我們就能幫忙。

希望在約會前擁有以下條件，但你並沒有：

- 圖片編輯軟體Photoshop無用武之地的完美身材。
- 進入酒吧，裡頭規定不准男人在公共場所用手機看色情影片，沒有名叫安珀的女人，也沒有皮膚被噴成古銅色的人出入。
- 有信心（短暫的也好）在辣妹開始哭之後，拿到她們的電話號碼。
- 有方法趕跑調情後的羞愧，並轉化成不必要的不安。

以下是人們許下的願望：

- 讓他們展現自我，關係就會變好。
- 找到「對的人」而不是「下個人」。
- 把迷人的人變成會負責的人。
- 找到不想只做朋友的男友或女友。

• 想清楚為什麼兩個互相吸引的人沒辦法成功。

案例分享

不知道為什麼我總沒辦法和人交往。我願意泡夜店，但我的長相普通又害羞，沒有太多男人願意靠近我。就算我願意，也不知道如何打情罵俏，所以對話多半草草結束。我是個聰明女孩，有份熱愛的好工作，很多好友都說我很有內涵，但跟男人交往，找到覺得我很有趣的人，好像不太可能。也許我需要來個造型大改造。我的目標是找個伴，而不是做朋友。

* * *

我朋友都要結婚了，我卻找不到能共度餘生的人。我找得到女孩約會，甚至還交了女朋友，也認真一段時間，但她們都不是我心目中可以一起變老的對象。我從不覺得做個無拘無束的人有什麼問題，但年紀越大，越覺得好像遠遠落後。我的目標是弄清楚為什麼我從來不曾與某人真正契合，又要如何改變自己的命運，找到我真正想娶的對象。

* * *

我和女人處得很好，要碰面約會都沒問題，其中不乏你能想到最酷、最有趣的女人。我們之間有很棒的化學反應，很多歡笑，棒透的性愛，但總是以同樣的方式因了解而分開。她們變得超級敏感，跟我說我並沒有讓她們感到被愛，覺得被我忽略，然後就走入分手／復合的循環，快把我搞瘋。我的目標是弄清楚為什麼我總吸引到不對的女人，也想知道是否會改變。

你可能讀過這句話：走向正確伴侶的第一步是改變自己，可能是你的態度或是你的腰圍。

但如果哪天想起自己，不知自己到底能改變什麼？為什麼注定要孤獨終老？這樣會忽略了自己的人生目標；亦即，你先盤算自己有什麼長處（也就是你知道自己不該改變的事情），然後再想你要從別人那裡得到什麼。

如果你專注於自己想要的，而不是想著如何讓自己被人想要，就更可能找到符合你長久需求的人，也是人生有共同目標的人，他們不會讓你神經緊張，至少不會太緊張。

如果你很害羞又不擅言辭，交朋友對你來說很困難，別人除了把你當沒有聲音的同伴外，也很難把你想成其他。所以，你可能要試一些有效的方法，試著尋找有共同興趣的團體或活動，團體活動能幫助人們了解彼此而不涉入私人問題，也不用一開始就眉來眼去。

如果社團活動不是你的風格，你可以加入交友網站擴展領域。就像找工作需要一封好的求職信，如果必須寫一段關於你能提供什麼的簡單描述，可以找人教你。請不要加入那種只重外在形象的交友網站和app，只靠外表尋找伴侶的人對你來說並沒有多大搞頭。

是的，大多數人可能沒興趣回應，但你要找的人並不是多數人，而是對得上你的頻率並心靈相通的少數人，你不需很會交際，或用一種根本不是你會做的惺惺作態和人相處。網路世界給你機會接觸那些少數人，無論他們在哪裡，也不用浪費時間在被那些愛吃豆腐的玩咖拒絕。你可以找到被你的基本條件、目標、興趣打動的人，然後試著進行對話；他們的條件是適不適合，而不是好不好玩。

經過一番拍拖、海灘漫步和親密交流之後，如果你還是覺得比較想和女人約會（但不想做出承諾），那麼你該找條狗，而不是一生相守的人類誓約。你該反問自己，根據和家人、小孩、室友和好友共處的經驗，你想從伴侶身上得到什麼？請思考互相扶持共度難關的需求、建立家庭及獲得財務保障。

你想找個伴，就把需求統整成某種事求人的求才資訊。然後，若你決定需要終身伴侶，那是因為你已準備好回應需求、給出承諾，也知道什麼樣的人也許適合這個空缺，無論他們是否讓你怦然心動。

如果你對於認識對象和進一步交往都沒有問題，但總是遇到不對的人，請記得愛情是盲目的，你可能交上爛咖，也可能交到好人。只要你把需求描述清楚，學著忽略一開始的電光石火加乾柴烈火，因為你已學到教訓，天雷地火之後就是躲不過的天崩地裂。

把約會對象限縮在美好真誠的可能伴侶人選，而不只是隨隨便便鬧風流韻事的人，然後花更多時間和你最喜歡的對象相處，在一群不錯的伴侶關係候選人中瞄準吸引你的不錯對象，而不是尋找用愛把你電得飄飄然卻帶著糟糕資歷和還沒從過去的感情傷痛中復原的人。浪漫戀情固然有趣，但背景相符和相處融洽才能避免離婚。

不要嘗試改變自己，改變自己的基本特質和本能反應，就貿然尋找對象。你反而應該基於自己找伴的需求，運用自己的經驗塑造一種「找人-面試」的程序，超級厲害的媒人都是這樣做的。

你搜尋的範圍在哪裡，得到的結果就從哪來。如果你只想要短期的歡樂刺激，你找到的就是歡樂刺激。如果你想尋找長期認真的關係，是該為眼前困難的工作做準備，而不是去做造型大改造。

簡易自我診斷表

無法（總是）企及的心願：

□擁有驚人的魅力。

□可以一面唱歌，一面輕鬆找到對的人談戀愛。

□在酒吧、婚禮或朋友介紹就能找到好的對象。

□對最適合你的人來說，你是最有魅力的人。

□交到爛人壞對象時，不會對他們毫無招架之力。

切合實際且可達成的目標：

□為了補償「很挑」的天性，請把網撒得大一些。

□請用商業技巧徵人。

□不要讓魅力凌駕常識。

你能做的事：

□運用特殊技巧和顧問，像獵人頭公司般尋找最難找的人選。

□列出一張必備資格的表單。

- □ 蒐集過往感情、金錢管理和藥物使用的可靠資訊。
- □ 不要違反你的評分系統。
- □ 找到最好的伴，而不是最迷人的伴。

真心話練習腳本

當你一直找不到對的人，以下是你該對某人或自己說的話：

> 親愛的＿＿＿（自己／心中有愛的人會帶我找到夢寐以求的伴侶）：
>
> 我曾嘗試＿＿＿（穿得美美／噴上麝香／頸部減脂），仍無法找到＿＿＿（約會對象／愛的候選人／不是變態的人）。我應該放棄依賴我的＿＿＿（請填入正面特質，你一定有一項，至少可寫「我的十指完好如初」）找伴侶，我該使用現代的找人技術，找到＿＿＿（信用評比良好／感情歷史清楚／犯罪背景調查乾淨）的候選人，邀請其中有興趣和我一起經營伴侶關係的人談談。我不會因為被拒絕就延宕我的尋人計畫，我不會放棄，直到成功為止。

你可知道——自古紅顏多薄命？

從超速被開單到升職無望，我們的生活中有很多關卡，只要遇上了，我們幾乎很篤定認為，比我們漂亮的人不會遇上這些事。想做萬人迷的需求遠遠超過想被大家肉搜，長得好看的人做什麼都沒關係，找對象更不在話下。而對長得不美的人來說，帥哥辣妹已經贏了。

當然問題在於人們渴求美麗就像咕嚕渴望魔戒，所以若你剛好人長得美，這世界看你的眼光就沒把你當「人」，而比較像「心肝寶貝」，你可能會覺得不舒服也不開心吧。

長得太迷人應該不是詛咒而是祝福，但並不表示你可以找到最好的另一半。如果有的話，意思也是相反。帥哥美女成為閃亮的目標，漂亮的外表卻多吸引到咕嚕一流，也就是個性衝動、價值觀搖擺不定的人，他們只想讓大家看到他和美人在一起（或跟美人上床）。

這一定很難受，但請別讓咕嚕們接近你，同時尋找真正想了解你而不是只想抓住你的人。也許你的追求者平常約會的對象，在作風、目標、價值觀上都與你截然不同。但你的魅力暫時說服了他們，讓他們比較想要你。美貌會引起興趣、注意和行動——但惡緣的禍因也是美麗，包括盲目。

如果你真的很不幸，同時很迷人又對他人的需求很敏感，你會同情他們的渴望及受挫感——最後你真的會只想孤單一人。

長得美也許能逃掉停車費或工作運比較好，但這些帥哥美女也要培養出無視別人對他們垂涎三尺的能力，讓自己變堅強、會選擇，在那些來談話或交往的對象中知道該淘汰誰。所以請不要以為人長得美就有美好人生，因為美好人生並不包括吸引一堆爛桃花。

做出承諾

雙方基於偉大的愛，很多婚禮都希望辦得公開盛大又浪漫，展現永恆的誓約，但往往貴得離譜。愛越偉大，婚禮越奢華，樂隊奏得越大聲，甜點桌上的巧克力噴泉就越高。

這種邏輯的問題出在，它讓承諾不只是兩人互相愛戀的結果；真正承諾的對象不再是對一個人，而是一個原因，變成革命，可以挽救鯨魚，也可挽救婚姻。若要承諾行得通，需要立約雙方團結在決心之下，為共同願景而努力，當然也為了相遇相守的愛。

如果你認為承諾只靠愛就能做到，那你就不知道在愛之外，要替自己或他人尋找什麼。也許承諾一雙鞋子或披薩上面要放什麼配料，愛是主要關鍵，但對另一個人承諾，愛就不是關鍵。伴侶關係要不是搞砸分手，不然就是更糟的情況，彼此成了怨偶，甚至離婚收場。

事實上，不是每個人都適合做承諾。有些個性很好的人喜歡獨立，不喜歡與他人一起決定生活大小事，不想要也不需要承諾帶來的安全感或家庭生活。比起女人，有更多男性屬於這一類，以致在這場大風吹的遊戲中，明明知道沒有足夠願意承諾的男人可以分給大家，還讓女人坐在討厭的位置上，期待能遇到願意承諾的可能男伴。

然後還有一群人，無論你多愛他們，如果你對他們做出承諾，就會拖你下水，因為他們無法管理自己的生活。他們會給身邊的人引來一大堆危險和麻煩，當然這也讓他們更性感，更容易找到不斷努力維繫感情的冤大頭。他們或許會想做承諾，但你也不需要水晶球就能預測和他們在一起的伴侶關係會如何。

無論如何，請不要說服自己或另一半，承諾是該做的事，除非你已仔細想過兩人發生過的所有事，確定你的價值觀和目標，仍然認為承諾對兩人來說都是個好主意。如果這無法說服另一半採取下個步驟，你知道你已做了最大努力，但他也許不把你當成最想結婚的人。但如果你們都願意對共同未來做出承諾且努力促成這件事。那就可以花下大把鈔票買戒指，準備求婚去吧！

以下是你希望能找到將愛轉變為承諾但做不到的事：

- 找到方法改變你對家庭和承諾的感覺，讓它從「嗯⋯」變成「給我吧！」。
- 替你的愛人購買各品牌的啤酒，它們都很好喝，還可以讓喝酒的人變成負責任的大人。
- 知道寫出真正《愛之書》的作者大名（也要知道他／她的地址，這樣就可以請某人把他／她帶走）。

以下是承諾者許下的願望：

- 兩人的關係進展到下一步。
- 不計代價找到避免分手再重新開始的方法。
- 讓愛人看到承諾之後的人生很棒。
- 讓愛人戒除壞習慣，並願意定下來。

案例分享

我和男友已同居兩年，但當我一提到結婚，他就說他還沒準備好，不然就是覺得沒必要。我們處得很好，我也相信他愛我，但他說現在這樣就算結婚了，為什麼要用新頭銜破壞現在彼此擁有的。此外，他說他現在還不想當爸，可能未來也不想。但我真的很想成家，我認為當他看到我們相處得很愉快，也知道跟我在一起很輕鬆，他會回心轉意的。我的目標是讓他願意承諾結婚，共創我們可以擁有的愉快生活。

* * *

我愛我男友，但我不知道我是否想安定下來或想要孩子，甚至不知道是否想一輩子住在這個鎮上。但他想要結婚，我覺得我才二十八歲，還希望看看這世界，有更多體驗，一輩子至少要住在其他國家一次。我和他從小就認識，五年前開始約會，三年前開始同居，一切都很好，進展順利。但不知什麼原因，對於最後一步我就是舉棋不定，要一輩子像這樣定下來，令我神經緊張。我的目標是調整男友帶給我的壓力。

* * *

我和另一半在一起很久了，我們上次計算就已經超過十年，但我們都不太理會世俗規範，也不想共組家庭，覺得保持現狀就好，也知道不會離開彼此。但我們的家人還有愛管閒事的外人並不這樣想，他們覺得既然我和男友都不想管世俗禮教，就只好由他們出手把我們的事喬一喬；其實不然。我爸媽和他父母一直不斷給我們施壓，要我們做「對的事」，後面還加一句「在我們死前！」，嘮叨個沒完。我希望那些人接受我們兩人世界過得很好這個事實。

承諾往往被看成一種精神上帶有軍事風格的障礙訓練，如果你能克服焦慮的牆，從電光閃閃的個人包袱泥沼中存活，跳過信心冰湖，你就準備好為愛奉獻，被愛永遠束縛。

但話又說回來，如果你或你的伴侶對承諾真的有保留，有些事讓他們遲疑不願承諾，那就會像軍事行動一樣，你可能會殺氣騰騰地衝向另一個無止盡的衝突。

如果對方沒做承諾，很可能真的有不能承諾的好理由，你要做的就是接受它，因為贏得戰爭的最好辦法就是不要戰爭。

如果你愛上一個人，卻不能讓他做承諾，請重新評估他迴避承諾的原因是他不喜歡承諾，還是他根本無力承諾。有些人退縮是因為他們心不定，受不了被束縛的想法；也有人根本不想要那種生活或另一半渴望的家。也有一些人喜歡享樂，不喜歡工作，不想為他人的夢想犧牲，甚至連他們的母親都會挖苦他們是「人生勝利組」。

如果對方不做承諾，你的工作就是整理出可能不合格的地方。盡可能根據過去對方曾答應過的事收集蛛絲馬跡；除非是你的另一半太年輕，否則你都該設法找出承諾過的陳年往事。如果這些陳年往事都沒有揭露這個人的問題，或是你覺得出問題的地方已經控制得比以前好了，就可以避免重蹈覆轍，持續走下去。

不要讓愛情、取悅人的想法及想證明自己的衝動，阻礙你去做詳細、務實、盡責的評估。評估的內容包括婚姻關係是否是你想要的，可能的另一半是否忠誠可靠，以及其必備條件和人生價值觀。如果你必須用勸導、誘騙或逼迫的手段才能讓某人做出承諾，那你們兩個就是和悲慘世界做承諾了。

如果要不要做承諾的糾結情緒在你身上，是你女友給你壓力要你做決定，請不要老是想著她的渴望及你的感覺。你反而應該問問**自己**想要什麼，你的人生目標（除了取悅她之外）會不會因為婚姻關係而更有進展？認真考慮你是否想要一個家？是否想要資產共有及終其一生的伴侶關係？然後再決定你的目標是否能配合另一半的目標。

請想想你過去遇到這種有承諾可能的時候都是如何處理的；無論你是迴避，還是遇到註定要落空的機會，或明明有好的進展卻轉頭跑掉。請盡可能對自己的負面行為務實些，那些行為可能正干擾伴侶關係，也不要自以為你可以改，除非你決定放手一搏並取得一定進展。

如果你認為婚姻關係不適合你，你當然會眼睜睜看著親密關係失去，但長痛不如短痛，與其立下自己無法遵守的誓約，現在結束的傷害較小。不要指責自己或你的愛人，請尊重不是每個人都適合婚姻關係的事實。

如果你和另一半都喜歡非永久性的伴侶關係，是其他人盯著你，說結婚才是正常人該有的歸屬。若是如此，事情就容易多了。要想把這種無盡的囉嗦好好處理，就先問問自己在這段愛情關係裡有沒有什麼不對勁的地方，這些是可以藉著成家、共有財產和法律允許留下來做修補的。

如果現在或某一天你們其中一人死了，請檢查現在的狀態是否會讓其中一人或依靠你的人居於弱勢。檢視在最糟糕的情況下，是否這種不做承諾的狀態會造成傷害。

一旦你仔細檢視了不做承諾的道德面和實際面，也不覺得有什麼不妥，就不要和那些逼你結婚的親友再討論或爭辯了。你已經考慮過他們擔心的事，想過可能會發生的壞事，也做了你認為該做的正事。事情釐清後心裡就自在多了，也無須再進一步討論這個話題。

與其把承諾當成一場戰鬥，不如把它想成一份事業。用雙方都重視的價值觀，以大家都認可的實踐方式，依靠兩人共守的紀律與真誠的品質，讓雙方生活得更好。在一起面對生活的種種磨難後，如果這些條件都還在，兩人勢必仍能互相交談，彼此關心，彼此相愛。

同時，不要把追求伴侶關係當成一場愛的試驗，而要將它變成對你的智慧和經驗的考驗，儘管你可能會有愛意、欲念或快瘋了的感覺。請堅持必要的基本原則及你認為當個好伴侶的條件，做為基礎訓練的感覺就會消失不見。

簡易自我診斷表

無法企及的心願：

□只要有愛，就能長相守。
□非常確定只要克服恐懼並勇敢嘗試，一切都沒問題。
□愛的力量如此強大，可以改變個性問題、性格差異，也許連天氣都能改變。
□家庭對非世俗的感情、生活型態、髮型等等，永遠是開放的。

切合實際且可達成的目標：

□ 就算相愛，也要客觀評估，確定你的愛人是否適合伴侶關係，或伴侶關係是否適合你。
□ 變得很擅長用非伴侶關係的本質迴避戀愛關係。
□ 不要覺得像個失敗者，因為找到好伴侶很難，也很花工夫。

你能做的事：

□ 評估自己，確定伴侶關係是否真的是你想要的，或只是你希望你想要的。
□ 列出候選人應該具備的資格，以成就你值得的伴侶關係。
□ 描述另一半在這個工作上要負的責任和該做的事。
□ 為好對象安定下來。

真心話練習腳本

當你要做承諾時，以下是你該說的話：

> 親愛的＿＿＿＿（自己／愛我但不知是否願意給承諾的人／我一心想改造成溫拿的魯蛇）：
> 毫無疑問，我們的愛是＿＿＿＿（真的／很堅強／情史上最好的一段），現在是該好好想想婚姻關係是否適合我，你是否會是上好的＿＿＿＿（請插入「呿⋯」的同義詞）。我在想自

己是否想要______（小孩／在這個城市定下來／在鄉間生活／共用廁所和廚房／幫你一起揹助學貸款），也想確定和你成為伴侶對自己是______（好／不好）。請好好考慮我們的承諾，也好好想想你有多喜歡我的______（臉／屁股／大笑／影音娛樂室），然後答覆我。

承諾的是非題測驗

對	錯
只能開著小車一起去旅行，沒有預算，沒有空調，也無法關掉AM頻道的宗教節目。	來趟奢華度假，到一個你只要張嘴吞食物的地方（別人會幫你嚼，然後幫你擦嘴）。
當另一半照顧生病父母時，要支持他／她。	在表哥婚禮上和另一半的父母見過一次面，那時你正隨著Shout[36]歌曲在大跳特跳。
一起食物中毒，身上所有洞都會洩出東西。	一起上網點外送食物，但要你的另一半按「確認送出」。
當另一半失業，或想從事需全心投入的新事業時，請與她商量並給予支持。	和同事越混越熟，因為你們又困在一起一整天，氣氛明顯就像為安妮．法蘭克[37]的愛情生活創造奇蹟。
決定結婚，因為你們期待一起開始新生活，而不是辦婚禮。	堅持要舉行婚禮，因為你一定要在婊子柯妮和跟她生下私生子的前夢中情人面前步上結婚禮堂。

為愛改變

對有些人來說，特別是女人，尤其是那些看了太多Lifetime頻道電影的女人，更具體地說，是那些不但看了Lifetime，所作所為最後也可以成為一集Lifetime節目主題的女人，她們的終極幻想是找到未經雕琢的鑽石，用愛和奉獻將他拋光。

找個你愛的人，改變他，培養他，就像「美女與野獸」那樣，這是雙倍的愛，是在對受傷歹徒懷抱浪漫情愫的自然喜悅上，加了一層救贖的狂喜。它讓你感受到一股力量，確認自己的美德與眾不同，也讓這種特殊情感關係除了吸引那些偶像劇、婆媽劇看太多的女人外，對某些牧師或治療師也特別有吸引力。在這樣的背景下，性除了提供肉體的歡愉，也具有療癒的功能。

不幸的是，隨著時間過去，你越是依照所需每日栽培他們，越是倚賴另一半的脆弱無能來讓自己保持善良、負責和冷靜，保護自己不受傷害、羞辱和被甩。就憑你的愛想讓受傷的人身心健全行為良善，就像期待熊經過訓練可以兩腳打直站立。最後，音樂結束，馬戲團的觀眾散了，受過訓練的熊仍然是熊，問題百出的愛人仍然問題百出。

如果你愛照顧人（護士和社工等專業人士多屬這一類），喜歡把「讓人變好」當成衡量成功的依據。但如果你降低界線，變得過分依附，或者當被照顧者的改變無法持久，你的失望很可能生出憤怒，那可是

36 譯註：Shout 是黑人藍調樂團艾斯禮兄弟一九五九年的歌，熱鬧的節奏成為婚禮的必備舞曲。
37 譯註：安妮．法蘭克（Anne Frank）是二戰被迫害的猶太人，在密室中寫下《安妮日記》。

在抱小孩時不被接受的感覺。

再說，如果你希望某人改變的動機是因為他愛你，一旦他沒改變，也就是說他不夠愛你。這麼一來你就不只是失望而已，你被侮辱了，只能想著這個你愛的人會否因為他更愛的人或對他更好的人而永久改變。事實上，唯一有能力促使這樣改變的人只有巫師或驅魔師。

所以即便愛情可能很誘人，也不要把它當成改錯或贖罪的工具，更不要把將壞胚子變成夢中情人的能力，當成評估愛情是否給力的標準。問問你自己是否能接受他現在的樣子，如果可以，請繼續愛他。接下來要恭喜你，你的故事不會變成婆媽劇出現在全國聯播網。又，如果你需要可長長久久的平靜感情，這才是你該做的。

以下是你希望你愛的人可以做到（但做不到）的改變：

- 請人幫他們戒毒、戒酒、戒偷吃。
- 幫助那個從未跟人訴說分享感受，卻把你當社工一樣吐露心聲的人。
- 告訴有強迫症的爛好人，為什麼說不很重要。
- 要那人不要愛你太多或愛得不夠。

以下是人們許下的願望：

- 讓那個人不再破壞感情、身體健康或工作。
- 讓那個人知道他將有多大成就，只要更積極、更有紀律、更有野心。

- 阻止那個人成為強迫性的給予者。
- 改變那個人的性愛感受。

案例分享

我和男友從高中就開始約會，他那時就惹上麻煩被警察盯上，也一直使用毒品。是我幫他走到能照料自己，認真工作。現在我們住在一起，他也固定會去工作，但他完全沒有企圖心，有時當他畏縮徬徨的時候，還是會用毒品。他愛我，說如果不是我救他，他現在一定在街上流浪。但我覺得他沒有嚴肅看待吸毒這事，也不覺得他想得到幫助，或是在工作上更認真一點，起碼要比別人給他工作時他臭屁的樣子更好。我對於不斷給他壓力、損害他的自尊感到愧疚。但我不知道這樣下去我們要怎麼養孩子，除非他能更負責。我的目標是讓他了解，他為什麼需要清醒和認真賺錢。

* * *

我先生很愛他第一次婚姻生的兒子，我很欣賞這點，因為這顯示他有多善良，多願意照顧人。但有件事我在嫁給他前並不了解，他不懂得如何說「不」。不管他九歲兒子想要什麼，或只是前妻透露這孩子需要全新運動器材，我丈夫都會不顧一切滿足他。通常他根本負擔不起時間或金錢，所以間接也影響到我的預算和我們一起相處的時間。我的目標是讓他知道，他對他兒子和前妻有求必應的態度，已經影響了我們的婚姻和兒子。

我老婆從我們交往時就是我最好的朋友和夢中情人，我們的感情好到朋友都羨慕。可是她在生完孩子後，得了非常嚴重的產後憂鬱症，暴肥增加三十磅，現在她的時間都花在指揮我該做什麼，因為她對每件事都很焦慮。這不是我要的結果。目前她在看心理治療師，所以別跟我說她需要醫療協助。我的目標是找回我之前深愛的女人。

* * *

愛只能改變我們的行為，卻不能改變我們自己。愛可以讓我們盲目、瘋狂、快樂及非常依戀，但愛無法改變我們的性格、外表或自我意識。

如果你承認愛有局限，你並沒有小看愛情，你只是面對現實，承認個性和感情上有些事是超越人的改變力量。所以你才要小心，當你有選擇的時候，你只要愛你準備好接受的？還是只接受健康的？

愛的強度可以讓人產生某種真實感，這種真實感會賦予感情和生命本身某種特殊的意義。然而事實上，這份濃烈的愛會把我們綁在這段感情上，而它傷害、貶低也耗盡我們看重的承諾。當愛情肩負救援任務，這就會是重要課題。

如果你的愛開始於一個不那麼自私的想法，想把對方從他自己手裡救出來，你可能會忽視良好伴侶關係所需要的其他素質，而只關心你的伴侶別酗酒、自殺或做出其他毀滅行為。當救贖的快感過去，你可能會對他無能往上爬也無法分享你的興趣感到失望。當然，那些都不是你原來想要或最初期待的，因為你更在乎的是他的人生是否完整，而不是一起共度人生。

請不要只因為內疚或責任而死守承諾，維持幫他建立的安定狀態好像已成為你的責任。你反而該重視發掘自己的需要，問問自己，若期待另一半做到你要的，是否合乎現實。如果無法期待，就該告訴自己，你費了好大工夫讓他踏上正途，已經做得夠多了，但遲早他必須忍受不可再犯的失落，而且，時候已經到了。

這段關係若結束，不要怪他也別怪自己，尊重你們共同成就的一些事。就算兩人各自踏上下一步，也要接受這無可避免的失落，汲取教訓，下次做出不同選擇。

有時候有些事非得要等到住在一起後才會了解，那些你欣賞他的慷慨與照顧人的特質，也可能是隱隱作痛的麻煩。如果他無限制供應他的母親、前妻和前段婚姻生的孩子、奇怪的鄰居，甚至是你們的孩子，他讓他們予取予求，你一定覺得孤單和惱怒，甚至還會因為憎恨這個明顯的優點而感到內疚。你表現得越不滿，就越可能逼他給對方更多，畢竟他們並不指望從他那裡得到什麼，且總是心存感謝。

與其讓他覺得你不喜歡被放在最後，所以才攻擊他想要被感激的需求，不如請他優先考慮他做過的承諾，分配他的時間和金錢。在他面對現實想清楚別人對他的要求後，再想清楚他準備花多少時間與你共度。

限制他的資源運用，難免會令他重視的人失望。但接受這個事實，他可以獲得另一種技能，改用他覺得有價值的東西送人，而不是一聽到哪個人最需要或最喜歡什麼東西，就做出反應。

但如果他不能為你們這段伴侶關係留下足以支用的開銷，好讓這段關係有實質意義，那你也應該脫身了。如果發生這種情況，請了解你已經盡力，不要讓憤怒左右你的決定。請學到教訓，永遠不要和有好好先生強迫症和不會說不的人約會，除非他承認他的問題，並努力控制它。否則請接受事實，與無法拒絕別人的人談感情，才是你必須要對自己說NO的事。

即使找到和你全然契合的伴侶，人生保留作弄人的權利，用年老、疾病、傷痛攪亂這一場百年好合。你也許衷心盼望自己能改善傷害伴侶關係的事，但這段關係已部分失去原貌。你知道改善是有可能的，你曾答應接受你的伴侶，無論他發生什麼事，但你無法控制無常是會如何毀滅一個人，就像老年癡呆症、中風或吸毒。你也無從預料當無常來臨時，你會有什麼反應。

當然要努力找回你曾擁有的，但如果失敗，請依循你的價值觀，找到最能契合的妥協。你的目標已不是追求快樂，而是做對的事且忍受必然的不快樂。但首先你必須評估在一起的成本效益，包括對另一半及家庭的衝擊。忍受額外增加幾磅重是值得的，忍受改變性格或危險行為也許就無能為力。

只有在你不需費力保護，或認為互相接受是理所當然的時候，愛情才是美好的，但這樣的愛只會保留給小說、寵物和無生命的物體。在現實感情裡——涉及工作、孩子、疲倦和其他人——更大的成就是對你無法接受或改變的事微笑以對，閉上嘴巴，並為了更好的理由而決定忍受。

簡易自我診斷表

無法企及的願望：

□ 賦予那人更多力量（他不知道為什麼需要力量，除了取悅你）。

□ 讓愛享樂（包括被你愛的感覺）的那人守紀律。
□ 讓素行不良的那人改過向善。
□ 讓只對你的情緒表示振奮和反應的那人知道激勵自己。

切合實際且可達成的目標：

□ 花更多時間，增加選項，直到找到你認為必要的特質。
□ 用整形手術和染髮改變人，而不是用愛。
□ 期待某人的改變是為他們自己而不是為你，且看到成果。
□ 接受某人真正的樣子，但不一定要跟他們生活在一起。

你能做的事：

□ 不要混淆愛與救贖。
□ 知道在這場美好的愛情中你要什麼，也確定這是你的伴侶原本就能提供的特質。
□ 永遠展現你希望朝好的方向改變的需求，而不是失望。
□ 如果無法改變，知道在怪罪抱怨之外，你該做什麼。

真心話練習腳本

當需要出現浪漫的改變卻不太可能發生時，你該說的話：

親愛的＿＿＿＿（不滿意但無法抗拒的朋友或其他更重要的人）
我永遠都不懂為什麼你無法小小改變一下你的＿＿＿＿（個性／物質習慣／感情／褲子尺寸），好讓我們停止＿＿＿＿（爭吵／分居／一起出門卻不知要去哪裡），但我知道你愛我，但再多的＿＿＿＿（溝通、裸體或其他同意詞）都改變不了這些事。我會接受這樣的你，也不會逼你改變。我們的感情會因為＿＿＿＿（婚姻／偶爾碰面／偶爾飛鴿傳書）而繼續。

享受健康的性

性帶給我們歡愉，尤其是當我們找到在性事上契合又能激起化學作用的伴侶，很難不讓人把美好的性當成理所當然的人生目標。

只要想到性無所不在（至少在美國是如此），就很難不把性看得如此重要；如果在電視黃金時段的速食廣告上都可看到近乎全裸的畫面，那在自己家裡絕對可以性趣盎然地脫個精光。

許多心理治療師都認為接受你對性的感覺，對心理健康很重要，也主張既然現在的避孕方法已經可以防止意外懷孕與疾病，所以只要是成人間自願的性歡愉就沒什麼不對。他們認為，如果小頭不高興，大頭就有的苦好受。

不幸的是，很多事情只要和性扯在一起就會出錯，或至少可能會出錯，而且這件事一開始就不太好控制。就像愚蠢青少年犯愚蠢的錯，放個電、愛現耍帥、化學反應說來就來，有時候根本不想要卻做了，而且狀況通常很尷尬又讓人後悔。

請記住，不管你喜歡不喜歡，性的影響力超越性別和道德。性偏好有因誤解而被汙名化的，例如同性戀；也有名正言順誣衊的，例如戀童癖。對性的偏好可把你放在社會的邊緣（或道德無法評估的位置）。強烈的性衝動是不帶感情的，性欲強到只把人當物體看，其實就與速食無異。強烈的性欲會掃去你對傷害的所有考量，那些傷害是在對方同意或也有相同強烈欲望時都可能造成的。即使你想要，受到吸引，或找到很多願意配合的伴，勾著你不放的也只是超強毒品般的快樂，只會帶來不斷的分手、背叛，根本無法維持長久關係。你也許會被人羨慕，但你真的搞砸了，而且不是以你所想的方式。

如果你精蟲上腦卻沒什麼魅力，總是被玩弄挑逗後再遭到拒絕，你會感覺像個永遠的失敗者，不是覺得自己有缺陷，就是嫉妒那些得到的人。然後對那些以貌取人而拒絕你的人生氣，對那些在你受挫時還打你臉羞辱你的人生氣，但生氣只會讓你看起來比其他長相還醜。

就算有人很幸運，找到很合拍的性伴侶，也有穩定的關係，但性欲強度隨著年紀、賀爾蒙或壓力而起伏，一定會有遇到問題的時候。當然，也不會兩方同時都出現問題，但這就是考驗了。美好婚姻的試煉不在性是否相合，而是在性事不合的那天來臨時，你該怎麼辦？

所以，性就是罪的一個主要原因，如果我們的罪意謂道德妥協、自私和失信，而不只是千年流傳下來的社會習俗的濫用。但要你帶著強烈需求，還表現得像個好人，特別是這需求直接牽涉到其他人，這也太難了。性欲需要萬般管束，這可不只是自慰的禮貌說法。

如果你在性方面遭遇挫折，不要牽拖說因為你的性格生病；你也許是少有性機會的好人。同樣的，如果你很滿意性事，也不要以為你做到了，那可能是你在該做的之外做了更多妥協，或只是你們已形成某種行不通的關係。

如果你想尋找欲仙欲死的性，那就像在錯的地方做錯的事；「欲仙欲死」就像用性來賣漢堡一樣，是荒謬的想法。

在堅持價值觀的同時，與其盡你所求地滿足性，若當性無法被滿足，請記得還有比性更重要的事，就是你的自尊。正因為性太美好，無處不在，但並不代表它就是一切。

為了追求快樂的性愛，以下是性治療師應該給你卻沒法辦到的工具：

- 一個眼神。不管你在伴侶忽略你、批評你、不尊重你的氣氛下悶了多久，只要用一個眼神，就能讓雙方有感覺，互相微笑，蠢蠢欲動。
- 刺激對方達到高潮的關鍵。它是多年來研究病人及探索馬雅古文明的祕密一點一滴收集來的，可讓你無論疲勞、緊張、身體殘疾，都可以達陣成功。
- 特殊的白內障。讓你和伴侶不會看到皺紋、肥肉，或那些看起來像癌症的黑斑。
- 全世界無限制永不間斷的兒童托育。

以下是人們許下的願望：

- 弄清楚他們或另一半的神奇魔力去哪兒，並把它找回來。

• 不再企求某種性快感，那對他們不好，也不要想自己為何想要。
• 弄清楚他們或伴侶做了什麼而毀了魔力，讓魔力消失不再。
• 在他們另謀他途以前，讓另一半了解他們想要獲得性滿足。

案例分享

在結婚十五年又有了三個孩子之後，我的性欲一落千丈。雖然我老公年紀比我大一點，工作壓力也比我大，但他的欲望仍像高中足球校隊，這樣的落差就成了問題。他努力同情我的需求（或缺乏需求），但我知道他很沮喪，我也很內疚，因為我無法滿足他，也沒辦法讓他覺得充滿魅力和被需要。但歸根結柢的問題是，我沒感覺了，不管對他或別人，就是這樣。我的目標是讓自己有點性致或讓我老公性趣缺缺。

* * *

我不喜歡現在的狀況，我對我要嫁的男人沒什麼感覺，心裡還向著我的前男友，但他是個混蛋，我們的關係就是火車相撞自找死路，但我就是愛和他上床。我的未婚夫人很好，我真的很尊敬他，但他不是那麼有魅力，床上功夫也只是普通。我思索著是否該嫁給我沒那麼著迷的人，也不知對他是否公平。我的目標是讓自己更向著我的未婚夫，或對自己選擇的伴侶更加確定。

* * *

我是個好人，自己照顧自己，努力讓自己看來體面，對女孩很有禮貌，也努力討她們歡心。但不管在學校或社團，我都沒法讓我遇到的女孩給我好日子過，讓我快氣瘋了。因為他們總是和爛咖回家，只因為我不是高富帥，我真的很想搖醒這群婊子，問問她們到底在搞什麼鬼，寧願和爛男人上床，也不找我這種好男人。我希望那些女的都能看出我的好，起碼好到可以和她們睡覺。

性這件事就像睡覺拉屎一樣被看成人生的自然功能，人們總以為如果無法受歡迎或吸引對象，一定是他們出了什麼問題。如果可以找到對的化妝品、流行教主、碳水化合物為基礎的飲食，讓他們覺得自己美美的，信心就會高漲，最後一定會大受歡迎。

當然，性不像其他自然功能一樣會自然來（睡覺拉屎對大家來說來得相對容易，如果不然，至少還有通便優格或安眠藥史蒂諾斯可以幫忙）。

現實生活裡，很多人就算送去整形大改造都沒有用，變成正妹型男的機會很渺茫，想做愛的感覺和想做愛的機會不對等，也不用太過期待他們會有豔遇，更別提愉悅的性愛經驗或保持長久的性愛關係。但這些都不是注定的，只是當你把人生目標建立在對美好性生活的期待上時，這只會把得不到的挫折轉變成個人的失敗。

婚姻長久下來，其中一方的性欲漸漸褪到比配偶低，這種事不是不常見，治療也不一定有效，但做個檢查確定是否有醫得好的身體疾病總是值得的，說不定是甲狀腺功能低下，性功能治療可以幫你克服性壓抑和表現不好的挫折感。即使這些都做過後，性欲水平的基本差異仍可能存在。

身心經過適當的健康檢查後，結果還是如此，不要太努力去尋找更進一步的解釋或解決方案，這樣只會加深失敗與挫折感，請接受有些事變了就是變了，也不一定有答案。

這並不是說你對彼此的感情不再真誠或重要，也不是說你們的關係變淡了。就只是你們在性需求上需要真心誠意商量一下，然後決定做最好的事。它可能不會像以前一樣棒了，但如果夫妻恩愛岌岌可危，倒不如躺下來想想英格蘭吧[38]！這似乎是值得的犧牲。

討論性事可當成彼此維持關係的正面力量，即使其中一方明顯比另一方更有性趣，就協議出一個大家都同意的做愛好處，除非太痛苦。如果你真的沒性趣，就把做愛當成送禮吧！如果你感覺來了，也想念讓另一半性致勃勃的感覺，那就為你送出去的禮物感到自豪吧。

這種情況並非不常見：對你壞的，你對他有強烈欲望；對你好的，你對他的感覺只是普通。但很顯然，如果你把性需求看得比一個人的個性、實力、可靠度還重要，你就是在自找麻煩（也許找的是高潮啦！但主要還是麻煩）。

是的，也許你會愧疚，腦袋裡渴望熾熱性愛又覺得愧疚的聲音一直指責你，因為你的心裡覺得你的好男人不像那個壞男人一樣狂野。請記得決定配偶條件的人是你，但某種程度的吸引力也是必要的。

不要拿你的未婚夫和性感王比，要比也是用**自己**需要的條件來衡量，然後做對你最好的事，因為那是你的工作。和性感王在一起的問題，是他們很少既能做猛男又可以當暖男，甚至有時候他們連正派的

38 譯註：Lie back and thinking of England，英國愛德華七世在位時期傳下的諺語，當地女人要出嫁前，母親會請她舒服躺坐著，聽她傳授性知識。

人類都做不到。如果你選了紳士而不是人渣，請恭喜你自己，即使你犧牲了某種程度的性歡愉。

有時候，性挫折和性滿足一樣危險，特別是那些把性當成獵豔的男人而言，此時女人掌握了激起欲望又拒絕給予滿足的權力。但現實上，女人不會回應你的男性雄風，也不會理你的挫折。所以在一路顛簸的求愛路上，把她們當成要對你的性挫折負責，還欠你滿足感，你只會把自己變成性愛暴走族而已。

就像本節開頭說的，人不是物體，女人也不是食物；你也許看著她們口水流滿地，但她們沒必要自己報名送上門當你的大餐。事實上，她們可以，但得讓她們自己決定，而且她們真的不欠你。若要進一步闡明「性即速食」的隱喻，那就是她們不是漢堡王，不是你想要就可以得到。

在這種情況下，你的目標不是讓自己變成性別歧視者或生氣，就別再想上床這事了，因為你的態度不會因此變好很久，更不會增加你和異性交往的機會。你的目標是接受做愛的機會不是別人欠你的，而是運氣。碰巧而已，就像天氣。

不幸的是，有時你的運氣不好，欲火難耐。這種情形就要找心理治療師或心理教練，他們可幫你控制負面情緒，在尊重自己的情況下獲得性愛。

無論你對自己的性生活是否感到快樂，性欲和想被人愛的需求引發無數道德困境，更可能命中注定愛不對人。什麼才是你真正能控制的？什麼又是你相信對自己好的？在你沒搞清楚前，請不要把滿足性需求放到優先地位。

然後，當你跟人上了床，隔天早上你才會對自己和你的選擇感到自在（因為你完全正常，而且一夜好眠）。

簡易自我診斷表

無法企及的願望：

- ☐ 確實很棒、互惠、滿意、天搖地動等等。
- ☐ 擁有總是對他們好也對你好的安全知識。
- ☐ 持續回應你無法指望的野性呼喚。

切合實際且可達成的目標：

- ☐ 知道這會傷人甚至傷害自己時，擁有拒絕做愛的能力。
- ☐ 腦袋裡除了性還是性時，能記取過去教訓，事先想清楚。
- ☐ 吸引力和性愛成功並沒有什麼了不起的價值。
- ☐ 不要被性事表現不好所影響，或產生挫折感。

你能做的事：

- ☐ 學著找到真正的弱點（你的和／或她的），這些才是在性開放後最容易受傷的地方。
- ☐ 如果會危害心臟，請避免性事。
- ☐ 從過去戀愛與性經驗中汲取教訓，列出自己覺得重要的要求，告訴可能成為伴侶的人不要踩到你的紅線。

□ 臣服在性感評級前，請先確定伴侶的品格有十分基本分。

□ 在跳進床、婚姻、惡夢及其他之前，請花時間觀察。

□ 列出個人行為標準，檢查你是否依循。

真心話練習腳本

對於做愛機會及性欲，你應該這麼說：

> 親愛的＿＿＿＿（自己／可能的性伴侶）：
>
> 當我和某人＿＿＿＿（眉來眼去／情話綿綿／共度全裸的性感時光）時，就覺得自己很有信心，生氣勃勃，特別當那個人是＿＿＿＿（請寫下「噁心加三級」的反義詞），讓我為他如此著迷。但遺憾的是，當我和他交往時，我的＿＿＿＿（大腦關機／衣服飛掉／生活脫軌了）。我想替我腦袋當機的狀態多做些準備，透過＿＿＿＿（研究性道德／避免得性病／進行FBI等級的背景調查）好好想想。如果我無法法和他做愛，我會＿＿＿＿（心癢難耐／想自殺／全身顫抖），但我會想辦法＿＿＿＿（多沖冷水澡／多開小差打手槍／審閱人生的清單，找其他也同樣重要的事來做）。如果我不再渴望性，我會覺得＿＿＿＿（煩躁不安／很醜／不正常），但我知道當性又重要起來，我有帶來性歡愉的力量。

告訴另一半你不想要的兩種方法——耳光版與耳語版

哎喲～	好啦！
不要，說真的，我頭痛！	我也愛你，但我們找別的時間吧！在我沒那麼累的時候好嗎？
真假？我們不是才做過，就是這次會計年度開始的時候啊？	你這麼想我，我實在太受寵若驚了，但我恢復精力的速度不像你這麼快。
還來，走開啦！	我希望現在也跟你一樣很想要，但我需要多點時間休息。
也許吧！如果你先去洗澡，順便把你眉毛修修，我再看看情形。	我們一起洗澡吧！如果你讓我把你一身臭味都洗掉，我就讓你在我胸部上油。但就這樣，我已經累壞了。
你可不可以等我睡著再來，這樣我就注意不到。	我們來吧！我喜歡的是跟你在一起的感覺，至於有沒有高潮，隨便吧！

挽回失去的愛

愛情起跑時有個很好的開始，最後卻沒有到達終點，你一定覺得像進入了詭異扭曲的空間。如果你能回到某人介入插手前的時空位置，讓你的戀情回來就好了，或至少不要讓事情變得那麼難看。

也許大多數人應付這種情形都有點笨拙，但一段感情出了錯，想重來的衝動是大家都有的。

畢竟，你們以前曾有過美好感覺，應該能再感受一次美好。你們只是需要溝通、了解，也許要和婚姻治療師約幾個療程，或到某個溫暖、有按摩床的地方度個假。不幸的是，即使有四星級度假村或時光機，東西餿了你救不回來是有原因的，戀愛走到後期感情會走味，很多原因是從一開始就可預見的。

好比，愛情不會在工作倫理不佳的人身上存活，除非這個人做得比他們該做的多，但這件事異常少見，或即使做了也無法辨識出他們貢獻的價值。當懶惰的伴侶是上癮者、只顧自己的人，或無法了解他人需要時，愛情是很難長久的。

在決定交往之前，如果你有機會偷偷探探某人的底，例如幫她搬家，在她感冒時照顧她，跟她一起去旅行，或者在開了二十小時的車之後投宿在無星級汽車旅館。也許在還沒引爆以前，你就能發現婚姻後期可能會出現的地雷。只要簡單的偵查工作，就能探知誰可能在這段愛情中落敗，因為她對之前伴侶也做過同樣的事。

如果已經太遲，你的愛情注定被伴侶不會改變的個性或價值觀牽連，太積極搶救會使你忘記自己曾經堅強以及你所堅持的立場。愛已破碎，拒絕接受只會讓你覺得這次失敗是個人無止境的問題，而不只是一次自然而痛苦的錯誤而已。

盡可能挽留愛情，但當你知道盡了最大努力也挽不回時，請做該做的事，放手吧！問問自己在這段感情出了什麼比自己更大的問題，是否在自己的能力範圍內挽回。如果不是，讓愛重回你生命的最好方法，就是把關係清理乾淨，重新安排生活。然後想清楚過去出了什麼錯，累積智慧期待下次做得更好。但下次去俄亥俄州的阿克隆（Akron）就好，不用去墨西哥南部的阿卡波可（Acapulco）。

希望做下列事來挽救你的愛，但做不到：

- 找到你做錯什麼，然後坦白懺悔，永不再犯。
- 也許從一首歌或詩裡找到愛的詞彙，正好搭配送花和求情。
- 無須發動經常性抗爭，婚姻諮商師就能讓你看到他人的觀點，也讓別人看到你的。
- 得到愛情的魔藥與解除愛情的魔藥，依照需求用在某人或自己身上。

以下是感情破碎的人許下的願望：

- 找到感受不變的方法，或者讓對方感覺和以前一樣。
- 想清楚他們為什麼這麼笨。
- 讓對方明白他們有什麼，以及為什麼值得挽留。
- 讓對方明白他們沒有什麼，以及為什麼該走。

案例分享

我想我前女友是性虐待狂，她應該要知道她可以信任我。我對她非常好，從來沒有愛別人像愛她那樣。但我不解的是，為什麼我們今天很好，隔天她就不跟我說話了，然後說我們需要分開一段日子。我耗盡時間想弄清楚她到底怎麼回事？想讓她知道我有多愛她。但很顯然，她需要再三確認，而我不知道該怎麼做。我的目標是了解如何讓她感覺被愛，贏回她的芳心。

* * *

我和先生感情一直很好，所以當我從他手機簡訊發現他有外遇時，簡直快崩潰。他很懊悔，還保證一切都沒問題，但這只是讓我更懷疑，我不認為自己還能再相信他，除非我知道他為什麼這麼做。我希望找到我倆問題的根源。

* * *

我和前男友交往一年後，在三個月前分手了，我試著講清楚，但並不絕情。我們有過一段美好時光，但我看不見我倆的未來，所以才想放手。他崩潰了，努力勸我好幾天，還說我錯了。但我意志堅定，到最後他似乎也感受到了。但問題在於他現在想「做朋友」，結果他對做朋友的定義竟然就是「交往」。他一直打電話給我，一直計畫約我，搞得我拒絕就覺得很內疚；而我說好，心裡更內疚，因為是我讓他走到這一步的。我的目標是在不要真正傷害他的情況下，讓我的前男友明白我倆已經結束了。

因為感情帶有競爭元素（好比，誰贏得電視的控制權，誰就有權不倒垃圾，就有孩子的監護權等等），因此感情常比擬成運動賽事，特別是棒球。像是把性比作本壘，被拒絕是被三振，但總之，這種隱喻也不是全都說得過去。

因為在棒球比賽裡，一隊輸了，總有下一隊；一個球季結束了，總有下一年。在美國休閒育樂中，希望之泉永不枯竭。

另一方面，當感情遭遇大麻煩，變好無望時——所有計謀都使上了，念聖母經也沒用——那就真的一點希望也沒有。你不可能隔天就沒事，或者你們又合好；你只能接受事情就這樣了，然後決定接下來該做什麼。

當然，你或你的另一半會一直嘗試，這是人之常情，提議暢所欲言，進行婚姻治療，或者定下規矩來結束敵對關係或解決不會消失的問題。洋基傳奇尤吉．貝拉[39]會同意這個說法：事情在結束前都不算結束，結束了就別假裝它還沒結束。

如果你想有再回到比賽或加入其他聯盟的機會，該做的是先替自己止血，想清楚到底哪裡出錯了。不是接受你現在加入的隊伍，就是重新再來。沉迷在你該做但未做的事情，重複一直想只是浪費時間。從錯誤中學習，向前走吧！

有些人的愛情有保存期限（參見p.274灰底文字），當信任沒了，關係就結束了。儘管你心知肚明，你什麼都沒做錯。

她一開始愛上你，是因為你比之前讓她失望的所有舊愛都好，她才如此著迷，但當她了解你不是救

39 譯註：尤吉．貝拉（Yogi Berra，1925-2015），史上最偉大的洋基鐵捕，雖然只有八年級學歷，像個義大利大老粗卻妙語如珠，話語節錄為「貝拉語錄」，是美國人在馬克吐溫以外最愛引用的言辭。

世主後，她就失望得發狂，或就瘋了。其他憤怒、不理解或者抗議你的表現，只是進一步證明你不能信任。

仔細檢視你前女友的過去，你會發現類似的信任搖擺，第一次擺向你也許是被真正的性虐待行動觸發的，但你會發現之後的搖擺都牽涉到與性虐待無關的愛人，但你的前女友卻感受他們像有性虐待行為。所以你被搞了沒錯，但你並不孤單。

當你的心慢慢修補好，學會了注意警示訊號，就不會再犯同樣的錯誤：像是在事情一開始就太過親密，或出現你是救世主的感覺；不然就是出現那個「救世主」（沒有要冒犯那個救世主的意思），喜愛極端性行為，以及一連串邪惡過往的愛人。就像我們之前說過的，如果愛來得太突然，是完全沒來由、沒基礎的，當它突然結束，沒來由的就不再信任了，這也沒什麼好奇怪的。

更複雜的問題起於伴侶（通常是男方），他愛你，但會因為出現亮眼誘人的新關係或滿天飛的色情簡訊，衝動就來了。如果你是好人，是個老實人，你可能不知道你做錯了什麼？或可能真有問題，只是你沒有察覺到。

你只能強烈地希望，你或心理治療師能從另一半的茫茫過往或現在狀態釣出問題，它可能涉及隱藏的憤怒或無意識的需求，只要他說出來、叫出來、哭出來，就再也不會對你不忠。除非你的治療師可以通靈，否則這個願望必定落空。

好消息是，你的另一半可能像以往那般愛你；但壞消息是，不忠的癖好就如成癮症一樣，是治不好的，這才是好的治療師會告訴你的話。

請為自己決定是否該接受另一半有這種弱點，以及他是否承認有這個毛病並決意改善，願意在未來控制他的弱點。如果他懇求你並承諾絕對不會再犯，他的想法只和你的願望一樣，想得美或根本在做夢！如果他跟你說外遇很難抗拒，但他打算加入十二步驟治療團體，幫助他遠離麻煩，如果他這樣說，也許真的可能會成功。

重要的是，不要把這件事當成是自己出了問題，或想把外遇問題一次解決，一勞永逸。一旦憤怒褪去後，就該替這段伴侶關係做出決定，你該知道這段關係的風險比你想的高上許多，它是否值得繼續呢？如果你想要，還是可以救得回來，但你救回來的已不是一開始你以為擁有的。

當然，有時候你是捨棄愛的那一方，特別是當你已了解對方並不像一開始想的那麼好、那麼周到的時候。這也是在感情中「開始了解你」這階段很重要的原因，雖然雙方也有因此心碎的風險。

你該做的不是為了拋棄某人而內疚，對他的痛苦耿耿於懷，特別是當你又開始一段真心相信會成功的感情時。請根據當時的感覺，檢查你的做法是否正確。如果你很誠實，也出於好意，分手會痛苦也是沒辦法的，這不應該是你的責任。

千萬不要為了讓心情好過些，就與前任「做朋友」，特別是當你發現，朋友不過是他延長需要持續這段舊感情的藉口。你的前男友當然認為這樣最好。說再見並把你的考量放在前男友之前，是結束他的悲傷最好也是最有效的方法。你們的想法不一樣，這是你不能讓這段感情繼續下去並決定放手的主要原因。

如果感情看來不可能或不值得了，不要試圖挽回，雖然這會讓你或另一半十分痛苦。請接受事已至此，記取這次教訓，下一次你很可能就會做得更好，從一開始就有更好的基礎，找到不需挽救的愛情。可能在贏球前，你要先自主訓練個一兩年，但也是因為這個失敗的球季，讓勝利看來更有可能。

簡易自我診斷表

無法企及的心願：

□ 不要為自己或另一半心碎。

□ 讓美好的事持續下去，或再一次持續。

□ 不覺得該為心碎負責。

□ 為了重修舊好願負一切責任。

切合實際且可達成的目標：

□ 別傻了，即使你受了傷，事情也可能對你不公平。

□ 盡一切正當管道溝通，想清楚你做了什麼錯事，修補關係，盡可能改進（直到沒辦法為止）。

□ 當用盡一切方法，試過所有可能後，請接受事實。

□ 決定什麼對破碎的關係最好。

□ 下次戀愛時能更快發現缺點（假設一開始就可以看到）。

你能做的事：

□ 即使你覺得傷心、憤怒、被誤解，都不要讓負面情緒爆發出來，保持耐心、細心與理解。

□ 向朋友、家人、最後一招（因為他們很貴）或心理醫師請益看法。

□列出可以改善關係的重點，如果事情沒有變好，而你的清單完整，請一項一項檢查，然後逼自己停止。

□有判斷力——判斷是誰的弱點該為這次分手負責，不是要指責誰，而是為了決定你該做什麼。

□如果事已至此，請問問自己，這段感情該怎麼辦？

□尋找方法改進下次的擇偶過程，即使這代表要單身好一陣子。

真心話練習腳本

面對戀情即將結束時該說的話：

> 親愛的＿＿＿＿（自己／這段戀情裡並不快樂的伴侶）：
>
> 我不想＿＿＿＿（放棄／摧毀／再多忍受一秒）我們的感情，我已試過＿＿＿＿（表達我的感覺／不說我的感覺／盡一切努力），事情卻沒有改變。＿＿＿＿（在五分鐘之內／就算治療時我們都把話說開了／如果我們再次被逮），最後我還是會接受我們無法改變這段感情的事實，決定我們是否＿＿＿＿（該住在一起／該分開／其中一人該被當成證人保護）。即使它不能讓我改變這個＿＿＿＿（請寫下「愛情泥淖」的同義詞），這也是愛情成功必須經過的修煉，如果真是這樣，我將記取教訓。

你可知道——什麼是「邊緣型人格」嗎？

「邊緣人」（Borderline），聽起來很像是提到娜妏（Madonna）時用到的老詞，但它也是精神病學詞彙「邊緣型人格疾患」（borderline personality disorder）的簡稱。這些人（通常是女性）個性孤獨，對瘋狂有偏愛的單身男人通常無法抗拒她們。

這個詞原來是用來定義那些處於精神病邊緣的人，它就像躁鬱症最親近的表兄弟，在躁與鬱之間承受瘋狂的情緒波動與強烈感情。有些人在躁鬱之間的情緒循環需要幾星期，但邊緣型人格者對於你的情緒及感情波動是用光速計算。

邊緣性人格者會急率地去經驗友情、事業、性伴侶，酒與毒更是如此。他們覺得處處碰壁，往往在來不及停下來思考前就做反應，也分不清楚感情受傷與實際被虐的區別。

她們的交往對象（以及朋友和家人）總是像走在蛋殼上，戰戰兢兢，如果你曾和把每個思緒都當成經驗真理的人打過交道，你就知道這是怎麼一回事。例如，她會從「那男人對我有興趣」很快跳到「那男人是我生命中最美好的事，我一定要盡快懷上他的孩子，ＡＳＡＰ！」她缺乏懷疑自我本能的能力，卻用不斷懷疑周遭所有人的動機彌補這項缺失。

邊緣型人格者總是找得到交往對象，因為大多數男人天生就對非常情緒化的女人很有興趣，即使她們並不性感。當然，邊緣人提供的原始激情就很吸引人，但她們更會施展一種法術——強烈的相互吸引使人中毒——讓你完全看不見這個事實：你在酒吧遇到的有趣女孩再也不那麼好玩了。你完全不明白為什麼這女孩在跟你閒聊十分鐘後就決定跟你去巷子裡做愛，她不只是「好玩」，她是某種程度的**瘋了**。她甚至會試圖燒光你房子，只因為她**以為**你覺得她沒有Taco Bell得來速的女孩來得漂亮。

時間過去，你終於搞清楚，你也許迷上的是刺激，在她的瘋狂戲碼裡，英雄與惡棍都由她一人主演。你忽略了豎在女孩身旁的警告標誌，瘋狂成為新的常態。邊緣人會讓人產生上癮式的興奮，對一個會在浴室直接跳到你背上的女孩來說，或對一個敢嗆警察，敢在桌子底下幫你口交的女孩來說，你很難對她說不，至少等到她殺了你的狗之後。

所以，各位男人，如果你被某個刺激好玩的女子吸引，但不理解她為什麼總是把你嚇壞，這可能就是原因。你可能要考慮和比較無聊的女性約會，或至少加保某種人壽險。簡而言之，邊緣型人格者可以代表很多意義，但她是最常被公認為讓男人以為所有女人都是瘋子（除了那些真正瘋了的人）的理由。

愛與恨也許像處於對立面，但你若想做個懂得聰明選擇的好人，愛與恨是同等艱鉅的挑戰。愛會逼你忽略自己的需求，因為錯的理由與錯的人在一起，只要愛情不在了，你就覺得自己像個失敗者。耗費心力經營愛情並不表示絕對無私與完全無條件的大方，它的意義在於你要嚴格把關，評判你能從人們與自己身上期盼什麼？要在什麼條件下才允許自己接近一個愛情注定被詛咒的人？你可以成功經營愛情，但它需要從痛苦經驗中大量學習，以及一份堅定的意志：在你的心與腦同時都同意這是對的事之前，請不要行動。

F*ck

fuck communication

第七章

該死的溝通

現代人溝通事情十分容易，可以透過簡訊、保險桿貼紙，甚或中指，但大多數人還是希望他們可以溝通得更好。結果發現，你用襯衫告訴別人你在邁阿密海灘赤裸解放，還比用話語解釋你為什麼婚姻受挫來得簡單。

很多人相信溝通是鼓勵親密、排解誤會、結束紛爭的關鍵，基本上它能在冷核融合短缺時達成所有目的。他們認為，如果你想要更好的感情、工作或生活，就需要更好的溝通；上大學主修這門科目、溝通不良時看心理醫師或企業顧問，也是基於這個理由。

然而不幸的是，很多問題實際上的癥結並不在溝通，而是起於性格、文化或價值觀的分歧，溝通這些分歧是填補鴻溝的壞方法，卻是造成紛爭的好方法。如果你已在遊說上盡了全力卻毫無突破，那你可能並不需要成為更好的溝通者，也許應該先找到需要溝通的事。

如果你無法與他人達成共識，請花點時間弄清楚為什麼溝通無效，也許就是沒法子溝通呢，或更重要的是根本就不該溝通。當你想講的東西也許一開始最好先不要說出去，不然溝通或許會弊大於利。最終，重要的是知道溝通能力其實有限，什麼時候該閉嘴，什麼時候又該把事情擺著，並安慰自己你無須為接下來發生什麼負責。

溝通似乎有無窮潛力，倘若你覺得自己用簡訊或推特可以表達無礙，但比它們更複雜的溝通則無能為力時，你也許必須接受，有時候溝通是行不通的。即使如此，也不是世界末日，只是細緻的話語交流沒了。

培養親密感

任何一位網路證照沒白領的感情大師都會告訴你，要愛就要溝通。在某些方面，這是對的，對新交往的朋友開誠佈公是表達愛意的重要部分，當某人已漸獲芳心時，更要「我愛你」不離口來溝通。

溝通是情感的關鍵，但不是萬靈丹。當然，某人的想法感受不想讓你知道，會讓你覺得你們不再親近，或者你對他們不再重要。為了改善關係，人不免想把話說開……談談你為什麼不再說了呢？但這通常只會變成狂吼彼此有多火大。

然後你們去找婚姻諮商師，其中一人終於發現另一人不再親近的原因，聽到她告訴治療師而不想告訴自己的事情後，至少還覺得親近些。問題往往出在那些不願說出口的事，多半是不愉快的、惡意的、沒什麼建設性的，這些話應該永遠不要說出口。

因此，溝通固然很重要，但你也有可能用力過了頭。就像起司雖是做披薩的重要基材，但如果你完全不顧慮食材平衡，不是毀了披薩就是害了自己的健康。

如果你想藉著溝通修復感情，填補裂痕，回復以往，也可能徒然造成更多傷害。尤其當另一方不太健談，拙於表達感受，或是心裡有些好玩情緒不好說出口，溝通只會帶來更多傷害。

親密感也無法強求，特別是彼此相熟的兩人。情侶間也許不用說話就覺得親密，也有交談很多卻無法產生親密感的夫妻，就算短期把他們擠進狹小空間，也不會因此生出親密感。

所以請接受事實，溝通與親密感的狀況太多了，往往是你無法也不能控制的，所以就別用這方面的表現來評估你們的關係好壞吧。

盡力維繫感情，接受溝通有其限制，更為這樣的自己感到驕傲，即使這樣做讓你覺得兩人不再親密，不再分享彼此想法和感受，無論那是愛、是恨，或在愛恨之間的任何情緒。

為了增進親密關係，以下是你希望但做不到的溝通技巧：

- 請個翻譯，把你的話翻成對方聽得懂的語言，傳達你的意思，但捨去激怒汙辱人的部分。
- 擁有讓人願意相信你、聽你說話的魅力，即使兩人已同居，共用洗臉槽和馬桶已五年。
- 找到能回答「我們為什麼不能好好相處？」的答案。
- 擁有人類用電擊項圈，可以偵測你說的話，必要時電擊你，讓你乖乖噤聲或表示同意。

以下是人們許下的願望：

- 穿越沉默之牆。
- 對某人或大家暢所欲言。
- 找出減緩寂寞和衝突的語言。
- 創造信任與團隊合作。
- 說些對方會高興的話。

案例分享

我老婆說我從不跟她說話，但我只是不健談，如此而已。我想我比較喜歡聊運動和生意，但我老婆不感興趣；而她有興趣的，我又都不太了解，因此當她聊起來，我實在沒什麼可說的。她說我一直對她有所保留，但我只是對她覺得要說的重要大事沒興趣，像是她朋友和小孩。這讓她覺得孤獨不滿，所以她從不想和我做愛。我希望能想個辦法做更好的溝通，讓她感覺我們更親近，我們的婚姻和性生活也才會重回正軌。

* * *

我和我兒子一直很親近，因為我和他爸在他四歲時離婚，搬去另個城市住。以前他總愛跟我說種種事，花時間相處，但突然間，就在幾個月前，他不再跟我說心事了。他是好孩子，學校狀況也還好，我和他朋友相處也沒有問題，但就是不再對我傾訴。問他問題，他會用單音節的字回答我，大部分時間都待在自己房裡。如果逼問他，他只會說沒什麼問題，是我太敏感了。我知道他正處於青春期，不希望跟我說話，只因為我是他媽。我知道如果我逼他，事情會更糟糕，但我只是很想念我們曾擁有的。我的目標是不要失去母子間美好的親密關係。

* * *

我自認是好上司，喜歡辦公室歡樂的氣氛，但我手下的五個人好像都比較喜歡別人不在場的時候。他們都很能幹，吃苦耐勞，也喜歡這裡的工作。雖然這裡沒有太多衝突，但也沒什麼團隊合作的氣氛，辦公室變成充滿某種奇怪又不愉快的地方。我在考慮是否該請個心理醫師，讓他們進行一連串心理療程什麼的，好好放鬆心情，也熟悉彼此。我的目標是創造工作親密感，做更好的溝通。

與人分享想法和心情是很細膩的事，你和他都要覺得自在才能開誠佈公，而且你也要夠了解這人，才知道何時該閉嘴，改當聽眾。

對有些夫婦而言，最好的溝通是兩人在電視機前偶爾咕噥幾句或嘆息幾聲，有些則喜歡通篇獨白，內容盡是些開胃菜的細節。大家的需求都不一樣，各有喜歡的髮色或性偏好，而分享的能力與聆聽的耐性則是讓我們之所以是我們的堅實組成。

撇開併發症，溝通的平衡是可以達到的，應該感覺很好，也滿足你陪伴和接觸的需求。如果不能，或是再也不能，就會覺得其中有問題需要修復，也試著去修補其中無法控制的問題，像是準遺傳因素，努力解決它就像滿載衝突的中東：永無止境、血腥不堪，最終徒勞無功。

不管能夠溝通會感覺多好，不能溝通會感覺多糟，都不要試圖強迫對方一定要溝通，一定要先評估過溝通的可行性，以及如果不能溝通，原因是什麼？

如果有人想要你敞開來談，但你不是健談的人，請不要以為說話是表達感情或承諾的唯一途徑。很多人（主要是男人）是靠現身或修水槽屋頂來表達正面情緒。對於很多男人來說，溝通的主要工具不是聲音，而是他們的雙腳和電鑽。

如果你不愛說話，卻開始相信自己應該做個演說家，這是沒用的，只會讓你更鬱悶煩躁，因為你讓話語權被剝奪的伴侶不開心，責任只會越來越重。是的，也許找個治療師聊聊火星／金星的建議對你還比較好些，但往某處想，如果你的安靜和善待另一半已經不夠，你必須問問自己，在展現自我風格後，你是不是一個夠好的伴侶。

基於你幾近寡言的歷史，你的另一半應該早就知道你不健談了吧！所以如果她自認可以改變你，那是她的問題，不是你的問題。請不要道歉或起防備心，只要提醒她，除了無法跟她聊是非之外，你還是有為這段感情帶來好事。告訴她，她可以接受或就算了，但你希望她能接受，然後就不用擔心還要跟她扯些有的沒的。

與孩子有長久緊密關係，如今卻要忍受沉默，沒有比這更令人沮喪的了。你想念的不只是親密感，而是你依賴這股親密感，覺得自己善盡了為人父母的職責。當你的孩子守口如瓶，你也就沒了資訊得知他是不是快樂，還是有麻煩，有沒有做對事。當然，刺探只會讓訊息更加封鎖，進一步造成敵意和也許一開始並不存在的反抗心理。

與其因為喪失親密感而寢食難安，就當它是青少年因為正常成長發育而需要隱私所致。既然輕鬆溝通不再獲知他的事，就從老師那裡蒐集訊息，也要靠自己仔細觀察他的日常作息、家庭作業和交友關係。只要花一點工夫，你就會知道事情是否依然良好，或者他的沉默代表了憂鬱症或學校有問題。

喪失親密感也好，孩子噤聲讓你覺得自己是壞母親也好，在任何情況下，你都不該沮喪。確實，你一直是把孩子成長問題當成重擔放在肩上的好父母，舊時親密感不再，要你忽略或隱藏悲哀，都難以承受。

你也許不該期待工作場合會如家中一般自在親密，但員工間的團隊精神也是必要的，且有助於提高士氣和利潤。姑且不論商業刊物和企業顧問說了什麼，團隊親密感的問題往往救不起來。

有些人雖然盡責，但團隊裡有他並不會增添太多樂趣；有些老闆是大混蛋（見第九章），但他們是老闆，也不會改變。如果你喜歡和公司同事相處，你很幸運；如果你不喜歡，自己花錢到保齡球館組隊結交朋友。

在你關上辦公室，拋開把團隊精神當藉口的推諉態度，預備周末到溫泉好好放鬆之前，請先問問自己，如果下屬們願意開始說說他們的真實想法，他們又會如何反應？不要接受人事處的安慰，也不要期待心理專家會來主持會議，他們沒有神奇的保護力量，請靠自己的經驗和常識判斷。

如果你帶的團隊在工作時吹口哨，你可能會看起來像個偉大的經理；如果他們工作時不吹口哨，卻依然準時上班，把工作做好，你可能是更偉大的經理。

雖然談話可以幫你拉近距離，但這不是建立親密感的唯一途徑，如果原來就沒有親密感，光是說說話也不可能創造親密。在努力加強溝通之前，先問問自己建立更多親密感是否可行，談話是否真的有幫助？

請記住，良好的溝通並不會產生親密感和善意的奇蹟。它尊重界限，避免麻煩，並保持脆弱的和平。

簡易自我診斷表

無法（總是）企及的心願：

- □ 感覺更親近你愛的人。
- □ 更了解他真實的想法。
- □ 聽到你想聽的話。
- □ 敞開胸懷暢所欲言。

切合實際且可達成的目標：

- □ 了解各種感情中談話和親密性的界限。
- □ 不強迫人變得更多話些。
- □ 該沉默時，請閉嘴。
- □ 不要因為彼此溝通有限，就在這段感情施加額外壓力。

你能做的事：

- □ 在你覺得事情是針對你之前，請客觀評估此人溝通感受的能力。
- □ 增加自己看懂與傳送非語言訊息的能力。
- □ 學習用行動來衡量承諾與成就，而不是靠嘴巴說。

□ 評估自己容忍沉默的能力，而不變得負面。

□ 想想上次你表達感受時發生了什麼，免得重蹈覆轍。

真心話練習腳本

當你無法用言語拉近彼此距離時，你該對某人或自己說的話：

> 親愛的＿＿＿＿（自己／我無法溝通的人／對，就是你，你到底有沒有在聽我說話？）
>
> 因為我們必須在一起＿＿＿＿（生活／工作／做功課／袒胸露背／撫養孩子），我希望我們能做到更好的溝通。但我知道，你從不提＿＿＿＿（自己的感受／感情／性關係／我朋友珍娜／美國外交政策），所以我沒有理由覺得自己做錯了。我也注意到，因為你＿＿＿＿（請寫下「不說話」的同義詞）我才逼你多說話。我準備接受任何阻止我倆說話的原因，也尊重我們共同完成的事。

溝通時忌踩紅線

絕不這樣說	何不這樣說
如果你這樣做，你就是混帳加三級的白癡，你知道嗎？	如果他只靠一時愚蠢衝動做事，當然只是個白癡；但你就不同了，你是無怨無悔的傻子，只會汙辱和疏遠你曾想幫助的人，請不要以為用話語傷人就可以幫助人。
在我和你家人之間做個選擇，讓它了結。	只有沒被選上的一方後來遭到謀殺時，這件事才會成真。否則，你正在選擇進入生悶氣和怨恨的世界。最後通牒只在比賽開始後才有用處。
好，總要有人說，所以來了……	其實呢，很可能沒有人會把「它」說出去，除非某人願意把橋燒了，把腳下的土用鹽澆了，自斷後路。所以「某人」應該會保持沉默。
如果你連痛都不願意說，它會從你體內一點一滴把你吃光。	她蒙受的痛苦也許從裡面吃掉你，但說出來，對她也不見得一定最好。請記得，給予支持和逼她坦白完全是兩回事。
你是對的，你穿這件衣服就像個大肚婆。	你甚至不能跟孕婦說她看起來像懷孕了，所以如果你真的想告訴某人她的穿著有多醜，就該有心理準備聽到別人說你穿這件褲裝有多像摺疊沙發了！

說出創傷

忍受創痛的後續效應非常困難，但看著你關心的人在創傷後遺症中痛苦也很困難。當他經歷噩夢的窮追猛打，在焦慮中度日如年，與負面情緒對抗，他身邊親近的人只能盡本分一旁看著。受創者被過去的事件如鬼魅般糾纏著，而現實中愛他們的人只覺得自己如鬼魅般無用。

直覺上，人們或許覺得把恐懼與噩夢說出來就能得到紓解，就像鬼在白天一現形就會消失，但心靈受創後的症狀通常很難撫慰，讓他們變成這樣的記憶不會如此輕易消失。

創痛可能持續很久，因為大腦讓我們適應毀滅性壓力的方法是讓我們不斷保持在超高警戒下，就如永遠保持警戒狀態的士兵，所以第二次遇上就不會措手不及。這些症狀雖是一種煎熬，但也拯救那些無法離開危險戰區的士兵性命。不幸的是，對許多人來說，一旦戰爭結束了，卻沒有開關可以關上。

這就是為什麼只靠分享緊張情緒並不一定能清除創傷後症狀，無論電影和書籍是怎麼說的。通常，分享只會讓他們比以前更顫抖、更無助，甚至連朋友或治療師在旁支持都是如此。所以不要逼那些受過創傷的人講述自己的故事，除非你確定他們這樣做不會再覺得被逼得無法忍受，才有利大於弊的可能。

結果很可能就算透過分享、深度催眠、標準報復劇本演練，都無法把某些固定創傷趕出你的胸口。有些治療方式只能幫助減輕症狀，有些只能幫助你與它們和平共處，但絕對沒有以文字或圖像就能保證去除的創傷橡皮擦。

如果創傷後的傷痛難忍，痛苦症狀去也去不掉，永遠不要假設那是因為你不夠敞開心胸，所以還要更放開一些。反而要佩服你的神經系統，在費力扣除內心的負面情緒、恐懼警告與可怕預測後，它還能有如此活躍的警報能力。無論發生什麼重要事件，當你無法應付突發的緊急事故時，請尊重你不理會那些警告、預測和症狀的能力。

你可能永遠無法關閉系統，無論是透過分享或哄騙別人分享他的創傷感受。但你可以學習，學著傾聽自己的需要、關注點和優先事項，儘管你現在有必須經驗的焦慮，或者是有必須目睹的痛苦。

以下是你希望能找到的東西，來停止遭受重大創傷後不斷糾纏的痛苦：

- 專門用來知道你在想什麼的耳塞。
- 促使夜晚長時間昏迷的白色噪聲器。
- 讓你覺得安全的治療方法，就像心理安全氣囊。
- 羅傑斯先生[40]的造訪（儘管他已死的事實會讓你創傷加劇）。

以下是創傷倖存者許下的心願：

- 在失眠把他們逼瘋前睡著。
- 從敵人造成的痛苦中恢復。
- 不用酗酒就能讓感覺好些。

40 譯註：Mr. Rogers，美國兒童電視之父佛瑞德．羅傑斯牧師（Fred Rogers，1928-2012），主持兒童電視節目Mr. Rogers' Neighborhood 長達三十二年，向兒童傳達上帝的愛。

•不用他們的不愉快和沉默嚇唬家人。

案例分享

我從國中就得了憂鬱症，青少年時割過腕，大學時在醫院住了一段時間，心理治療與藥物幫我過得比較正常，生活也算幸福。我先生知道我的過去，但直到幾年前，我才告訴他創傷的真正原因，主要是因為當我還是孩子時，我被繼父猥褻。我先生一直非常支持我，直到一年前我經歷了長達六個月的糟糕抑鬱期。之後他開始嘮叨我，認為我明顯需要更多更密集的治療，因為我顯然沒有真正面對我的老惡魔。但我只是需要克服討厭的憂鬱症而已，他怪我迴避問題和治療，我很氣他這麼想，他卻很堅持。我的目標是讓他接受我的想法，我現在不需要和誰再談一次，也許再也不要。

* * *

我先生自從最後一次從阿富汗服役回來就再也不一樣了，但他什麼都不說。他會做惡夢、憂鬱，在人多的地方很緊張。他說他知道他可能得了「創傷後壓力症候群」（PTSD），有幾個跟他一起服役的好友去做了治療，他跟他們談過，他認為那些治療也許只是聊勝於無，因為對他認識的人似乎並沒有用。我只是覺得他不想處理這些創痛恥辱，不想等著看心理醫師，不想開始吃很多藥，但這些就是退休軍人事務部處理問題的方法。同時間，他也很痛苦，我知道如果他能把事情說出來，感覺會好一些。我試著讓他對我開口，尤其是在痛苦發作的時候，每當我一逼他，他就非常惱怒，然後就完全封閉自己。我希望能看到他在專家面前把事情說開來，獲得紓解。

* * *

我兒子十幾歲了，在校成績不太好，但還算快樂，直到一年前，他開始和一些壞孩子混在一起，回家時不是喝到爛醉就是吸大麻吸到恍神。大部分時間他都非常煩躁也不快樂，只要我和老婆當面問他出了什麼問題，他就非常生氣。他已經變了個人，我們無法讓他說出什麼在困擾他，也沒法讓他去看心理醫生，覺得很無助，無言以對，就等哪天受不了爆發，但我們知道這樣沒什麼好處。我的目標是想弄清楚如何讓他開口談談真正困擾他的事，無論是跟我或心理醫師說都可以，這樣他就會開始變好。

請別相信直覺告訴你的，問題越糟糕，越是需要傾訴；有時候說出來的確可以療傷，但大多時候只會招致反效果。心理的傷結痂了，想把它剝開倒不如放著不動最好。

人們對復原傷痛都有一套自己的方法，也許把話說開對你最好，卻可能成了別人的痛處。更糟的是，這會讓他們也受到感染，讓創傷把他們團團圍住，讓正常生活更加困難。

不妨改變做法，用你的經驗和常識檢查重要的問題是否已經講過了，效果是正面還是負面，是否需要說更多。然後你會知道夠了就是夠了，適可而止吧！更進一步探索感受可能沒用，只會耗費更多錢，實際上只是讓事情變得更糟。當你知道你已盡量幫忙盡可能勸過後，請為下一步把自己準備好，也準備好支持團隊。

如果你受到童年創傷折磨，就是有人不相信你可以克服這個問題，直到你經歷一次很大的宣洩，首先在治療上，然後在法庭上，把自己從受害者的角色轉化為復仇者的角色。他們幻想你應該有能力終止無望根除的憂鬱症。但現實是，它沒有那麼簡單。

許多受虐者都會經歷長期憂鬱，病況雖不一定都很嚴重，或拖很長，或抗拒症狀管理，但也不是只要和偉大治療師或相愛的另一半好好談談，就能趕走創傷。他們持續反覆發生的症狀，並不是分享或溝通失敗的證據，就只是他們運氣不好，碰到難纏的病。

你會信心滿滿地說，自己不想做的，也不會勸別人做。這只是告訴你那重要友人，你已經從談話治療和親密珍貴的關係中獲益良多。但不得不接受的事實是，就像許多經歷嚴重憂鬱症的人來說，無論做什麼，症狀一定會復發。

只是在這段期間內，照顧好自己，減少復發的風險，發作時控制症狀，盡可能不要理它，做自己該做的事。就算覺得不舒服，也要繼續工作，照顧孩子，見見朋友，並為這樣做的自己感到驕傲。

在沒有讓他們知道你不同意的情況下，不要讓他們說三道四。如果他們能接受沒有「變好」這件事，他們大概就更能接受你的病。

如果你親近的人患有創傷後壓力症候群，你是很難看著他們受苦而保持沉默的。特別是如果你很敏感又需要親密對話，你願意聆聽的好意只會讓他們顯得沉默、固執又自我防衛。若你知道他們已對治療做了很多功課，也試過他們覺得可能有用的方法，請不要假設那些症狀持續代表他們分享得不夠多。

對，你的親密感和敏感度迫使你對他們的痛苦感同身受，甚至超過他們的體驗，但是這是婚姻的一部分，如果你真的不忍目睹另一半的病，問問自己是否能承受婚姻的全部內涵。

如果答案是肯定的，當你無能為力時，請學會忽略另一半的痛苦，如果你們的關係陷入無盡的沉默，請把時間花在講電話或狗狗身上。反覆提醒自己，這不是個人的問題，你有權利感到孤獨，也盡力忍受它，即使你的配偶不是。

如果你認為靠交談就能幫你找出某人開始酗酒嗑藥到底是出了什麼問題，你的好意只會被不切實際的期望所挫敗。創傷可能從以前就已開始，但一旦此人出現不良習慣和藥物濫用，談論創傷的根源並不能使酒癮毒癮消失。這個問題已經轉變，所以你的方法也要改變。

因為一旦某人開始用酒用毒逃避痛苦，就很難再停止這些不良習慣，無論別人非常了解他為什麼這麼做，或者他從愛他的人那裡得到許多支持。想要好好談談並沒有錯，但要有心理準備，因為你會發現談話一點用都沒有，只是走錯路和拖延的藉口，直到下決心停止使用這些不良方法去緩解痛苦。

在他戒癮之後，吐露自己的創傷和其他各種療法才會對他有幫助，但這些方法不會讓自我節制先發生。如果他的上癮是因為想用藥與酒自我療癒心靈創痛，他必須先做決定，儘管會有額外的創傷後壓力且可能最終都會如此，他是否仍願意戒了？如果他決定這是值得的，那他就準備好開始了。

請不要一廂情願地認為只要把事情好好說出來，創傷症狀就可能清除乾淨，深層的心靈傷害不像香港腳一樣容易擺脫。如果你或愛人已經充分了解治療，而你確定談話型治療方式與敞開心胸是很好的嘗試，那就不妨試試。但請接受事實：無論這些治療多有效益，都不會治好這個病。現在是學習與之共處的時候，更是管理症狀、抑制上癮的時機，也許經過無期限的學習，傷口就能癒合。

簡易自我診斷表

無法企及的願望：

- □ 透過分享而痊癒。
- □ 相信只要用正確的字眼就能幫你控制症狀。
- □ 不管有什麼症狀，都能感覺更親密。
- □ 希望朋友和伴侶對你症狀的忍耐力能像你一樣好。

切合實際且可達成的目標：

- □ 無論你的症狀發作與否，都知道自己對分享感受的反應。
- □ 只有在你覺得這樣做有好處時，溝通你的想法才是必要且有幫助的。
- □ 接受有些症狀就是永久存在，且無關個人。

你能做的事：

- □ 嘗試不同的談話治療，包括當你回顧過去發生的事，評估你實際擁有的選項時，那些鼓勵你分享感受，也鼓勵你保持冷靜的種種治療。
- □ 注意當你分享得太多時，會發生什麼反應。

□ 儘管各種嚴重的症狀纏身，也要去工作，和朋友家人互動。
□ 讓人們知道你的沉默並不代表你在生氣或反對，就只是症狀。
□ 選擇能容忍你症狀的朋友，他們也能容忍自己對你的影響力有限，不論在聊天或找樂子上。

真心話練習腳本

對創傷壓力造成的症狀說不出口時，你該對某人或自己說的話：

> 親愛的＿＿＿＿（自己／無法忍受我冷漠不說話的人）：
>
> 我常在想自己到底做錯了什麼？我會無來由地＿＿＿＿（發抖／害怕／與周遭世界完全斷絕聯繫），然後想起那場恐怖的＿＿＿＿（事件／人／中東衝突），我一開始很震驚，但從那時候起，我成為＿＿＿＿（冥想／自我催眠／暴露治療／跳傘）的專家，努力維持我的＿＿＿＿（事業／六口之家／藍草樂團）。我沒有讓我的症狀阻止我，即使我必須咬緊牙根，＿＿＿＿（請填入「差點拉在褲子上」的同義詞），這就是我的驕傲。

你可知道——如何與亞斯伯格症患者溝通嗎？

在所有對基本溝通有自然障礙的人中，儘管有年齡、文化、性別等差異，自閉症者的心智在克服與理解方面都是最棘手的（且越來越普遍）。「亞斯伯格症」（Asperger's syndrome）這個名詞也許不再存在於「精神疾病診斷與統計手冊」（The Diagnostic and Statistical Manual of Mental Disorders，簡稱DSM）[41]。但要形容那些心智高功能、社交低功能者，亞斯伯格症者仍是一般的簡稱。他們的智力技巧高於平均水平，但辨識及回應情緒的能力處於低水平，以致社會功能受到損害，甚至連「嗨！你好嗎？」這種最基本的對話都無法接收並回應。

但這並不表示亞斯伯格症者是機器人，或像「星際爭霸戰」裡的史巴克一樣，他可以有很多感受，也與他人緊密相連。但不管什麼時候，他可能對完成自己正在做的事有更強烈感受，或者絕不會因外力而改變習慣或例行程序。

所以你可能覺得他不理你，因為他太忙著解決問題或看電視，以致忘了抬頭微笑，也不記得你們該出去吃晚餐了。事實上，他也許很關心，但他的大腦不會讓他從正在做的事中抽離，如果你拿走那東西，他會大吼大叫。如果你跟他說你很傷心，這時候他的大腦就會真的一片混亂，溝通也到此結束。

如果你仔細觀察，你會發現他也有一些獨特的小貼心，但如果你需要和他說話，打斷他的超級專注，你會很傷心，覺得被侮辱和忽視。但換句話說，如果你沒有立即的情緒需求，也善於一面拖延一面把他們從全神貫注中哄出來，亞斯伯格症者其實是很好說話的。

和願意對話的亞斯伯格症者說話需要有好的開頭，可以聊聊他們有興趣的東西（如某個程式，或他正在建造的橋，他正在玩的遊戲），也可以談談因為要停下來吃飯、睡覺、小便而產生的沮喪。如果你心裡有更複雜的話題想跟他說（像是他昨天過的怎麼樣？他明天想看電影嗎？），試著安排一個他不那麼專注的時間，可能在睡覺前、晚餐後，或小便時。只要你能等到他的注意，他會很樂意回答。

只要你們能分享真正的興趣，尊敬彼此的空間，絕對不閒聊，避免情緒衝突，也不要和他討論他是如何（無意間）讓你傷心的，你們之間絕對有很多話題可聊，也能建立真摯的友誼。你只要記住語言的關鍵要素，然後開始對話。

宣洩憤怒

我們通常把憤怒講成某種一定要從人體排出的揮發性化學物質，免得怒氣自己爆炸，就像裝滿瓦斯的油罐車、脹滿水的氣球或Spinal Tap樂團的自爆鼓手[42]。我們會說服自己，若不說出來就會爆炸，而它們通常是同一回事。

---

41 譯註：最新的DSM第五版中已將自閉症、亞斯伯格症、兒童期崩解、未分類廣泛型發展障礙，全部依照自閉症光譜上的症狀嚴重度，統稱為「自閉症系譜障礙」，不再稱呼個別病名。

42 譯註：電影《搖滾萬萬歲》（This is Spinal Tap）的劇情，劇中搖滾樂團Spinal Tap在巡迴公演時歷任鼓手不斷離奇死亡，有的噎死，還有在台上打鼓自體爆炸的。

把怒氣說出來通常只會引發爆炸，反之亦然。口頭爆發後，我們只能找更好的話語，或需要治療師、裁判、外交官的幫忙，一面做好災後控制，一面好好談談你的怒氣。

同時，我們也認為一直生氣是不健康的，鼓勵夫妻在睡覺前把問題說清楚。這往往引發更多爭執，因為人累了，腦袋會胡思亂想，精疲力竭再去睡，醒來時更加煩躁。

不幸的是，很多令人生氣的問題無解，就像人都有脾氣，或者你和這個大混蛋（見第九章）有無法迴避的關係，或只是另一半喝湯的樣子很噁心。

說句老實話，我們發洩的唯一目的，通常只是希望某人以他們不能或不想的方式改變，這可是必然會引發爆炸的好方法。因此，在氣頭上想找法子溝通，也許是個壞主意。

在發洩之前，問問自己是否真的認為溝通可以幫得上忙，然後準備接受這答案可能是否定的，分享憤怒情緒一點用都沒有，只是攪起一團爛屎，搞得烏煙瘴氣。

如果你很憤怒卻只能閉上嘴巴，不要因此而沮喪。只要不去想你想講的事，就能創造較容易承受壓力的方法，同時還能省去找治療師及和事佬的錢。

不要以為沒有溝通就是失敗。請記住，無論大眾智慧是怎麼看待發怒的，但沒有人因為封存憤怒而死；倒是有很多人因為發洩怒氣而死，而且往往死得很慘烈。

以下是你覺得溝通憤怒應該會發生的好事，但並沒有：

- 碰到讓你生氣的對象，立刻勸他改，緊接著讚揚你一番。
- 能一眼看穿別人的看法，所以你不會恨他，也不會想狠狠揍他。

——

• 每一次發洩怒氣後，意識上得到深度舒緩，如禪定般平靜，就像歷經一場生氣高潮，完全沒有負面影響。

以下是人們許下的願望：

• 能表達批評和不滿卻不會引發戰火。
• 不那麼恨一起生活或工作的那人。
• 擁有他人尊重或肯定自己的感覺。
• 搬開壓在自己胸口的大石。

——

案例分享

在我爆炸前，一定要跟我父親說清楚。我小時候他虐待我和我媽，這份怒氣我已經忍了很多年。但他十年前開始戒酒，行為還算良好，我聽我媽的話也對他客氣，大家拋開過去，還是一家人。但就算我嘴巴不說，我還是受不了他在身邊，我根本不想待在有這個混蛋在的家裡。我知道就算我罵他，他也絕對罪有應得，我也絕對該在發瘋、跳起來殺了他前得到解脫。我希望讓他知道我的感覺，我不想一輩子憤恨不平下去。

* * *

我和先生最近一直起口角，大小事都可以吵，我希望他有多點時間在家，他要我少批評他。這些事吵架也解決不了，也許我們之間有更大卻說不出來的問題，因為我們連坐下來想想問題出在哪都沒辦法。我希望他跟我一起去看家庭治療師，我們可以在裁判面前先把吵架擱一邊，探究問題最底層，但他認為治療師只會站在我這邊。我的目標是找到方法讓憤怒安全釋放，這樣我們也許就能相處更融洽。

* * *

我在這家公司做事的頭五年，主管是個種族主義者，我忍了他五年。我那時年紀輕，需要這份工作，並不想當「憤怒的黑人」，因為會毀了我的事業。時間過去，我努力工作，擺脫這人升職到另個部門，現在已成家，也有喜歡的工作。但我看著女兒，好遺憾自己沒有站穩立場，生氣自己沒有當她的好榜樣，沒有讓她的世界變得更美好。我讓不公不義就這樣過去，也不認為姑息某個讓你生氣的人是健康的舉措，日復一日，壓抑著。我的目標是要勇敢，在憤怒和後悔把我從心裡啃蝕殆盡之前，讓我的前主管知道我的感覺。

恐懼讓人難受，且往往多是庸人自擾，但不是每次恐懼引起的衝動都該被自動忽略。為了千禧年趕建末日碉堡也許是個壞主意，但說服你把憤怒封存起來的考量通常還是有道理的。所以在你決定當個勇士還是傻子前，問問自己，你真的想讓某人好看，那會發生什麼事？

先別想著要讓自己被人理解或釋放自己的情緒，反倒要先判斷這麼做會不會把場面搞得很難看，或者在傷口撒鹽，傷人更多。如有必要，請問問朋友意見。

如果你無法不恨的人是失職的父母，問問自己，你到底想從這種父母身上得到什麼，想想他的失敗！你往往討不到道歉，也無法改變過去。

大多情況下，他會用自責、逃避或腦袋空白想不起來回應你，這只會讓你更生氣，放大了你們之間脆弱的關係，而你一直刻意減低他對你生活的影響。不幸的是，真正的混蛋沒有自制力，也沒有方法可以阻止他們做愛生孩子。

原諒你的混蛋父母？省省吧！別麻煩了，原諒沒有選擇的人是毫無意義的。接受這個混蛋的存在是生命中不公平的一部分，是你個人的負擔，其中還包括你可能遺傳到你父母的脾氣。

因此，你該做的不是讓某個可惡家長明白自己做錯了什麼，而是記得你和另個家長做了什麼好事，而這個家長又如何幫你度過。你為了保全家庭閉上嘴什麼都不說，請為自己吞忍的能力自豪。長大後利用成年人的權威感和經驗去行使你的權利，讓對話禮貌地點到為止，你想結束就結束。這就像發洩，在爛父母身上投注多點關注都是浪費時間。

如果你想緩解的憤怒，是那種因劣質燃料引起的夫妻鬥嘴，而你把焦點放在你**真的**生氣的地方，或讓另一半看看他有多討厭，那是幫不上忙的。正如我們本書官網上說了很多次了，這種夫妻治療的發洩多半就像腸道氣體的排放，施放者雖得到明顯而立即的爽快，但毒氣立刻飄散到下風處的人們。

一旦起了口角，只會引發更多爭吵，請試著閉上嘴。然後自己單獨找治療師談談，找出你到底想要什麼，看看是否有正面的協商方法。沒錯，另一半的言語和作為總會逼得你快發瘋，但就算發瘋他們也不會改，所以和他們談只是通往挫折和醜陋的路。

但假設有些事情關係共同生活，其中有你喜歡也希望擴展的事，這時就要好好協商，而好的協商需要正向談話。也就是說，當你告訴另一半你想要的寶貴東西，你得按捺怒氣，免得你倆都爆發了。所以在描述簡單可行的改變時，不但要封存你的憤怒，還要封得牢牢的，然後兩人才可能有美好的生活。

如果你的憤怒來自社會弊端，好比你是種族主義的受害者，攻擊壞人可能只是強化你與他們的連結，特別當他們的態度不會改變時。請記住，你並不需要證明你的勇氣，你每天去上班，知道有被羞辱的危險，只因為你需要賺錢養家，這已經證明了你的勇氣。

當你認為有機會贏，再與種族主義者對抗，不然就閉上嘴巴，盡快躲得遠遠的。殲滅種族主義的超級英雄不只能勇敢面對惡魔，更擅長選擇戰場與作戰時間，不要讓憤怒控制你要不要對抗、何時作戰的決定。尤其因為大多數公民權的戰鬥都以和平取得勝利，方法就是讓種族主義者自取其辱。

請別用生氣、疏離的語言面對你最想說服的人，請描述事實，包括種族主義者的行為及其帶著遺憾的有害影響。不，你不必隱藏你的憤怒，而是用克制力呈現客觀事實和自我控制，可以讓你贏得他人的支持。

如果你決定保持沉默好過抒發自我，這不是因為你是懦夫，而是你有比起讓內部火山噴發更具價值的目標，例如維繫家庭、替感情找到最好出路，以及保留談判的力量。如果你的個性有一點江湖氣，痛恨不公，又容易受傷，那麼你最好放下想鏟奸除惡的念頭；因為你不對抗，才最英勇。

簡易自我診斷表

無法企及的願望：

□ 從恨意中平復。

□ 從愛所有人和希望大家都好中獲得自我肯定。

□ 擺脫開口罵人的誘惑。

□ 擺脫開口講理的誘惑；雖然說得理直氣壯，但只會造成紛爭。

切合實際且可達成的目標：

□ 了解表達負面情緒會導致更多負面情緒。

□ 培養把負面情緒留給自己的能力，才能為更大的目標努力。

□ 培養受挑釁時與人談判的技巧。

□ 培養被激怒時有效開戰的技巧。

你能做的事：

□ 發展一套辨識並接受憤怒僵局的程序。

□ 找出所有實際且有價值的目標，而不是發怒或改變無法改變的挑釁。

□ 保護自己，免於暴露在無謂的傷害、侮辱和挑釁中。

□ 學習在怒火中燒時仍能與人溝通協商。

□ 學習必要但沉默的戰爭技巧。

真心話練習腳本

以下是你該知道怎麼表達憤怒的情緒，但最好別說出來：

> 親愛的混蛋，又名我的＿＿＿（同事／親戚／偉大的當權者）：
>
> 我希望能告訴你，你有多＿＿＿（卑鄙／霸道／瘋狂的可怕），但我不會說的。我有（很多／一些／只有一個）理由，因為我們要＿＿＿（一起工作／住在一起／住在同個星球上），我總是對＿＿＿（某個德文字很有興趣，意思是「允許也知道它的存在」），讓我聯想起改善我們的關係。否則，有時我會突然結束對話，只因為＿＿＿（我有事要先走／總統打電話來／我恨你的膽量）。一如往常，我祝你順利＿＿＿（平安離開／滾開）。

扭轉人生的對話

如果你看到某人要做一個你確定是錯誤的決定，勢必會讓她從人生的高臺跌落，很難忍著不去跟她談談，要她用常識想想她的愚蠢選擇。當我們知道我們是對的，就想做正確的事。

不像那些訓練有素的人質談判專家或風險管理顧問，一般人的談判技巧最好程度也不過是平庸。用愚鈍的常識說不通，只好重複說一樣的內容，只是聲音更大，接下去聲音持續更大，還帶著一股殺氣騰騰的怒氣。

這也許是贏得注意力的正確方式，可以讓對方三思而行，甚至有嚇阻作用。但它不是讓人改變主意的好方法（尤其是青少年的思想，大聲反對反而更讓他們確定把餿主意放在首位）。

如果音量和咆哮沒有用，我們的第二個直覺就是利用賣東西的話術來說服她，告訴她如果她接受我們的建議，她會覺得舒服些，可能更性感、更富有，也更有力量，而且不會那麼焦慮。然而就算我們是銷售天才，免費奉送，運費也免，還是有很多人輕易就拒絕電視購物的行銷花招。

但最難受的是要我們接受這樣的事實：即使我們很會說服人，說的也是自己深信不疑的事，但我們的話可能完全不入他們的耳。此時對方不聽話會讓我們有糟糕的挫敗感，這也是讓我們覺得需要對後續結果負責的原因。

勸不聽的時候，不用急於成為更會溝通的人，而該誠實評估你是否已經盡量把你的想法講清楚。如果答案是肯定的，你自己就必須遠離那方高臺，再多的事都不是你的責任。

要有信心，總有一天人生一定會驗證你的觀點。到那時候，如果彼此不溝通的情況還沒有讓你心酸、生氣，或者連「我不是跟你說過了嘛！」之類的話都說不出口，你的話將會被聽進去，也才有機會促成對的事。

在這期間，每次面對危機，都希望能交涉得最好。如果她忽略你的請求，選擇把你的說法當成錯的，請讓她知道你費盡一切心力想保護她，如果她在掉入深淵後還挺得過來，你一定會拉她一把。

當別人不聽你勸時，以下是你希望擁有（但沒有）的能力：

- 拉斯維加斯魔術師創造幻覺的技巧（如果有必要，讓某人消失）。
- 不斷更新的PowerPoint，你說的每件事它都會確認真實性。
- 歐普拉般讓人走向陽光的能力，不論是讓她們哭成一團還是送她們一輛車。

以下是人們許下的願望：

- 讓她知道她在做什麼，並要她不要再做了。
- 讓她知道她對別人造成什麼傷害，並要她停止。
- 讓她了解，他們只是想幫忙。
- 讓她了解，他們是好人。

案例分享

我一定要說服我姊，她要是再回到酒鬼丈夫暴力男身邊，只是找死。他每個月都會喝得爛醉發酒瘋，把我姊打得遍體鱗傷。她只能帶著孩子躲到我家來，哭喊著這是最後一次了。但最後那個渣男又會哭著打電話來，或帶著鮮花和速食來這裡道歉，承諾他一定會改，而我姊就會內疚不該把家拆散，然後又買帳了，這樣的情況一再上演。我真不知道要用什麼話才能讓我姊認清那個男人根本是人渣，她需要趕快脫離這種循環，以免太遲。

* * *

在公司要求做360度評鑑回饋後，我原以為事情會改善。我的主管從所有員工那裡得到了回饋，這是我們大家讓他知道我們想法的好機會，當然是匿名的，我們都認為他既霸道又不會溝通。但不幸的，他現在居然要大家都坐下來好好解釋我們是什麼意思。他認為這將是有建設性的作為，但我們都知道他只不過是想知道到底是誰說了什麼，想要確切地處罰我們，使這間辦公室讓人沒辦法待下去。我的目標是找個比較溫和文明的方法，讓他知道他有多不講理，讓他認真看待那些回饋，改變做事方法而不是毀了這個工作。

* * *

我希望讓我先生了解他需要減肥，把身體養好。他已經胖成這樣，還隨便亂吃，也不運動，更不肯找時間看醫生。你就算不是醫生，也都知道他讓自己得心臟病和糖尿病的風險有多高，只要我嘗試鼓勵他吃得健康一點或去散步，他就罵我沒安好心嫌他胖。我跟他解釋，我只是想讓他多注意一下自己的體重，因為我們全都靠他，我怕他會有什麼三長兩短，他說我連續劇看太多了。我就是無法勸得動他，我希望他能聽我的話，讓他知道尋求幫助有多重要。

當你無法說服他人做你覺得性命交關的事，一定要小心，不要逼得太緊，到頭來只會逼他一股腦地迴避你那憤怒可怕的自我。

相反地，你該承認自己對他沒有影響力，包括沒有救他和保護他的能力，然後用尊重和耐心來說明你的道理，而不是用憤怒和歇斯底里。

如果你想勸某人脫離可能會賠上性命的受虐關係，不要攻擊施虐者，畢竟那是她拚命去愛的人。尊重她的愛以及她想挽救感情的願望，也許她覺得這段感情是她唯一所有，不管你認為它有多麼毒。

與其跟她說她的丈夫是人渣，倒不如勸她，有些不幸的人——通常是幼年受虐的人——受不了愛人和需要別人的壓力時，往往只能用狂暴的怒氣表示。雖然她最初可能會想，她對他的愛堅定忠貞，絕對會平復他的痛苦，克制他的憤怒。但她一定會發現對方在人格上有一些她幫不上忙的問題，即使她有堅實的愛，任何憐愛的感情都會挑起對方的痛苦和憤怒。有些人只是對愛過敏了，但他們得到的不是蕁麻疹，而是害怕。

請受虐者在評估自己與家人受到傷害的風險時，要看重自己的愛。向她保證她有能力給予，如果她運氣好，找到某個問題沒那麼嚴重的人，她的感情會幸福的。如果這樣行不通，最終她會幫助自己和她的伴侶往前走，並找到某位能正面回應她的愛的人。

如果你被要求針對某人提供有建設性的批評，而對方通常都無法好好面對，在指出他的弱點之前，請先評估你的風險。即使他真誠地希望別人告訴他意見，但他的過敏源可能不是愛，而是批評。因此，無論你的意圖多麼單純，那個人都可能無法阻止自己不起報復心。

你希望擁有更好的關係或工作環境，但請不要讓這種念頭引誘你陷入困境。你知道自己在外交手腕上能力有限，也知道那個人一直被大家提到的毛病。甚至當你知道這件事躲不過時，也有責任保護自己，避開反彈。

如果你知道建設性的批評只會讓你的老闆有更好的機會把你解僱，而不是讓他認錯，那麼請把它留在自己心裡；如果你讓仗義執言的渴望占上風，你的工作可能就不保了。

勸某人改變不良生活作息，尤其要他保持身體健康，這提議一開始不免強勢了些。生活習慣通常根深柢固，想要改變任何一丁點，都要你不斷嘮叨和提醒，然後只能接受所有耳提面命都是白費工夫。到最後，他會說就是你！就是你讓他覺得被批評，也很無助，才會讓他的健康習慣更惡化的。

所以不要一直叨念他的壞習慣，而是動用你的錢和相處的時間來控制，鼓勵改善習慣。不要妄想用懲罰的方法，也不要期待他一定會改，只是用你的力量，只要你覺得合情合理，可以提高重要價值。舉例來說，如果你是家裡的主要採買者，你可以不要買不健康的食物，把拿回家的零食通通鎖起來。但只要他規律運動，你就多提供一些點心。

你不能把別人的壞習慣當成自己的責任，但你可以進行創造性的實驗，當你的努力被擊敗，也可在無須過度反應的情況下建立增加健康行為的激勵機制。無論哪種狀況，不要停止執行你價值觀的行動，無論你的另一半是否附和，你知道自己為了提供改善健康的機會已經盡了最大努力。

為了有效達成說服目的，你必須接受我們所說的「羅傑斯限縮原理」（Rogers's Condensed Principle）：你必須知道什麼時候該握住，什麼時候該折好，什麼時候該走開，什麼時候又該跑。換句話說，如果你想說服的人還沒準備好，你就必須準備好限縮你的責任感，由他去吧！

請不要因為他固執、愚蠢或自找死路而責備他，請讚美他個性的另一面，像是努力求好。他現在不聽勸，或還沒聽勸，也請尊重他的想法。請記住，你越是不逼他，就越能把他拉到你這邊。

簡易自我診斷表

無法企及的心願：

- □ 具有說服人的能力，因為真理與你同在。
- □ 擁有個人的信譽和尊重，所以不用懇求、講理、討價還價，別人就會相信你。
- □ 當別人不顧你的警告，具有讓他做該做之事的精神控制力。

切合實際的目標：

- □ 了解你缺乏說服人的超能力，所以也不用對其他人如何回應你的想法負責。

☐ 集合好的論點（即使都被當成耳邊風）。

☐ 堅持處理其他優先事項，要知道不論你能否勸服他們，你都盡責了。

☐ 明白你無須對他們受到的傷害負責，因為他們有聽勸的話，那些傷害都能預防。

你能做的事：

☐ 假設了解的障礙不是故意或惡意造成的，而是由人們無法抗拒的希望和需求所驅動。

☐ 忽略故意、惡意的攻擊。

☐ 要人們思考自己的價值觀，想想什麼事會導致他們的行動，而不是把焦點放在痛苦、感受和希望上。

☐ 如果你有機會，請將即將到來的危機轉為機會教育。

☐ 了解你的效用在於促使人們做他們聰明的那面要他們做的，而非**你**要他們做的。

☐ 如同以往，讚許自己的努力，而不是事情的結果。

真心話練習腳本

當某人亟需你的建議，但不知何故而沒採納，以下是你要對他說的話：

親愛的＿＿＿＿（朋友／某家庭成員／同事／自尋死路的白癡，看來需要「來到基督跟前」佈道大會開導，但除非耶穌顯靈才會聽話）：

我覺得你已經快要＿＿＿＿（被整慘了／中毒了／被玩了／惹上大麻煩／被宰了），但我知道一直以來你是＿＿＿＿（「被慫恿」的反義詞），因為你＿＿＿＿（太ADD，患有「注意力缺失症」／愛到卡慘死／決策基因太弱，注定給人牽著鼻子走），所以沒辦法克制自己。與其努力＿＿＿＿（說服你／霸凌你／賄賂你／掌嘴打醒你），倒不如問問你什麼事情對你最重要，目前的生活習慣是否會帶你到達目的，或帶你到＿＿＿＿（急診室／警察局／太平間）。然後，如果你願意，我可以與你分享＿＿＿＿（方法／書面規則／一些不錯的心理醫師），改善你自我控制的能力，但如果你喜歡，我也可以讓你獨自面對。

溝通特定訊息最好與最壞的方法

訊息	最好的方法	最壞的方法
你想告訴某人她錯了。	親自面對面私下說，用支持的語言，不要譴責她的選擇，但鼓勵她探索替代方案。	簡訊告知，中間還夾雜了「怒」和「屎」等表情符號。

你想支持某人度過痛苦經驗。	與某人外出午餐時聊聊很好，用電話溝通也很合適。如果你不太了解他，用手機預付卡就可以了。	透過臉書公開po文：「很遺憾你發生（那件很隱私的創傷事件）！我支持你，孩子！YOLO（You Only Live Once! 活在當下）！」
你想警告某人她的作為正危害她的健康。	這種事只能面對面、迂迴婉轉地說。例如，如果她飲食毫無節制，請不要上演杯子蛋糕干預秀，只要邀情她一起健行，之後再奉上一小杯果汁。	用直接對幹的方式。即使你只是瀏覽她在社群軟體Instagram上的食物照片，然後在每一張下面留言，暗示這些都與糖尿病有關。
你想結束一段感情。	你需要在容易逃脫的地方面對面親自說，或在安靜的私人空間用電話溝通。	透過各種媒體，包括花錢在邁阿密馬林魚球賽的超大看板買版面，在「生日快樂」告示和當地牛排屋的廣告中間夾放一幅「我們完了」！

如果你把溝通當成解決問題的方法，而不是解決所有分歧的靈丹妙藥，你的溝通能力一定會提高，特別是如果你能控制想控制人的念頭，無論你的立意多麼良善。否定意見請放在心裡，同時設法讓人看到自己的選擇是否是調解員、父母和治療師的共同理想。無論你是否有三寸不爛之舌，但解決問題的溝通能力總有極限，總有一天我們會遇上自己的中東戰局，屆時你需要知道你已盡力，只能閉上嘴並且隨它去吧！有時候，最好的回應就是完全不溝通。

F*ck

fuck parenthood

第八章

該死的天下無不是的父母

父母覺得孩子是人生中所做最值得的好事，還是最糟糕的錯誤，端視保釋金是在哪天又在哪裡交的即可知。無論哪種情況，都不保證我們一定幸福快樂，也不確定在多年辛苦後一定會有好結果。親子之間不只是生命的循環，也是生活裡**爛事**的根源。人生本就殘酷不公，為人父母盡了最大努力，結果仍可能是孩子長大卻成了文盲哥布林[43]。

而讓人無能為力的是，小孩超難搞的主要原因從基因到大腦管線都有可能，雖源自父母卻完全由不得父母。父母唯一控制遺傳特性的方法是節育，但在那之後，所有的賭注都已買定離手。

這意謂著，父母總覺得孩子出了問題是他們的錯，即使他們完全插不上手。如果你生孩子是為了獲得美麗永恆的經驗，倒不如直接去紋個海豚騎獨角獸跳過海牛的刺青圖案就好，它會永遠跟著你，永遠保持你創造它時的模樣，帶給你和全世界歡樂，而不會撞爛你的車或者在自己身上紋個愚蠢的刺青。

養孩子犯了錯把你嚇壞，你想找出問題並解決它，但問題根本無解，插手管只會把事情越弄越糟。所以在你被嚇傻、把事情搞砸前，請先停下來問問自己究竟有多大的控制力。你身為父母，目標不是去解決你和孩子的問題，而是該想清楚什麼問題是可解決的，這樣你和孩子才不至於發瘋。

想找出做父母的能解決什麼問題？這當然是有方法的，就是嘗試一切，看看什麼會成功。然後就知道，與其一直試、試不停，倒不如接受你根本就無能為力的事實。但請保持士氣，並希望這就只是一個階段，而不是希特勒二世在世。

你可尊敬那些解決問題的父母，但請把最高榮譽保留給那些孩子**就是**問題的父母，他們找到勇氣堅持下去，且無論如何都接受自己的孩子。但請記住，當個好父母並不表示你就該把父母這角色捧得高高的；當個好父母很值得，但經常也很折磨人，就像你會常常跟孩子說：人生就是不公平。

不要毀了小孩

大家都喜歡說生孩子是奇蹟，但套用已故喜劇演員比爾．希克斯[44]的說法，生孩子大概就跟食物吃下肚然後化成糞拉出一樣神奇。這是基本的生物功能，並不是用木杖分開洶湧怒海[45]。

也許它的確很「神奇」，想到那麼多新手父母在孩子年幼時要承受那麼大的壓力，他們著魔似的迷上每個跟小祖宗有關的決定，從去排某家幼兒園的錄取名單，到要不要讓孩子暴露在邪惡的電視前，再到擬定精密計畫來迎接他們的神奇寶貝到這世上（在浴缸裡分娩／在蒙古包生產，不用藥物／額外疼痛，請助產士接生／安排侍女合唱陪產……）。

如果執迷的是嬰兒和孩童的健康發展，這顯然是好事。胎兒和新生兒都很脆弱，頭幾年的發展對孩子一生有巨大影響。擔心是否做對事情的父母，可能會養出更健康的小孩，孩子發展的技巧也較廣且多；但太操煩孩子的父母，則會把自己和他們創造的奇蹟逼瘋。

那是因為，儘管有現代醫學，也有研究兒童發展的新知識，但父母也好，醫生也罷，全天下最受歡迎的萬能助產士都好，他們都對孩子的優缺點或孩子出生基因裡帶有的潛在疾病，並沒有多大控制力。

事實是，我們覺得責任越來越重，並不表示我們的力量也會相對越來越強，強到足以反轉結果，就

---

43 譯註：Goblin，小說、漫畫、電影、電玩中的角色，他們是傳說中的地下生物，形象弱小但很狡猾，對人類很不友善。

44 譯註：比爾．希克斯（Bill Hicks，1961-1994），單人脫口秀傳奇人物，受伍迪．艾倫啟發，十六歲開始表演單人脫口秀，演出自成一格，內容攻擊性強卻耐人尋味，反映美國黃金時代的文化。

45 譯註：引自聖經故事，摩西用木杖將紅海分開，讓以色列人可以走過去。

只是多了一些技巧應付某些災禍。所以，不論你對本能和文化的反應為何，都不要以為自己要為發生在孩子身上的事負起全責。

行事切勿驚慌，先做一些聰明研究。閱讀一切你認為會有幫助的書（也就是由專家撰寫的實用建議，而不是恰巧生很多的名人寫的東西），與你尊敬的家長談談，並回想自己在孩提時期，什麼是對你有用或沒用的事。

從孩子名字要取艾登、傑登或凱登等小事，到孩子生病沒有膠狀藥物可治療時該如何處理這類大事，父母必須做很多會影響孩子的決定。如果你能冷靜評估每個選擇的風險與好處，而不是只因為覺得錯誤決定會把孩子變成海怪而嚇得驚慌失措，就會讓父母的工作及孩子的生活更容易也更快樂。

如果你資源充足，想做就去做吧！買最好的娃娃車，找最好的乳牛確保牛奶品質絕對有機，買最鬆軟的被褥帶給小寶貝最甜的美夢。只要定期提醒自己，受孕和胎兒發展初期特別容易碰到壞運氣，無論你花數千美元浪費在哪一牌的娃娃車上，想靠自己的力量預防厄運降臨，著實有限。

請給自己鼓勵，但不是因為生了健康的寶寶，而是你為混亂世界促進健康。如果你盡了最大努力但事情不盡如人意，也請給自己更大鼓勵。生孩子可能不是奇蹟，但成功撫養一個健康的孩子永遠是奇蹟，不論這個世界丟給你什麼。

以下是為了孩子健康成長，父母想要但做不到的事：

- 分子保險套，保護嬰兒隔絕所有遺傳疾病。
- 巨大的隔離塑膠泡泡，確保世界最安全的無風險懷孕。

- 配偶也是禪學大師。
- 有一種科技，能讓生孩子要花的時間和風險跟吃肉桂捲一樣。

以下是人們許下的心願：

- 保證胎兒健康。
- 保證積極、安全和崇高的經驗傳承。
- 保證餵母乳能餵得順利。
- 立刻與寶寶培養正面關係。
- 保證小孩正常成長。

案例分享

我把寶寶的健康看得比什麼都重要，我也知道用母乳哺育的重要，但不知為何我就是沒奶，醫生和我自己都無法解釋或補救。我一直試，折騰了兩個禮拜，這段期間我受盡折磨，我女兒只能餓肚子等吃，最後不得不放棄，只能餵她配方奶。我知道這是必要的，但我不禁擔心無法給她需要的母奶，會對她的免疫系統造成傷害（說不定對她的大腦也有影響，誰知道？），更無能為力的是其他媽媽聽到我的決定，對我的厭惡感藏都藏不住，好像我是戰犯一樣。我無法逃避做母親失敗的感覺，而我也才剛當上媽媽而已。我希望不要每當一想到我給她的，就覺得自己是世上最糟的母親。

＊　＊　＊

我愛我先生，我們都真的很想要小孩，但我無法不想到我三十五歲才生孩子會發生的問題，而且我還選了一個五十多歲在學術界做研究的書呆子當我孩子的爸。當然，我們的年紀與職業（我們兩個都是博士）對生孩子都有風險，所以更有可能生下自閉症相關疾病的小孩。我自己很願意接受挑戰去養一個有特殊需求的孩子，但光是有意生個孩子到只會讓他受苦的世界，我就覺得內疚到不行。我的目標是不要再被生小孩（及其相關問題）嚇呆，並決定我該怎麼做。

＊　＊　＊

我兒子出生後，我們發現他患有腦性麻痺，並影響了他的右腿。到目前為止，沒有跡象顯示精神方面也有損傷，但我看到他費盡力氣努力爬，努力走，困難的程度比他姊姊多這麼多，就會想自己到底做了什麼才讓他得到這種殘疾。我跟自己說要盡一切力量，確保他不會受到差別待遇，他需要的幫助也一樣不能少。他馬上要念幼稚園了，所以我們搬到特殊學生有較多資源的學區，即使我們可能連相關稅金都繳不起。我也讓老師們知道，只要我覺得我的孩子沒有適應良好，我就準備帶著律師和法律代理人一起上門。我太太說我忽略了其他孩子，這樣做只會讓我兒子感覺更糟，但她沒有搞清楚重點。我的目標是要確保這個問題永遠不會成為他的阻礙。

大多數精神疾病的狀況都很難向人說清楚，但如果你想了解嚴重焦慮的感覺，照顧一個嬰兒就知道了。

這些小生物的每項基本需求都完全依賴你，還需要不停關注，以至於會妨礙你照顧自己的基本需求。他們會長大，但是你對他們的責任感卻不按比例縮小。

不幸的是，就算是世上最細心的父母，都無法避開威脅兒童安全和發展的最重大問題，更別提改正。抓著責任不放，只會讓你筋疲力竭，把無法忍受的壓力轉嫁到婚姻上，甚至讓你變成你最害怕的東西——壞父母。

這就是為什麼為人父母是最需要小心拿捏的工作，只有在面對重大威脅與真正可治療的問題，才需要你一肩扛下；同時也要忽略更多你也無能為力的可怕事情。這樣你才可以走出去，賺錢謀生，也才不會真正被逼瘋。

從你打算懷孕的那一刻起，你就進入充滿擔憂和奇妙想法的世界，總想著如何控制才能創造並生下一個完美安全的寶寶。當然，這個任務十分重要且不可能，於是促使每個人都進入無盡的恐懼與內疚中。

是的，哺育母乳是有幫助的，但它就像補充良好營養、避免飲酒、在有良好醫療照顧又近的處所生產一樣。然而，這些經過科學佐證的好處，也只是在一段時間內會有些幫助，而不是保證一生都好。此外，當你最想要的方案做不到時，總有辦法挽救好處，降低風險。的確，看情形調整和妥協才是養育的內涵。

請不要為了保護寶寶免於痛苦，不被病菌感染，就把自己當成拚命的戰士。你應該把自己看成經理人，評估相對利益、風險和承擔得起的不同選項。你永遠不會有足夠時間和金錢照料好一切，當別人似乎做得更好時，你卻因為好像做了妥協而心存忐忑，請習慣這樣的感覺。

順便說一下，總有些不相干的人，多半是母親，對什麼都有強烈意見。基於她們愛傳福音的天性，最好把她們視為挨家挨戶的傳教人士。當她們開始宣揚餵母乳和硫磺的功用，請保持禮貌，與她們保持距離，等她們轉過身後趕快把門鎖上。

你應該已對自己的選擇仔細想過，考慮自己狀況後做到最好，請堅持你的選擇，尤其有些時候事情就是不順。當資源並不像你期待的那樣，請不要用寶寶的狀況評判自己，而該以自己能把事情處理到什麼程度當作評判標準。

請別害怕可能的遺傳風險，直到你做過仔細評估。報紙總是簡化因果，拿一篇複雜的研究報告，變成嚇人的標題，想把超過三十五歲的人全都嚇到屁滾尿流。請深入閱讀，並諮詢專家，查明風險究竟是2%還是100%。

請記住，年紀較大、比較老派的父母也有好處。事實上，你是老了，但聰明，有很多共同點可以做孩子更好的保護者和夥伴。你的聰明基因給你一個聰明孩子的機率，遠大於給你一個自閉症小孩的機率。而聰明孩子是珍貴的，不只是對於你，也是對全世界。請不要讓自己被恐懼逼得只想到最壞的情形，請記住，當父母的，就是要能全然接受壞基因的風險，同時又期望好基因的優點能占上風。

如果事情真的出錯了，就像發生腦性麻痺，父母的奉獻可以產生很不一樣的結果——有好有壞，或兩者兼有。全心投入的父母會戰勝無知，去除「嗯…不好吧！」的反對雜音，避開糟糕建議，這些總是動人電視電影和新聞報導節目的好題材。

不幸的是，這種執迷對於你的另一半和其他小孩或試圖幫忙的人來說，都是不好的經驗。如果你的意志堅定不移，決意讓殘疾兒童的生活完全與正常人無異，你會耗盡家中所有物質和情感資源，卻依然無法實現自己的目標。

請盡量學習關於孩子病情的相關知識，自己決定何種治療與矯正計畫是值得嘗試的。若它們沒有效果，或是可望有效卻要你花大錢，這時請不要太執迷，也不要攬下責任只為找答案。請接受你也有極限，把資源省下來留給未來可能的需要，這也是做好父母的部分職責。它不會給你好心情，艱困的決定很少讓你有好心情。它反而會讓你專注於其他東西，例如與你的孩子共享天倫之樂。

好父母需要小心翼翼，不辭辛勞，願意為孩子的健康犧牲；但偉大的父母可以忍受在各種犧牲間做選擇的焦慮，了解不好的結果也可能來自好的選擇，明白孩子雖然在不好結果下脆弱無助，卻不是父母能控制的。如果你選擇接受焦慮，你和孩子將有更好的存活機會。

簡易自我診斷表

無法（總是）企及的願望：

□ 無麻煩的懷孕及生產。
□ 完美、快樂的寶寶。
□ 遺傳好基因的運氣。
□ 充足的資源。

切合實際且可達成的目標：

□避免懷孕，直到你覺得資源已經齊備。

□把危險懷孕及生產的風險，降低到你能接受的程度。

□當你相信犧牲是值得的且符合成本效益時才做犧牲。

□協調配偶間的管理差異。

你能做的事：

□計畫生養小孩前，請評估資源（金錢、時間、伴侶關係）。

□如果你沒有這些資源和獲得資源的計畫，請不要生小孩。

□教育自己健康及養育的相關問題，以及處理這些問題的方法的花費和利益。

□別指望找到不花錢又沒風險的答案。

□給做艱難抉擇的自己肯定，無論結果會如何。

真心話練習腳本

以下是你該告訴自己及另一半有關懷孕、生產和養育小孩的事：

親愛的＿＿＿＿（自己／應該做更多或還做得不夠多或批評我沒做對的人）：

我覺得做再多也不夠彌補＿＿＿＿＿＿（我們的壞基因／因壓力引起的胎兒損傷／讓孩子變成連續殺人犯），但我知道我有很好的伴侶，我們可以一起組成優秀的團隊，為＿＿＿＿＿＿（懷孕／分娩／教育／長期心理治療）訂出合理計畫。就算存在可怕的不確定性，我認為我們有很好的機會＿＿＿＿＿＿（請填入「不搞砸」的同義詞）。

好父母 vs. 過度保護孩子的父母 vs. 壞父母

好父母	過度保護孩子的父母	壞父母
指導孩子功課。	雖然每一科都請家教，還是自己替孩子做功課，以確保老師沒有把小孩逼得太緊。	不知道小孩現在幾年級，或不知小孩在哪裡。
只要可以，會出席孩子的比賽、獨奏會和表演。	為了讓孩子引人注目（但安全的引人注目），當球隊教練，擔任演奏會製作人，做戲劇表演的導演，或乾脆共同演出。	只要可以，要孩子跟他一起看《終極格鬥錦標賽》（Ultimate Fighting）或《鑽石求千金》（The Bachelor）節目。
如果孩子想和朋友出去，一定先見過他那些朋友，確定必要的聯絡資料。	如果孩子想和朋友出去，先確定朋友的身分證字號及車子空間大小，因為她也要跟去。	如果孩子想和朋友出去，事後會約他在酒吧碰面，因為需要載老爸回家。

停止親子衝突

和陌生人起了一些誤會，諸如他們只是跟車卻碰上前面車道封閉，那樣做也只是想活命而已；他們只是超市熟客，苦苦尋找一條天殺的結帳櫃台；他們甚至是同事，只是想找出誰偷了他放在冰箱裡的低脂代餐包。這些事雖然很煩，但可以理解。畢竟，一個素昧平生的人，你沒有理由去相信他的意圖，要說一言不合或誤解意思也是稀鬆平常的事。

這也是為什麼，當你和自己孩子衝突不斷時，只會心碎而難以理解：你這小子又不是坐在休旅車裡想超我車的那個混蛋，你可是我和那個你還沒出世我就認識的人一起創造出來的耶！

你覺得依照你和孩子的關係以及你對他的教養成效，應該不可能發生這樣的紛爭。如果做父母的無法解決自己和孩子間的衝突，一定是他們哪裡做得不夠好，可能是溝通出了問題，或是沒有灌輸正確價值觀，或沒有表達清楚什麼可以做，什麼不可以做。

然而不幸的是，我們通常不了解為什麼就是有些孩子會和父母起衝突。更常見的是，他的父母明顯是稱職的爸媽，也與其他孩子相處愉快，但就是與自己孩子處得不太好。有些孩子天性就比較煩躁，或正經歷情緒障礙；還有些孩子只是看到的世界不一樣，也可能不是他們父母希望的樣子。

如果你陷入與孩子的長期衝突，請尋求專業建議，並問問自己，身為父母還有什麼可以做得更好的。但許多情況下，你的教養方式並沒有錯，只是其中有一些小孩難以接受和理解，而且也不可能改變。

如果是這樣的話，你仍然可以擁有一個好孩子，但這個孩子不一定是你能輕鬆自然、心平氣和、敞開心胸談話的對象。畢竟，為人父母，該做的你都已經做了，雖然不公平，但這就是人生。

好的親子教養不一定能解決衝突或預防爭執，但好父母可以看在長久親子關係的份上處理這種事。所以儘管他們都覺得有時像容不下彼此的陌生人，當父母的還是可以在人生裡保有這孩子。

面對親子衝突，以下是你期待卻得不到的答案：

- 小孩總是只說你要講的。
- 性情不要那麼像你的小孩（當然，你小孩的性情一定更好）。
- 另一半更擅於找到解答，而不是做責怪的源頭，特別是責怪的對象通常都是你。
- 有個能陳述小孩委屈的方法，前提是不會造成更多吵架的委屈。

以下是父母對於和小孩的衝突所許下的心願：

- 找到更甜的蘿蔔或更大的棍子。
- 對於什麼是對和錯的行為，先達成共識。
- 在優先次序和忠誠度上意見一致。
- 不要把另一方逼到絕境。

案例分享

我女兒在青春期之前是個開朗的孩子，和全家人都處得很好，不會討厭我在場。第二性徵出現後，她就變得不快樂，變得膚淺，永遠跟你唱反調。她的成績一落千丈，開始迷上男孩子。即使禮貌問她問題或提出建議，她都用衝撞的態度回答我，然後就要開始吵架。我快被逼瘋了，不知道是我錯了或這只是一個階段。但如果我們不能盡快停止作戰，我倆都不會活著看她高中畢業。我的目標是停止無盡的爭吵。

* * *

我不太滿意我十六歲兒子的發展方向，但我也沒辦法，只好讓他知道這一點。他逃避學習，不在意家庭作業，大多數時間都花在研究他那輛可怕的車子上，還說他真的不想去上大學。我跟他說我對他期望很高，討厭看到他做出許多錯誤選擇，結果後悔一輩子。我做的一切努力，好像只會導致和他爭吵，彼此怨恨，讓我妻子擔心和傷心。我的目標是指引我兒子一條更好的方向，不要把時間都花在和他爭論上。

* * *

我以前從來沒有和我兒子起過衝突，直到一年前他娶了妻子，從那時候起，我們就沒有意見一致過。他的妻子實在令人無法忍受，她不喜歡和我及我老公待在一起，還跟我兒子說我們對他有不良影響。雖然他不一定同意她的看法，但也不會站出來反駁她，往往順著她的意。她說我們的壞話說得太過分，他也不會要求她道歉，所以我們只好避開她，但也從那時候起很少看到我兒子。只要我們和兒子見面，他就要我們對他妻子好一點，但我們真的不知道該怎麼辦，因為是她找我們麻煩的。我的目標是停止爭吵，和我兒子回復以往美好關係。

當你盡其所能、想盡一切辦法想與孩子處得更好，你試過進一步去了解他；與另一半扮演黑臉／白臉；尋求心理醫師、朋友和書上的建議（嘿！為什麼啊？）；後來試著不去了解，也到了承認你其實無能為力的時刻，想想你該怎麼處理它。

如果荷爾蒙的變化把你的小女孩變成超級恐怖份子，請確認你的孩子是不是有憂鬱症的危險。因為憤怒是憂鬱症最明顯的症狀，特別是青少年。目前網路上可找到很多憂鬱症的問卷調查，問的都是些簡單直接的常識問題（如情緒、負面想法、自殺衝動等），而不是問些無法告知的壓力、失落或重大創傷。

無論她給了你或問卷調查什麼樣的答案，只要你懷疑她也許得了憂鬱症，請找精神健康的專業人士對她進行評估。如果你不相信她的回答，或她沒有回答，最大的問題可能從她是否得了憂鬱症變成她是否想自殺。如果你對她的人身安全有絲毫懷疑，請不顧她的反對，帶她去急診室就醫。

請記得，要理出到底為什麼會引爆煩躁及可能憂鬱症的原因，理論上父母處於最有利的位置，因為你有最好的內幕消息及了解她。除非你的孩子喜歡和好心理醫師聊的程度高過與你談，但心理醫師能做的，比你要少得多。

如果孩子沒有什麼議題要談（無論跟你或是與心理醫生），兒科醫生也不需要進行賀爾蒙治療（如甲狀腺或其他），心理醫生也沒有要處理憂鬱症的問題，那麼，就可診斷是青春期的原因，唯一能治好它的只有時間。

你能做的就只有咬緊牙關，對非常糟糕的行為設限，且哀悼你失去了那個你曾經認識的好孩子，希望她有一天會回來。如果她沒有，也希望她能找到另一半，能對女兒的情緒化完全免疫，願意從你的手中接走她。同時，尊敬自己的耐心和寬容，畢竟你也有自己的悲傷（和那討厭的甩門聲）要面對。

如果你對孩子即將變成什麼樣的人感到悲傷，請客觀看待他的長處，而不要混淆真正的他與你期望的他，兩者差距有如鴻溝，尤其你的期待可能帶著成見和錯誤。例如，對學術沒興趣的小孩，即使在體育或藝術方面充滿才華，如果在知識份子家庭長大，往往會覺得自己失敗。這就是為什麼找到看重孩子真實自我的方法很重要，即使他們一點也不像你。

是的，尋找孩子是否有學習障礙，並尋找以孩子長處克服障礙的方法，都是值得做的事。例如，對汽車很拿手的孩子，通常有超凡的視覺空間能力，但這些能力可能不會反映在文字或數字上。如果你已盡力提供好的家教，包括你自己或家裡其他大人，如果都沒有成效，你的更大目標是接受，而不是冀望他的學術表現。

請不要輕視學習的價值，但要鼓勵你的孩子，提醒他很多人都在離開學校之後才學得更有效率，因為他們的大腦需要藉著實做才會學得更好，而不是坐在那裡念書就可以學的。只要他找到專長和興趣（而且這個興趣是合法的，不會成癮，還可以拿到薪水），那麼就沒有理由一定要說服他放棄，何必折磨你的家人！

同時，如果你想讓孩子表現出最好的一面，請把失望藏在心裡，你雖不需強迫自己因為他是誰而愛他，但你必須演得像真的，並保持樂觀。如果你想避免衝突拖垮你們兩個，就從現在起，放棄腦子裡對他原先的計畫。

如果衝突起於忠誠和承諾的競爭，聲稱自己是具有優先決定權的家長可能會適得其反。你可能是對的，例如你的怨恨，孩子的配偶可惡、不講理、又愛搞破壞，恨她有理。在老生常談的觀念中婆婆是邪惡的，但很多婆婆之所以開始恐怖統治，都源自她們以前曾是丈夫父母的眼中釘（說不定也是她原生父母的眼中釘，或你耳力所及聽到的人都討厭她）。

一旦你已想盡辦法消除誤解，也盡力和媳婦建立更好的關係，但你必須面對現實，如果衝突繼續下去，後果將是無法控制的。你的期望必須改變，把你自己的真實感覺說出來只會把兒子從你身邊逼走，正好把他趕去他妻子的瘋狂臂彎裡。

你要做的並不是把孩子贏回你身邊，或向他抗議怎麼不再信任你們。請不要再期盼會有輕鬆愉快的日常溝通，也不要一直期待全數參與的快樂家庭生活。你該做的就是接受你的失落，並防止因為惡言批評及外交手腕的抵制而變得更糟糕。即使你多半不同意，都要把它當成你願意忍受的差異。

你聽到的批評越離譜，越沒有理由把它放在心裡。是的，從孩子的口中聽到很傷人，但這是他或她婚姻的本質，不是你與孩子關係的本質，或反映你為人父母盡責與否。好父母可以容忍孩子選擇不好的配偶，而這是你無法控制的決定。

如果你一覺得受傷或生氣，就迫不急待地向孩子表達自己的情緒，這種口無遮攔會讓任何撲克牌局都歡迎你隨時加入。請學會閉上嘴，評估你與孩子發生衝突的原因，有時你會找到解決方案，但更多時候，你會發現摩擦的原因是在外力，而排解它需要好律師、人質談判專家或魔法師的技巧，但絕對不是好父母做得到的。在這一點上，除了需要處理與忍受，也該接受現實，現在衝突只是這個家的一部分。

簡易自我診斷表

無法企及的願望：

□ 孩子還是那個你以前熟悉的小孩。

□ 你過去的權威、信任和共同價值觀都在。

□ 自在隨意說話，不挑起誤會。

□ 不用小心管理情緒，相處自在又友好。

切合實際且可達成的目標：

□ 學會不回應小齟齬。

□ 必要時設定界線，並保持微笑。

□ 你們的關係不該如此痛苦，但也怪不了人。

你能做的事：

□ 嘗試一切你和別人想得到的方法，盡力緩解衝突，減少誤會。

□ 接受不可避免的衝突，即使你與它共處多年。
□ 必要時設定界線，不要讓明正言順的失望和道義上的譴責，把問題搞得更負面或悲觀。
□ 在令人失望的差異中找到好處。
□ 不要攻擊你無法改變的價值觀或忠誠度的差異。
□ 不用怨嘆做人父母需要更多努力，請肯定這份用心。

真心話練習腳本

當你無法和孩子自由交談而不吵架，你可以對自己和孩子說：

> 親愛的＿＿＿＿＿（自己／最親愛但忍無可忍的孩子）：
>
> 聽著你的＿＿＿＿＿（甜美聲音／挑釁言語／愚蠢藉口），就想著＿＿＿＿＿（你怎麼沒有想通呢？／你是不是別人家養大的小孩？／這是不是精心策畫的惡作劇？），但我知道你處理訊息的方法可能有＿＿＿＿＿（缺陷／錯亂／太獨特），以致一定程度的＿＿＿＿＿（誤解／衝突／厭惡）是無可避免的。我會努力避免＿＿＿＿＿（說難聽話／苦澀遺憾／試著把你丟在沃爾瑪百貨停車場），保持樂觀的態度，一起度過這個困難的＿＿＿＿＿（請填入「愛的饗宴」的相反詞）。

養出人間敗類

當你在機場看到某個小屁孩大發脾氣，哭聲驚天地泣鬼神；或者在街上看到未成年少女穿著短褲卻遮不住屁股蛋，招搖過街；甚或在酒吧外看到都已經上大學的人了，還失控發飆，暴躁程度和小屁孩有得拼。實在很想知道是怎麼樣的父母，才會讓人類變成這個樣子。

諷刺的是，他們可能是好父母，也理應如此，只是生出了不肖子（或只是太年輕、很愚蠢或酗酒的孩子）。

邏輯告訴我們，只要努力就有好結果，但在教養界通常沒有因果邏輯存在。就算獲頒「世界最佳母親」，也並不保證小孩最終會懂事，能和你維持彼此尊重的友好關係，獎盃也只是拿來當作新的咖啡杯。

當然，如果你的孩子正在變壞，還有很多方法可以把他拉回來。你有力量限制壞習慣，獎勵好習慣，提供誘因讓他保持忙碌，或幫他請好的指導。這些方法通常有助孩子回到正軌，或者最起碼讓他待在監獄外面。

倘若好的介入無效，請不要認定是你的教養出了問題，或者是孩子的意志力不夠堅定。可能是孩子選擇變壞或做了「壞決定」，但更可能是他的內在自我有些不對勁，只是你、學校、治療師，從心軟到主張嚴格管教的各種人，沒有答案而已。

也許時間、艱苦磨練及神經發育，最終會幫助事情好轉，但眼前你孩子的狀況不是你能控制的，不快的情緒縈繞心頭。

儘管沒有成果，你絕對有權利說你盡力了。在這時候，你不需要再重複沒有用的治療，也不需要做沒有效的保護性犧牲，也不需在沒有充分理由下拚命把家人暴露在危害中。現在你可以把你的無助變得有點用處，要知道你在處理的是天下父母最糟的惡夢，而可堪安慰的是，你不是在這一切背後的惡夢父母。

以下狀況應可塑造孩子的性格，但並沒有：

- 以身作則，教會學校的完美出席率，住在鄰居草坪無可挑剔的環境。
- 供應所有蔬菜、維他命和ＳＡＴ（美國學術水平測驗）參考書。
- 跟囚犯、抓狂的熊和催眠有關的嚇得屁滾尿流的經驗。

以下是人們許下的心願：

- 了解哪裡出錯。
- 想清楚如何增進為人父母的教養能力，好調教孩子。
- 改變孩子的選擇。
- 得到幫助、治療、救援（能幫上忙的幫忙）。
- 以更高的理想去達到、啟發和激勵。

案例分享

我對十六歲的兒子已失去所有信心，學校老師或輔導員都勸不動他，沒辦法在他走錯的路上拉他一把。他偷東西，只要屋子裡還有他雙手拿得動的東西他全偷了，再把所有錢都拿去買毒，還堅稱他沒做。如果吸毒還不夠危險，看看他有一次做個起司義大利麵也會昏倒，差點把房子燒掉。他還擅自把車開出去，一頭撞進車道旁的樹。我們沒錢送他去治療型的寄宿學校，保險肯定不會賠，所以只能很無奈地看著他受苦，也拖著我們一起受苦。上帝保佑，我的目標是想出幫助他的辦法，在他真正傷害自己與別人之前。

* * *

我女兒才十幾歲就被逮了五次，她在同一家店偷東西，偷到店家打算提告，但這也怪不得他們。我和妻子都努力想矯正她偷竊的壞習慣，我們好說歹說，罰也罰了，罵也罵過，但就是沒用。我們送她去矯正中心，但那也沒用，她只是堅持說她忍不住。現在她的偷竊案法院已經受理，出庭日都排定了。但我知道她不會去，除非我和妻子硬把她塞進車裡帶她去。到那時候，我還得請假，但我需要工作，要是沒工作我要去哪裡找錢付律師費。我的目標是幫她不要被定罪留下記錄，並找到讓她不再偷竊的方法。

* * *

我兒子從小就有情緒管理問題，五歲起一直斷斷續續接受治療。他可以很迷人，很有愛心，但只要一不順心，眼神一暗，暴怒的樣子就像被鬼附身。事情過後又會後悔慚愧，但他真的覺得他會生氣都是別人的錯，是別人惹他的。有好幾次他在酒吧打架被逮捕，我們的律師幫他減輕刑責，繳了罰款並判緩刑。他去年結婚，我們都鬆了一口氣，覺得他終於長大安定下來。但現在他的妻子開始看起來不對勁，一副很害怕的樣子，我看到她身上都是青一塊紫一塊的。我和妻子的目標是希望在他真正傷害他老婆或其他人之前，找到法子幫他控制自己，以免他毀了自己的人生。

當你認識或關心的人染上壞習慣（如上癮、情緒失控、激烈的新式健身訓練），想幫助他們，從來都不是件簡單的事。當惹麻煩的人是你的小孩，找到幫助他們的方法幾乎是不可能，難度大概就像戒毒或遠離高強度訓練CrossFit一樣。

那是因為就算你覺得要為這個人及他的幸福負責，你實際能幫的忙還是有限。而且，如果你不能讓孩子得到正確的幫助，讓他最後得以免去牢獄之災、送入寄養家庭，或結束今世種種紛擾，你會感到無限痛苦。

然而你的痛苦會伴隨某種現實：你覺得你需要負責，而一定得救的那個人行為任性、自私，是個好鬥的廢物，地獄來的怪物，又稱你最不想幫助的人類。如果實在行不通，好父母有時必須接受一種可能：儘管值得嘗試，但偏差行為和惡劣個性怎麼樣都不會馬上改變。

到那時你必須承認，你無法保護你的孩子免去他的行為後果，你只能在新的機會來臨時，不放棄任何價值觀、愛及願意拉一把的信念，盡可能保護自己和他人。不幸的是，最簡單容易的結論也是最難達成的協議。

如果孩子的行為威脅到家人的安全，住院和中度風險藥物等強化治療也沒有作用，父母只想尋求更好的治療，而不把保護家人當作優先考量，這樣做的結果壞處比好處還多。都說父母願意為孩子擋子彈，但你應該不想吃自己孩子射來的子彈。

把你覺得危險、無法接受的行為說清楚，這些行為也許會逼你至少暫時撤回對他的好意。依據孩子的年齡和可能的公共資源，替你的孩子找出可以入住的地方，包括由學校、法院、兒福單位、州立心理衛生中心及街友收容中心所掌握的公共資源。請尋求建議，並希望能得到當地警方的配合。

制定不會讓你妥協的計畫，不要讓內疚、恐懼或常識定義的責任感逼你妥協，也不要因為他現在的所作所為及他未來會變成什麼樣而責怪自己、孩子或其他人。如果你不能保護孩子讓他斷絕偏差行為，起碼可將損失降到最低。

如果父母的優先考量是抗拒、介入或放縱孩子一再犯罪的行為，他們就無法阻止孩子不去做那些讓他被當成成年人看待的事。做個好父母或許該決定，讓法律的功能發揮在它該出面的地方是否是較好的選擇。

你也許覺得這樣的父母很無情，但事實是，好父母並不總是有好的選項，尤其是好選項都沒用的時候。你的孩子忍不住，而你又幫不了她，那就讓人生做它該做的殘酷教育吧！你該做的只是放手。沒有更好的辦法讓你的孩子知道管理壞習慣的責任，如果它可以被管理，那這個責任是她的，而不是你或其他幫助者的。

請用同理心的態度談論控制壞行為有多難，監獄的狀況有多難受。如果你的孩子怪你怎麼放棄她，請向她再三保證，你永遠不會停止關心與幫忙。但現在最重要的不是去迴避放棄的恐懼，而是阻止她做一直惹麻煩的小偷。

有暴力性格的大孩子是你最壞的情境，儘管經過多年治療、藥物臨床實驗和法律介入，仍有可能發生。父母的工作不只是讓孩子得到一切可能的治療，而是該面對現實，不要依賴虛假的希望，迷信介入治療的潛力，那已經被證明是無效的。不用再找更多幫助或更深入的分享，接受暴力的風險是無可避免的，並決定該如何處理它。

如果你感到受威脅，請別和他對抗，也不要接觸，必要時尋求警方協助。如果你認為暴力風險不斷升級，無論對你或其他人，問問自己，在醫院短暫停留較能恢復平靜還是在監獄裡會更好。

不要聽孩子抱怨痛苦，如果痛苦只是為了合理化暴力行為，也不要談之後會讓他比較好受的事。與暴力無法控制時發生的事相比，他的感覺並不是那麼重要。如果你的兒子像個怪物，你就不該把保護怪物的想法放在保護他身邊受他威脅的人之前。

就算有好父母及世上所有幫助，有些孩子就是無法不做壞人，無法不做危害自己、家人或他人的壞事。當治療、良善的愛都無法幫忙時，好父母會了解並且接受，更該保護自己的家人和失控的孩子，即使威脅的來源就是這個失控孩子。你想救小孩的責任感可能沒有結束的一天，但在現實中，當你的選項發揮效用，你的責任就結束了。

簡易自我診斷表

無法企及的心願：

□ 解釋哪裡出錯，又為何出錯。

□ 保證找到對的治療方法就會有幫助。

□ 讓你可以控制小孩危險行為的技術。

□ 替孩子設好安全網，這樣才不需要替自己也建安全網。

□ 不需侵害他人生活就能洗白孩子犯罪紀錄的方法。

切合實際且可達成的目標：

□ 盡力了解有助益的介入手段，才知道還有什麼沒試過。

□ 對抗不當的怪罪與責任感。

□ 在維護家庭安全與拯救小孩這兩種責任間拿捏輕重。

□ 接受目前的無助感，但永不放棄對未來的希望。

你能做的事：

□ 盡力找到一切治療、介入手段與資金來源。

□ 與另一半一起決定你們在家可以忍受多大風險，包括傷害到孩子、家人和其他人。

□ 必要時採取孤注一擲的措施，評估治療的風險與不做治療會發生的事。

□ 當你找不到有幫助的新介入方法時，請宣告自己無能為力，但不要聽起來很無助。

□ 當處理不安全的狀況時，請限縮你的責任，試著把責任交給有資源的人。

真心話練習腳本

孩子有持續危險行為時，你該這麼說：

> 親愛的孩子＿＿＿＿（你可以把這封信給你的朋友／治療師／觀護人看）：
>
> 我不禁覺得你可以不要再＿＿＿＿（濫用藥物／說謊／偷我的珠寶），你把我們家拖入無止境的債務，一直要付錢給＿＿＿＿（保釋金保證人／治療師／律師／受害者），但我曾經看過你對＿＿＿＿（來到基督身邊／來到印度黑天神身邊／下地獄／三十天的十二步驟治療法／祈禱／妖術）有所回應，只是都沒有用。我知道我們都盡力了，我相信你也是，但你不能待在家裡了，如果你一直＿＿＿＿（偷東西／賣毒品／揍人）。我也沒辦法幫你另外找住處，但我會試著幫你找替代方案，像是＿＿＿＿（列出「不是家裡」的地方）。從長遠來看，我希望你成為堅強誠實的人，這是最重要的事。祝你好運。

兒童發展各階段：當孩子成為你眼裡的大混蛋

年齡	階段	混蛋行為
2–4歲	幼兒	固執、自以為是，而且容易發脾氣，尤其是事關拉屎在褲子上的權利。
12–18歲	青少年	令人討厭、喜怒無常、極度叛逆。你分不清楚何者更可怕：是她和她的行為？還是你和你的完美謀殺計畫？
22–26歲	年輕成人	破產、自以為是，對獨立和自我價值很有自信，即使他仍然使用你的通話方案，還有八個室友。
30–45歲	中年	悶悶不樂、忿忿不平，也許還破產。而且筋疲力盡，因為她著魔似的訓練你的孫子，但樹上掉下來的爛東西可不會落太遠。
你65歲到死亡	昔日聖誕節幽靈	現在你既聾又老，容易骨折，孩子在你身邊不再雀躍。但看在你忍受一切養他的份上，這是你該得的。

孩子有學習障礙

當孩子回應困難的要求時，總說自己做不到那些要求他做的事，而老師、父母、Gymboree童裝店裡就快失去耐性的店員聽到後，都會有這樣的反應：「做不到，還是不想做？」這是一種無痛的方法，輕輕推孩子一把，讓他們知道說放棄也許言之過早，不過這話也只能在他們真正努力嘗試之前說（或是他們把掛著復活節小洋裝的衣架全扯下來之前）。

「做不到還是不想做？」這個問題很微妙，然而當孩子不做功課、在課堂不能專心或無法和大家一樣申請進學校，做不到還是不想做就成了假定的議題。並不是每個學習有困難的孩子都有學習障礙，但就是有些孩子無法像其他人一樣輕易應付功課，他們和父母都盡可能希望不是如此。

當孩子不學習，你不能責怪父母想要逼得更緊。這是他們的職責，想見到孩子克服難關功成名就，而不會到頭來要花三十年人生歲月住在地下室。但現在看來是等不到孩子上進學習了，地下室人生卻很有可能。父母快急瘋了，「逼」是他們的最初本能，一開始抓著孩子自己來，再下去就移師到老師、校長、治療師那裡。

然而不幸的是，有許多學習障礙不是人力能夠克服的，以上任何人都不行，即使他們用盡全力。缺乏內部資源的孩子可能有礙進步，也需要理解，而外部資源可能有限，家長和學校系統都愛莫能助。就算很容易就找到治療單位，也可能用處不大。

當你、孩子，以及教育界及治療界的專業人士都盡力了，但你還變本加厲逼得更緊，事情只會更糟。孩子討厭學校，對做了和沒做的事情都撒謊。老師知道你一定會想把罪怪在他們頭上，所以先挑你的毛病，告訴你那是你的問題。你的挫敗感籠罩整組人，如果這組人只是你的夢幻足球隊，倒也沒關係，但這組人裡有你的親生孩子，事情就不太妙了，這可不是用虛擬交易和召集呼籲就能輕易修補的。

所以，請不要過於聚焦在單一的學習障礙，或像聯邦政客認為只要讓會教的老師做該做的事，結果一定會改善。相反地，你應該學習什麼是能改變的，什麼又是不能改變的，不要讓恐懼塑造你的期望。要知道小孩有很多不同的學習方法，你有很多機會可以發現什麼最有效，你可以自己做實驗，就不需要依賴專家。

鼓勵孩子努力用功，找到方法培養孩子專注力、優先次序與學習動機，但也準備關注那些就算經過努力、做好家長、有好教導都不一定能克服的問題。知道什麼是你可以做的，跟知道什麼是孩子真正做不到的一樣重要，因為這樣你才能理解真正努力的人，正以可以也將做出改變的方法努力中。

以下是當你的孩子不學習時，你想要（卻沒有）的東西：

- 花不完的錢，讓孩子進私立學校、請家教、找課後輔導。
- 一種方法，不用大吼大叫、嘮嘮叨叨或淚水攻勢，就能激勵孩子。
- 處罰不好的表現，既不會消磨你的心志，還能激勵孩子。
- 教育者適用的「老師話語」技巧，在孩子變得防備前緩和他們的情緒。

以下是人們許下的願望：

- 弄清楚什麼是真正困擾孩子，阻礙學習的事。
- 獲得更好的教育／整體協助。
- 施加壓力給學校及孩子，以得到更好的成果。
- 改善孩子的工作態度與自律精神。

案例分享

自從我的小孩有家庭作業，要她做功課就像要她吃藥一樣痛苦。除此之外，她很貼心懂事，但吃完晚餐，她知道做功課的時間到了，就開始逃避，好像她的人生都是被作業害的。她跑去玩電動，開始跟弟弟打鬧，如果我們跟她說夠了喔，功課就是得做完，她就開始發脾氣。我曾期待她長大一點就會好，但她現在已經十一歲了，脾氣只是越來越壞。我們討厭這樣的爭執，但她如果不受教育，將來什麼都不能做。我們已經開始懷疑，這是不是她個性的一部分，或者有更嚴重的問題。我的目標是讓她的學習不要那麼痛苦。

* * *

我們在兩年前發現兒子有學習障礙問題，為了搞清楚他到底需要怎樣的幫助費了好大的工夫，更別提讓他接受真正的協助。我試著和他老師談，但他們的回應態度似乎只想保護自己或認為事不關己。我知道，如果我們負擔得起私立學校，甚至住在比較好的學區，我兒子的學習就不會是問題，但現在我們的經濟不許可。我也沒辦法專職照顧他，因為我要打兩份工，還有其他三個孩子要養。我的目標是獲得我需要的協助，好讓他得到他需要的幫助。

* * *

我兒子有嚴重的學習障礙，我們已經試過一堆家教、學校和治療方法，但都沒有真正有效果的。

他目前念的學校已經算是最成功的了，但在最近一次家長會上老師告訴我們，他們強烈建議我的孩子需要過動症的藥物治療，這是我和妻子最不想讓兒子接觸的東西。每個家長都知道，學校推廣這些藥物讓學生服用，只是希望讓學生安靜，變成上癮的殭屍，排隊落入大藥廠的口袋。我的目標是找到方法保護他，讓他在不吃毒藥的狀況下學習。

學習障礙跟自閉症和勃起功能障礙一樣，好像是在近二十年內才被發明出來的功能失調，忽然無所不在，因此引起諸多懷疑。

現實中，毛病總是存在，但診斷並沒有。自閉症過去曾與發展遲緩混為一談；勃起功能障礙則認為是行將就木的必然一步；有學習障礙的孩子被貼上任性、懶惰或只是愚蠢透頂的標籤。過動症（又稱注意力不足過動症，ADHD）的孩子也許看來比以往都多，但也出現更多方法幫助他們。

父母發現孩子原來有學習障礙其實憂喜參半；一方面是現在終於知道孩子不是故意找碴，但另一方面你必須面對孩子生病的現實，或至少**不正常**，而他需要的治療可能很困難、昂貴且不確定。

一旦確診，你就得吞下失望與驚慌，提出一些具體、成熟的選擇。當然，在你付諸行動之前，你必須知道你的選擇是什麼。

如果小孩用逃避、發脾氣的態度對抗做功課，你不需官方診斷就該先採取步驟改善問題。一開始你先要自己做點功課，鑽研一下行為管理。到了要做作業的時候，不要好說歹說一直解釋。只要把容易觀察到的行為連結有意義的後果，用不帶負面的情緒強迫他們做。

如果還是不行，請仔細回想你對孩子的學習狀況了解多少，是否在下指令之後她有分心和不知所措的情形，會不會記不住故事或不能了解它的意義。問問老師什麼科目她教起來孩子比較容易聽得懂，哪一種教學技巧孩子比較容易接受。如果最後你得到的答案指向那個很可能的方向，請接受學習障礙的鑑定測試。

在此期間，不要假設你的孩子不想學，也絕對不要懷疑自己努力堅持的價值觀，只要你能隔絕沮喪感，不要把它轉成是個人問題和負面情緒。

如果確診是學習障礙，而學校沒有太多資源可提供，請試試找正當管道申訴尋求更多幫助。如果可以，你可以請個好家教，或至少請幾個小時，仔細觀察人家怎麼教的，然後自己運用那些技巧教孩子，或看看學校或公益團體有沒有人願意負責協助。

即使你覺得處處碰壁得不到協助，你生氣得有理，但讓老師覺得有人感謝他們，比讓他們覺得愧疚和必須防備要好太多。如果你認為需要，可以去找願意為正當理由義務辯護的律師，以尋求更多幫忙，但不要讓老師覺得你根本不重視他們的努力，即使你真的不重視。你的目標是正面積極地給他們動機，無論你是否喜歡或尊重他們的作為。

盡量不要因為缺乏資源而責怪自己或學校制度，因為那些狀況都是你無法控制的。你反而應該持續尋找你能夠借鏡的想法，尊重自己的堅持，對逐漸成熟的神經系統將讓你的孩子明年更好懷抱希望。

如果風險最低的介入措施（非醫療行為）沒有效果，絕對不要認為一定要進行醫療行為，而為人父母的你也覺得太危險。另一方面，這也是你的工作，在做任何決定前，都要仔細客觀地審查風險，不要讓恐懼或傳言影響你的決定。

學習上出問題不會自動把孩子宣告成自卑或只能做低薪工作的人，但有這樣的可能，而父母最能為孩子做的就是為他鋪路。如果你認為孩子正失去信心，交上壞朋友，從事一些偏差行為，然而你選擇嘗試非醫學治療，也就有不作為的風險。如果你認為孩子自卑與低發展的可能性高，採取不完全安全的干預手段就是該做的，有些許的危險也比什麼都不做要好。

以學習障礙而言，使用興奮劑類用藥比不用藥物的干預措施風險要高，但家長確定用藥的危險並不難，且危險機率非常低，如果你覺得藥物有害或無效，就迅速停藥。請不要太在意坊間的建議和謠言，除非你試過，沒有人可以事先知道它們會不會對你的孩子有幫助，也不會百分之百確定它們到底有沒有效。

最後，你自己最好要拿捏，你的孩子有多迫切需要興奮劑類的藥物，這種治療要冒多大風險，在幾天試用後，請觀察它的作用，是否不錯到值得持續使用，這些都是你要做最好判斷的。父母總是告訴孩子該做的事情就得做，無論它們看起來多麼恐怖或艱難，這就是以身作則的機會。

學習上出問題常使孩子、父母和老師感到無助和不尊重，但知道孩子的學習問題可能是病狀引起的，而不是孩子自己的問題，也是某種希望。現在只要找到對孩子有益的治療方式就好，不需要輕易看低孩子或矯正他的奇怪舉動。

好的親子教養或教學不一定對克服學習障礙有效，但這是一個開始，如果你能繼續努力，不責怪自己或他人，那麼學習的問題不會阻礙你和孩子之間正常的親子關係。

簡易自我診斷表

無法企及的願望：

- □ 有挑選孩子的老師、學校、教練、未來等的能力。
- □ 孩子、老師、學校等都服從你。
- □ 對孩子學校功課的真實性有信心。
- □ 孩子對學校作業撒謊、不守承諾時，完全沒有憤怒和痛苦的感覺。

切合實際且可達成的目標：

- □ 以努力、積極、不求好結果的態度，確立你處理學習障礙的方法。
- □ 不要讓你希望小孩功課表現更好的欲望阻礙了你和孩子積極體諒的親子關係。
- □ 不要讓功課不好暗示你、孩子或你們的親子關係是失敗的。
- □ 持續尋找你孩子做不到或做不好的事，這樣才可以找到新的工具，讓孩子變強壯（不僅是毅力和服從）。

你能做的事：

- □ 對於日常功課表現制定一套獎懲方法，好表現給予獎勵，壞習慣應加限制，這樣就不會讓自己累垮和受懲罰的程度更甚於小孩。

□對於家庭作業、行程安排及好習慣的養成，都要給予協助。

□如果建構與限制的方法還不夠，繼續尋找其他造成學習困難的原因，如輕度認知功能損傷、憂鬱症、焦慮症和感情因素。

□深入了解學習障礙的相關知識，對照你在指導小孩做功課時你對他的了解。在尋找小孩學習模式的同時，列出好與壞的地方。

□聽取老師想法，幫助他們不要覺得太無力。

□把小孩的功課表現能力放一邊，專注在小孩一定要嚴守的價值觀上。

真心話練習腳本

當小孩學習能力不足時，下面是你該對自己、小孩和其他關心的教育者和親戚說的話：

親愛的＿＿＿＿（小孩／另一半／所有老師、家教、治療師和意見很多的姻親）：

我常常覺得＿＿＿＿（你／我的孩子／我命中的剋星）並不在意＿＿＿＿（學習／做功課／把別人搞死之外的其他事），但我知道，因為你的＿＿＿＿（混亂／注意力分散／遺傳自我坐牢哥哥的大腦）讓事情更難。我真的相信讓你＿＿＿＿（去學校念書／保持忙碌遠離麻煩／讓你專注擺脫困境）是值得一試的。我們已經組成了一個團隊，包括＿＿＿＿（老師／治療師／

魔鬼士官長），希望能對＿＿＿＿＿＿（請填入「你該做的所有事」的同義詞）有所幫助。我們不會放棄努力，但我們也將試著接受真正的你。

快速診斷你的孩子是過動症、壞孩子，或只是懶惰

議題	過動症	壞孩子	懶惰
學習	別說學一下了，連看一下都難。	努力學習如何盜取信用卡號碼。	學習如何過得愉快，諸如此類。
運動	令人驚訝，具有運動員般的技巧。	令人驚訝，像賭徒般狂熱。	毫不驚訝，一點都不感興趣。
說謊	想都不想立刻說謊（也很快被抓）。	小心翼翼說謊，這樣才能讓別人被抓，卻好像跟他完全無關。	說謊說到大家都很高興，但要他努力就免了。
打擾別人	一直持續，因為他根本沒在聽。	有些時候，當他想到什麼鬼點子。	偶爾，且伴隨響亮的鼾聲，因為在你說話時他睡著了。
做功課	把功課丟了，忘了，玩過Xbox後再做。	從聰明孩子那裡偷答案。	會做，只要做功課的意思是回答問題和在別人身上畫胸部。

重建離婚後親子教養

為人父母的部分天性，就是要為家庭負起責任，創造家庭和諧，無論要犧牲什麼，即使不喜歡，都要打落牙齒和血吞。別人做什麼我們就做什麼，要去聚會就去聚會，即使和我們不喜歡的人，他們也不喜歡我們，誰叫我們恰巧共享DNA。

我們始終努力把刻薄、負面的想法放在心裡，才不至於造成傷害或產生代代相傳的恨意。稱職的父母會發展很多虛與委蛇的應對技巧，對維持父母控制下的和平引以為傲。

不幸的是，離婚的部分內涵直接破壞的不只是父母的本能，還有孩子的期望。如果不維持一個家，可能就會讓大家失望，而且違反某些宗教信念。

所以很自然，離了婚的父母，特別是那些較和善、不懷恨、不難搞的父母，他們對於家庭中的衝突、敵意、必須選邊站的緊張和揮之不去的怨恨，覺得需負一定責任。但是，前夫或前妻的心酸、受傷孩子要選跟哪邊的怨恨，還有對荷包的衝擊、法律地位的影響以及新戀情關係，這些都是他們無法控制的。你有多想給和平一個機會，別人就可能對你有多麼不滿。

當然，除了換個新髮型和把手指上的戒指用火槍燒掉之外，離婚後最重要的事情是接受你為人父母的角色已經改變的事實。父母的角色受到傷害，但這不是你的錯，也不是你的責任，儘管有人一遍又一遍告訴你相反的事，怪你毀了婚姻，毀了他們的人生、熟知的世界等等。

如果你過分強求卻達不到一般父母在離婚後的期待時，你也許會心灰意冷、覺得挫敗，甚至反應過度，結果反而做不到。這樣一來，不管你說什麼難聽的話，或因太想討好，變成讓人予取予求的軟柿子，這都只會削弱你管教孩子的能力。

如果你願意接受痛苦的隔閡，不要全攬在身上，覺得是自己的問題，或覺得一定要把事情做對，有很多方法可以避免錯誤和建立堅固的新基礎。你原來的和平相處計畫可能不再適用了，但隨著新界線的建立就有新的協商機會，這些事只要問問和人共用臥室的青少年就知道了。

你恐怕無法如願做到你原本預期中的父母，但你仍然可以提供新的親子關係，是一種你相信對你的孩子及對新感情都好的關係，也讓你覺得欣慰的親子情誼。即使你不知道你的新家庭何時才會停止懲罰你和懲罰彼此的嘗試，但是在每個家庭都可能有的同等妥協和不愉快中，你可以帶領他們朝向和平相處。

以下是你希望能（但做不到）找到離婚後關係的解毒方法：

- 隨離婚協議書附贈一個重新啟動按鈕，侮辱和傷害的記憶一按都消除。
- 有完美的言語，可以打破猜疑和不信任的牆，讓人再度攜手合作。
- 有厲害的離婚協議主持人，如果有人演得太過火可以讓他們停下來。
- 得到保證，無論你和前伴侶怎麼決定，都確保孩子依然愛你且他的人生不會受傷。

以下是人們許下的願望：

- 阻止另一半做不公平的指控和索賠。
- 讓孩子明白他們離開是有好理由的。

- 讓孩子不要再和他和他的新伴侶作對。
- 讓另一半不要再刻意討好小孩。

案例分享

我現在這個妻子一向和孩子處得好，對我第一次婚姻的十歲兒子也沒有特別不好。但我兒子在還沒見她之前就開始討厭她，要一起相處更讓他痛恨。我想部分原因是我兒子把離婚的事怪到她頭上（雖然我是到了離婚後期才遇上我現在的妻子），大概也因為和她在一起，我就不會和他媽媽復合。現在的狀況是他令人難以置信地對她很沒禮貌，並說如果她在，他就不會來看我。我的目標是讓他們的關係好一點，才不會讓我這個當爸的很為難。

* * *

我和太太不和已經很久，所以當她跟我說一切都結束，我得搬出去時，我就照做了，我實在不想再跟她吵。不幸的是，她一定覺得我不會這樣做，預期我還會回頭，因為自我離開後，她變得更憤怒，開始把一切事都怪到我頭上，這就是我的孩子現在恨我的原因。他們以前和我的感情很好，但現在怪我離婚，怪我毀了他們母親的人生。當孩子必須跟我住的日子，態度都很不好，好像他們在坐牢，而我是獄卒。不管我做什麼他們都討厭，時時刻刻算著什麼時候才能回她家，即使我刻意討好，頭都快磕到地上了，還是沒辦法。我希望能回到以前正面的親子關係，但我不知道該怎麼做。

* * *

我愛我先生，但直到結婚我才知道，他對他前一段婚姻生的那些小兔崽子沒辦法說不。我從不期待那些孩子喜歡我（還好他們不住在這裡，謝天謝地，他們也不用喜歡我），但我還是耐著性子想了解他們。讓我困擾的是，我先生對他們有求必應，像是要他取消很多別的計畫、隨意變更探親日或給他們更多錢（離婚贍養費已經很大方了，還要再給），因此這也給我們的生活帶來負面影響。我很火那些小孩，但我知道這是我先生的錯，誰教他讓孩子騎到他頭上。我的目標是讓我先生不要再這麼軟弱，不然我們的婚姻就要毀了。

如果一支球隊強大的關鍵在於最弱的隊員都很強，那麼離婚隊伍要多和睦就要看前妻（或前夫）最怒的時候有多善良了。離婚者也許能盡力忍受孩子一下心向爸爸一下心向媽媽，也給新家安定感，但如果前配偶或孩子都批評她、唱衰離婚協議、或對新伴侶大小聲，一切的努力都會因為某個態度最壞的人而全盤盡輸。

歷經離婚的災後倖存者若能保留信心，成功安頓新家庭，同時也知道那些長期憤怒和潛在的惡劣行為必須視為配套一起接受，至少在短期內。在這段糾纏牽扯中，只要有一人無法團結，那麼這個家庭就無法維繫在一起了。

大多數孩子對父母新伴侶的喜歡程度就像喜歡打針、肝臟和基準實力評量，所以若你不能阻止孩子憎恨你的新老婆或新老公，不要驚訝，不要把它當成是自己的問題，也不要太有防備心，就算你的新伴侶沒有理由喜歡你的孩子，而看樣子也是如此。你可以展現同理心，但能理解的繼父母都知道，離婚對牽涉其中的每個人都是很難適應的事。

當然，你可以試著聽聽孩子的心聲，也給他一個機會和心理醫生聊聊心中的不滿，如果你認為聊聊是有建設性的，而不只是訐譙和發洩怒氣。但如果治療、調解、諒解都無效，就請接受孩子和新伴侶的關係惡劣這個事實，這是你無法控制的。在生活中你可以擁有他們兩方，但唯有你對好行為立下規矩，強迫孩子實踐，鼓勵他們與新配偶相處。你得替自己買件條紋衫，因為你要當個裁判[46]。

替有禮行為樹立簡單規則，類似在學校應用的那一套，小孩和老師也許不喜歡彼此，但必須攜手合作，並說明你的罰則。這些規則包括回答問題要有禮貌，態度不可惡劣，不可以拒絕合理的請求。請用不帶負面的感覺強制他們做到，如有必要請買個哨子。

你無法讓惡感消失，但你對自己堅持的信念會更有信心。兩造雙方越是避免負面情緒、禮貌對待彼此，越能在新家過得比較快樂。此外，如果他們都不爽你的權威，最起碼他們現在有了共同點。

如果你的孩子把你當成離婚怒氣的發洩目標，而一般的管教沒有用，請不要刻意討好，也不要開始防備。假設你離婚是基於正當理由，也與前妻或前夫定下你覺得公平的離婚協議，當你太想安撫孩子或防衛自己，都會讓你看來因為做錯事而內疚（像是跟某個恨你的人保持婚姻關係）。

你想要孩子參與的想法並沒有改變，你對探視權的堅持並不是為了控制孩子的忠誠度，只是盡作父母的責任。所以請再一次說明你正面的道德觀，對你來說，即使孩子不喜歡你（或你不喜歡孩子），分享照顧和守護孩子的工作才是對的。你可以讓大家都好受些，提供好地方住，一起做些有趣的事。

當你和這家人處不好，還要一起工作或生活一定很難受。人生很重要的是，當心裡有負面情緒時學習往前走。從長遠來看，如果你們兩方一起都很努力，就像你成長了或有所進展，負面情緒通常會逐漸淡去。只要相信事情會變好，就足以創造實際的改善。

你的沮喪生氣都有理，但請把這些情緒告訴朋友或心理醫生，不要把這些情緒發洩在孩子身上；對孩子有任何明顯的負面情緒，有一天他也會把負面情緒還給你。就算兩人沒有離婚，為人父母也有很多吃力不討好的工作，在緊張狀況下提供合理的教養就是其中之一。

如果離婚的後續效應不只是持續的憤怒，還有做父母的刻意想補償以致冷落新人，對於你和新伴侶而言，此題無解，除非這個好說話爸爸看到問題。

是的，你應該問問心理醫師或其他受敬重的中立者，確定你的印象沒有錯，也證實你的需求。然後與這個人一起向這個界線不明的父母傳達積極正面的警告，問問他是否看到改變的理由。

而身為新伴侶，不要花太多時間講述你的憤怒。若覺得你的需要未被顧及滿足也不用道歉，否則你反應過度的配偶會盡量施以小惠，給你一點關愛的眼神，先讓你心情好過一些，然後就把問題擱著不管，而不是承認最重要的問題。相反的，請強烈要求你的另一半學會說不，這不只是為了讓你開心，也是為了要做堅強的父母。

請做出具體建議，包括有些需要必須設限，並用正面方法告知他們。對於少寵孩子親子感情會更好

46 譯註：裁判都穿條紋衫。

的好處要多加著墨，然後好好坐下來依據狀況評估進展，而不是談為了撫平憂慮做了什麼承諾。

父母教養孩子永遠是團體運動，即使婚姻已經結束。而離婚可能衍生出你和隊友都無法解決的問題，但只要小心承擔責任，不為別的，只為提供孩子更好的教養，而願意忍受不斷的衝突和敵意。如此你可以為盡了做人父母的責任而自豪，即使它看起來像是一場失敗的賽事。

簡易自我診斷表

無法企及的願望：

- □ 離了婚的家人仍有理性行動的能力。
- □ 不要為家中最大的不幸負責。
- □ 小孩不覺得有權利或義務懲罰你和／或你的新配偶。

切合實際且可達成的目標：

- □ 無論事情多糟糕，都要提供小孩良好的教養。
- □ 在想清楚真相也努力理解後，限制孩子的偏差行為。
- □ 要成為孩子的好父母，即使孩子認為他是關在你家的政治犯。
- □ 花時間建立新的夥伴關係，即使孩子要求很高、需求很多。

你能做的事：

用盡所有方法（包括耐心、同理心、理解、看心理醫生）都沒用之後，請接受和學習與怨懟共處。

□ 不要把怨懟看做自己的問題，也不要讓它們影響你的處理決心。

□ 要為親子教養關係設想一個積極的目標，即使你們的親子關係無法感受到正面積極。

□ 區別壞心情與壞行為的不同，且限制偏差行為。

□ 尊重你面臨的挑戰與持續存在的成就。

真心話練習腳本

離婚後，如果你的孩子、現任配偶、前任家人無法停止和你爭吵或彼此爭吵，這是你該對他們說的話：

> 親愛的________（孩子／前妻或前夫／新伴侶／無辜的旁觀者／忙碌的律師和治療師）：
>
> 我能理解離婚引發了這場________（衝突／血海深仇／個人冤仇），但在這時候，我並不認為持續________（對話／調解／升高怨恨）會改善這場________（請寫下「灑狗血的虐心劇」的同義詞）。無論法院是否批准，我都要看我的________（孩子／新伴侶／之前一起養的狗），我會耐心等待，避免與我的孩子和前配偶進行________（小型戰鬥／潑糞大賽／砸毀擋

風玻璃）。但我絕不會讓任何重大偏差行為再次發生，一定會阻止──（壞事發生／情緒爆發／鄰居打電話叫警察）。我相信我可以提供一個和樂安全的家，儘管有憤怒和不爽的情緒，我都會做個好父母。

有很多正面積極的方法可以處理父母教養孩子的問題，最重要的是要保持冷靜，但如果你覺得凡事都要你負責，保持冷靜幾乎是不可能的，法定上要負責的日子只在開頭二十年左右。這些時間要用在開發孩子的技能和潛力，也要付出同等時間思考你和孩子無法完成也不須負責的事上。然後你要教孩子如何去做同樣的事。無論你是否養出了一個令你驕傲的孩子，都要為自己忍受了無法改變的事，而雙方也都盡力了，感到驕傲。

F*ck

fuck assholes

第九章

該死的混蛋

恰恰與你從傳教士、戒酒指導員和宗教台心靈大師那裡聽到的一切相反，有些壞人就是無法停止使壞。當然，在理想世界裡，每個人都被賦予道德選擇的能力，但是在這個世上有些人就沒有。他們是許多人尋求治療的問題源頭，所以需要一章來談談這些人。

我們叫這些人「大混蛋」（Asshole），英文開頭寫成大寫的A（在我們的網站，我們還開玩笑地在旁邊加了TM，但結果你不能在書裡這樣做，因為律師把商標看得很嚴重）。這不是侮辱，而是術語，強調混蛋之所以是混蛋的事實。什麼也改變不了他們，他們也不做個人攻擊，即使他們常常自己搞臭自己。這並不奇怪，只要誰接近這些大混蛋，都會搞得一身臭。你絕對有好理由對他們敬而遠之，因為他們是上帝創造的，就像響尾蛇、海嘯和粉刺一樣。

你也可以稱他們為精神病患、壞人、邊緣型人格者，或自戀型人格障礙，還有其他聽來花俏的多音節名字。但這些詞彙只是暗示更多，要多花些時間才能吐出，所以也可不必解釋太多。簡單說，大混蛋就是表現像個混蛋卻不自知的人。他們不是你生氣脫口罵出的那種混蛋，他們是大混蛋，是因為他們特殊的行事作風。明明大家都看得到道德選擇和有害後果，大混蛋看到的卻是自己不受尊重、強烈需求，以及每當需求受挫而受的傷痛不平，進而認為自己有權捍衛需求免於受到傷痛不平。

如果你被迫每天都要和大混蛋一起生活或來往，你可能會對他們有強烈情緒，這也許會刺激你尋求適當的專業人士協助，只要這專家不是職業殺手，你或許也想找個方法數落這些大混蛋，或者最好讓他尋求心理醫師的幫忙。

許多人相信心理醫師有馴服大混蛋的神奇技巧，可以讓他們看到光明，有如「混蛋降伏者」，但沒有人有如此神力。大多數人都想作「混蛋尖叫機」，這樣更慘。你越快學到想改變混蛋的所有嘗試都是無效的（無論用哪種音量），越能和大混蛋在日常生活中相處。

畢竟，那些生活中常有大混蛋出沒的人從經驗得知：無論你試過多少次，都不能幫助你或其他人說或做出一丁點差別（說是負一還有可能）。實際上，大混蛋從來不看心理醫生，除了抱怨別人傷了他，別人給他罪受，而那個別人通常是前任（無能的）心理醫師。然而，心理醫生對此深表安慰，畢竟他們很多生意都是來自大混蛋的朋友、鄰居、家人、愛人、承包商、前治療師……除了治療師之外，大混蛋也欠律師、傳播事業體，以及Brovo和MTV電視台節目選角導演很大的人情。

你可能以為一定沒有人會故意接近大混蛋的，但問題是這些混蛋都很有吸引力（只要抓隻狗來問問就知道了，嘿嘿）。狂烈的情緒也是很迷人的，即使他們非常醜，而大混蛋就像瘋子（還有「瘋女人，請見第六章」）一樣帶著某種原始情緒，使他們（a）像是住在你個人專屬的連續劇裡，（b）像是悲慘的受害者。當他們轉向非混蛋的你尋求幫助時，好話讚美如春雨般撒落在你身上，你怎能不被吸引。

你無需有才華，也不用買門票，大混蛋提供我們一個機會步入他們的戲劇做角色扮演——英雄、受害者、含冤莫白者，應有盡有隨你選。此外，他們天生就比較不受懷疑與轉個念頭所約束，說話自然比其他人更有信心，更有說服力。不幸的是，他們一開始雖是你最好的朋友／感激的仰慕者，但之後大混蛋會把你升級到他們的敵人名單（或至少迫使你聽他們的敵人名單，長度足可做面大紅旗）。

如果你問自己是不是大混蛋；別問了吧，大混蛋是不會問自己這個問題的，他們知道別人才是問題。我們有時舉止像混蛋（沒有「大」），但盡量避免。這是身為人的一部分，也是我們尋求幫助的好理由，像是看心理醫師、上教堂、上飛輪課或做什麼都好，只要對你有幫助。我們大都被本能附身，有時把自己變成混蛋，但我們一輩子都在努力，努力檢查自己的行徑。驅魔只在電影裡才有用，但有各種療法可以幫助我們更強壯，讓內在惡魔不要出來，一天一次。

請接受事實，如果你正處理某個大混蛋的問題，代表你對改變他的壞習慣已不抱希望，不管方法是用愛、說理、治療，或是「走近耶穌」、「下地獄」之類的重話。這也表示接受伴隨偏差行為而有的痛苦和失控。一旦你這樣做，你就能停止無用的衝突和營救企圖，反而加強自己的能力，盡可能有效處理他們的壞行為。你無法救這些大混蛋，但你可以救自己的理智。

你被最親近的大混蛋整了

很難描述被這種大混蛋整了，心裡有多幹。第一，這好像很噁心又沒有生物上的可能；第二，它通常有很多因素加持，包括背叛、戲劇化、謊言和一切會在日間強檔肥皂劇及可怕現實生活中碰到的各種情境。你在現實生活遇到的大混蛋大都不像沒感情的嗜血法醫Dexter，也不像金融大騙子馬多夫（Bernie Madoff），你一開始非常懷疑這些人，然後慢慢養成信任感；而在現實世界，大混蛋的自私是偷偷的，被騙人的溫暖給掩蓋。

這也意謂當關係不可避免的失敗後，你除了要處理這個混蛋所說所做的種種壞事，以及相應的法律問題和實際衝擊，更遑論你自己也蒙受重大損失，以致你不再相信自己，卻堅持自己一定可以把事情了結，只要你能找到正確詞彙，回復原有關係。

這是很難描述的經驗，因為很不可思議，但是當它發生在你身上時又很真實，除了痛苦還是痛苦。大混蛋和他的憤怒出現時就像雪花和真正的屁股，雖有各種不同形狀和大小，但從磨合中復原的步驟十分類似。

以下是你如何發現最信任的好友竟然是大混蛋：

- 在協議失敗或事情變得更糟後，你用盡一切適當努力吞下憤怒和驕傲，以求重建溝通。
- 你終於了解，那些傷害你朋友、背叛你朋友的壞人，在你認識她前並沒有那麼壞。
- 她對眼前事物的理解都是你犯了什麼錯，而且也不一定正確，甚至是她自己創造的。
- 她預備說的和做的事會傷害她和你，但為了達到所謂的「正義」，而這「正義」通常是《聖經》宣揚的教義（就如「天罰」和「地獄之火」等）。

以下是人們寫信給我們，或進行「後-混蛋期」治療時，許下的心願：

- 了解前任知己為什麼會變得如此惡劣，完全無法對話。
- 想回到之前曾有的感謝。
- 讓曾經如此親密的某人理解。
- 希望讓她罷手。

案例分享

我的生意夥伴原來是混蛋加三級。一開始我們合作無間，有共同方向，他幹勁十足，接受我的企畫案。只要事情順利，我們就是很棒的團隊和親密戰友。但經濟一不景氣，他就開始不斷挪用公款，還死不承認。當我把證據攤開跟他對質，他居然說我一樣也拿公司的錢，還說他工作比我辛苦，應該拿更多獎金。我可以證明他提出的兩個理由都不是真的，但從那時候起，他開始跟同事說我的壞話，甚至指控我偷竊，傷害了我們的合作事業還有我的名譽。我的目標是在他用卑劣謊言毀去一切之前，能讓他回頭。

* * *

母親去世時，我還是嬰兒，但她哥哥還有我的表兄弟姊妹都對我和我姊很好，大家一直相處融洽。但自從我外婆被市區公車撞死後一切就變了，我舅舅不顧一切，只想告每個與那場車禍相關的人，甚至一路告到公車方向盤的製造商，並說他是最有權利繼承我外婆（微薄）遺產的人，因為我們是「我爸的小孩」，而他的血緣更親，這簡直莫名其妙。他拖著我和我姊打官司，而我們根本付不起打官司的錢，一直依賴的家庭關係也毀了。我的目標是讓我舅舅罷手，不要再做見錢眼開的貪婪鬼。

* * *

半年前第一次見到我女友時，她正從前一段受虐關係中恢復心情，那時的她幾乎快破產了。但我們真的心靈相通，所以我毫不猶豫幫助她。她告訴我，我是她這輩子遇過最美好的事，我也真的愛她，覺得這段感情是我人生中最親密的戀情。但我不明白為什麼從一個月前開始，她就不再和我說話，幾個禮拜以來我苦苦哀求她告訴我發生了什麼，她居然說我試圖用金錢和性支配她。她現在和在瑜伽課認識的人在一起，她覺得跟他交往比較自在。我就這樣被甩了，但我搞不懂自己到底做錯了什麼。我的目標是讓她記起我們美好的戀情，並回到過去。

很難相信，你竟然認不出貪婪、說謊、見風轉舵的大混蛋，而且你已經認識他好多年。但有時你就是看不到人的陰暗面，除非壓力來臨。這是上帝創造艱難時刻的另一個重要原因——讓我們找出誰是大混蛋。

我們都喜歡讓自己心情好的人，也對自己一眼看穿、迅速判斷的能力引以為傲，並相信自己的膽量。但膽量會產生什麼又從什麼孔洞排放，我們應該要好好了解。

要愚弄經驗老道的聰明人也不是太難，只要一個會展現同理心的好聽眾就可以了。在任何情況下，當你和生命中曾經深信的某人結束關係後（此人隨即宣稱你是**他的**死敵），你對盡職調查（due diligence，簡稱DD）與相信事實勝過感情的價值，會產生新的敬意。

發現某人原來是壞人，一點都不好玩，更難受的是仍然聽到他到處亂說，當面對你說，也跟別人說，讓大家都聽到你做了那些你根本連想都沒想過的骯髒事。想掏心掏肺溝通，這樣的努力可能自找危險。請記住，跟你說話的是自殺炸彈客，他背心上裝著滿滿爆炸性指控。對付這種事的基本原則是把負面情緒和想法都留給自己。

簡易自我診斷表

無法企及的願望：

□ 回復以往的關係。

□ 立刻停止鋪天蓋地的廢話。

□ 撫平傷痛和憤怒。

□「封閉」是情緒獨角獸。

□ 掌控他接下來要做什麼和要說什麼。

切合實際且可達成的目標：

□ 了解也接受新破裂關係的本質，放棄邏輯與和解。

□ 不要再把戲劇化、情緒化只會搞破壞的燃料往火裡添加。

□ 不要再讓受傷的情緒和憤怒控制你的決定。

□ 利用時間排解情緒，並排除這齣戲的後座力。

□ 利用影響你的事來保護自己。

你能做的事：

□ 讓律師作你的首席治療師，告訴你要期待什麼、什麼時候該閉嘴、要記錄什麼（請記得和你的法律代表分享情緒並不會解決問題，只會花很多錢，這些錢將來也不能申請醫療保險給付）。

- □保護財產免於零星報復。
- □只在有必要及有正面意義時溝通，以免提油救火或暴露弱點（事先寫好聲明會有幫助）。
- □做最壞的打算，這樣你就可以用信心和決心來回應，而不是用暴怒或其他看得見的情緒。
- □準備接受最壞的情況。

真心話練習腳本

無論你真正感覺如何，或周遭朋友怎麼回應，為了讓自己持續向前，以下是你該對這個傷人大混蛋說的話：

親愛的＿＿＿＿＿＿（沒良心的前合夥人／貪婪的親屬／前女友和她的新瑜伽男友）：

我們之間出現了不幸的差異，這是真的，即使我們過去＿＿＿＿＿＿（有過快樂的日子／常常用簡訊互通訊息／共用HBO GO的帳戶密碼）。基於多年的朋友與夥伴關係，我們可以用較正面的方法表達你我的不同。儘管我們都花了好多工夫克服誤解，期盼達成協議，卻依然做不到，所以我們必須找到往前的方法，我建議＿＿＿＿＿＿（我們的資產獨立／同意彼此道不同不相為謀／做很多律師教我做的事，雖然我從沒告訴你我有律師）。我相信這是公平的，對我們雙方都有利，但我們最好不要對此進一步直接交談，直到一切都解決。然而，我祝你＿＿＿＿＿（萬事如意／身體健康／收穫滿滿），並希望此事盡快解決。

我爸媽是混蛋

讓大混蛋不生孩子是不可能的事。的確，要是這些自我為中心的混蛋對愛情磁鐵能可靠地抗拒，今天心理醫生哪還有飯吃。有太多孩子必須處理混蛋爸媽問題。這些子女通常會遇到的問題，包括被忽略時（如果他們夠幸運）的大量憤怒、羞辱和／或暴力攻擊。同時，他們常常感到內疚，覺得要為父母的不快樂和壞習慣負責。因為根據定義，大混蛋父母總是把過錯怪到別人頭上。而孩子往往很敏感、緊張、內疚，除非他們變成惡霸、警察、超級英雄或治療師，能夠積極地搞定世界。

我們想尊敬父母，想愛父母，但當你的爸媽是大混蛋時，不但很難敬愛他們，也可能是自找死路。與混蛋父母應對時，如果沒有用明確的對錯概念回應他們，就可能冒險回應了負面情緒和他們逼你做的壞事。幫助是用來榮耀**理想**爸媽的，即使你的父母是「反-理想」，也該知道所謂的理想是值得尊重並努力實踐的事。

你如何分辨自己的父母真的是大混蛋：

- 他不斷提醒你是如何毀了他的生活，而這點你還真的希望自己可以做到。

- 他總認為有資格跟你分享他對你缺點的感覺，因為這就是「誠實」（也是「殘忍」的通關密語）。
- 道歉永遠不夠，所以你總要很努力才能得到他的愛。
- 他斷絕所有關係（如果他還留有關係）。

以下是人們寫信給我們，或進行「後-混蛋-爸媽時期」治療時，許下的心願：

- 停止這些討厭事，成為真正的家庭。
- 終結不幸的童年。
- 停止被混蛋父母教養，導致他們無可抗拒地被大混蛋吸引，和他們約會。
- 了解他們為什麼仍然感到無助和憤怒，即使同樣的骯髒事，他們的混蛋父母已做了不下百萬次。

案例分享

我媽動不動就小題大作，老想控制家裡的每個人，還說這樣都是為了我們好。她講話惡毒，我們小時候常打我們。她都七十九歲，脾氣仍然壞得不得了。這些年她身體不好，不是忘了她做過的壞事，就是認為那是別人的錯。我一直避免和她衝突，直到一年前，她開始對我孩子很壞。我那時氣到極點，明明白白叫她走，並斷絕一切聯繫。從那時起，可怕的內疚就開始折磨我，我不禁想著我的行為難道不像她嗎？我知道她自認被遺棄了，是被人虐待的受害者。我不想對她不好，也不想又開始相罵。我的目標是想清楚該拿她怎麼辦。

* * *

我爸老說我太太的壞話，還拒絕在家庭活動上跟她說話。他從以前就不是好相處的人，我真不知我媽是怎麼忍過來的。但他對我很好，因為我是他的獨生子，但自從我結婚就變了。現在他不回我電話，讓我很受傷，他對我孩子不聞不問，我也很難過，但我不知道怎樣才能讓他理解。我太太對他不出現倒是覺得很好，因為他對她太壞，但我仍然覺得生活裡沒有父親，孩子的人生缺了祖父，是不對的。我的目標是在爸爸和妻子之間找到妥善處理的方法。

* * *

我公公一直很難相處，他有酗酒問題，但我婆婆不在了，我先生只剩這老爸，他也是我孩子的祖父，所以多年來我一直忍受他來我們家。但問題是他決定搬到離我們家近的地方，方便看孫子，而這成了惡夢。我是家庭主婦，孩子太小不能上學，我在家顧小孩，公公沒事就往我家跑，連通知一聲都沒有，有時還醉醺醺的，只想要我逗他，聽他抱怨他的人生多不公平，我先生又有多不孝。他還亂承諾我小孩，一下說要去釣魚，一下又說去店裡，最後都只是隨便說說，不然就忘記了，因為他根本喝醉了。我先生不知道該怎麼辦，也不敢對他老爸說什麼，因為他覺得會傷他父親的心，怕他傷害自己。我的目標是找到方法，讓我先生看到他父親有多可怕，而且我們一定要改變。

如果人生是公平的，你也許能讓這些父母了解他們的壞行為正毀去你盡力想維護的重要家庭關係。倘若你不記仇，也不想要對抗或補償，你只想要這些爺爺奶奶能控制自己，和孫子、孩子及他人共享美好時光。

在公平世界裡，他們會聽，會道歉，參加大混蛋匿名會（大混蛋好像從來不甘於匿名）。加上奶油對你身體好，我們才可以多演幾集《火線重案組》（The Wire）和《星星之火》（Firefly，影集又名《螢火蟲》[47]）。

如果你想追求你的願望，而不是在星火燎原的不平世界接受現實，你可以告訴這些混蛋他們做錯了什麼，堅持要他們尋求幫助，也可以拒絕和他們說話直到他們去做治療。嗯…他們去了，好吧！他們加入「子女不孝受虐父母組織」，怨天怨地直到入睡，在你的語音信箱留下許多長篇大論。然後你會內疚，再把愧疚的苦惱發洩在朋友、治療師和深盤披薩上。

要你放棄打動混蛋父母的願望很難，因為他們把仇恨與不合理的怪罪密密麻麻織入孩子的生活裡，彷彿填滿也控制了整個世界。你要記住的是，你已成年，有自己的價值觀和經驗。不管他的憤怒是否仍引發你的痛苦，都不會改變你的選擇或對自己的判斷。不用再努力勸他，你知道從來沒有成功過。接受

47 譯註：《螢火蟲》（Firefly），結合太空與西部元素的科幻影集，是一群異議份子反抗星際聯盟的故事，二〇〇二年播出後被腰斬，卻在影迷敦促下改拍為科幻經典《衝出寧靜號》（Serenity）。

他的本性就是大混蛋吧！這樣有助於避免衝突，也降低他繼續亂來的機會，只要跟他有適度的接觸和關懷，能履行家庭義務和滿足你的愧疚感就夠了。

總之，不用為混蛋父母的愧疚和不快負責，如果覺得需要，也不要表現出來。你無法讓混蛋父母快樂，也無法改變自己的感覺，但你**可以**做稱職的牧人，透過建立規矩、尋找自信、保持樂觀、釋放內疚情緒，並充分利用時間分配與你愛的大混蛋和樂相處。

簡易自我診斷表：

無法企及的願望：

- □ 擺脫每當混蛋爸媽在身邊就有的瀕死感覺。
- □ 讓混蛋爸媽快樂的能力（她的幸福不受任何人控制，包括她自己）。
- □ 當混蛋父母需要時，可以選擇讓她回到你家的懷抱。
- □ 有方法保護家人免受汙衊。
- □ 和平、正義、公平和良好關係。

切合實際且可達成的目標：

- □ 有力量做你覺得對的事，無論是混蛋爸媽的憤怒，還是你對憤怒的反應。
- □ 不管混蛋爸媽怎麼批評你的家人，都要對自己家人保持正面看法。

□ 短暫而有管理的接觸，以限制混蛋作亂的機會。

□ 做你們可以分享並引以為榮的正面事情。

你能做的事：

□ 確定可以和混蛋父母一起完成的好事，或為他們而做（例如改善健康、安全和人際關係），起碼可做些好事，而不是被她的混蛋行徑打敗。

□ 鑑於有限資源和上述現實情況，找出你該負的責任，如果有的話，進而處理它。

□ 使用各種技巧避免升高情緒（避免單獨碰面，在公共場所或方便離開的地方碰面，透過電子郵件發送訊息而不要打電話或當面溝通）。

□ 肯定自己的作為，無論你受到多少負面回應和憤怒，或者必須忍受無助感覺。

真心話練習腳本

當混蛋父母向你要求的東西比你能給的多，並指責你犯下你並沒有做的罪行，以下是你該對他們說的話：

親愛的——（混蛋父母）：

非常感謝你為我做的一切好事，我一直很仔細聽你說的，有些事我印象深刻，例如——（你工作有多辛勞／你如何順利克服難關／你總說是我害了你）。但我不同意——（你對我恐怖的教養／你說我忘恩負義／你對我髮型的想法），所以我打算——（盡量減短不愉快的電話交談／找個清醒的真正保姆看顧小孩／不去只有一間房的阿拉斯加小木屋進行長達月餘的家庭旅遊），因為我覺得這是顧及每個人的最好妥協。言盡於此，事情就這樣定了。這幾天我會和你聯絡，我們再談談——（這星期你拿到什麼好康的優惠券／新聞一再報導的那部噁心電影，你以為我會喜歡／其他事）。

你可知道——
有些大混蛋一副聖人模樣？

現在我們已經確立大混蛋的內涵，就該知道他們不是故意使壞（只是失格到危險的地步），也要說明有些大混蛋看起來一副聖人模樣。他們雍容大度，不會隨便暴怒，也討人喜歡，樂於助人，但要到需要救援的人讓他們覺得心煩意亂時才願意作出助人承諾。一旦出現這種情況，各種話語與承諾對你都只是空口說白話而已。

讓他們變成大混蛋的原因不只是他們不牢靠，而是當你不爽他們滿口大話時，居然就變成你太過敏感和自私，然後就是你的問題。他們只是做他們覺得應該做的事，而你才是那個混蛋。

同時，大混蛋的朋友和孩子開始懷疑是否要裝病、假受傷或假鬱卒才能得到他們的關切。可悲的是，即使他們真的這樣做，而這樣做也真的有用，但也只能維持短暫時間，只要在酒吧出現其他傷得更重的人，一切就結束。

這麼說好了，很多大混蛋是憤怒十字軍，而聖人模樣的大混蛋就像是受害者。他們其實希望你能快樂，甚至他們整你都是有原因的，而那原因對他們來說，是無可避免的。他們比較不像會告你的那種人，反而更像是讓你因為想告他們而感到內疚。如果你想避免失望、憤怒和（輕微地）被整，請和他們保持適當距離。

被混蛋中傷如何重生

大混蛋的眼光短淺，世界觀非友即敵，非黑即白，如果她覺得你可能傷了她，甚至是不經意的，都會毫不猶豫把你變成人人都討厭的對象。你也許會覺得她在使用更高階的遊樂場攻略「我是橡皮你是膠」[48]，她就是這樣告訴大家，你才是陷害她的那個混蛋，罪責從她身邊滑出去，又黏回你的身上。事實上，她的手勢更深刻、更真摯，也帶來更多絕望和危險。

48 譯註：原句是I'm rubber and you're glue, bounces back and stick on you. 我是橡皮你是膠，所有壞話彈回貼上你。這是美國幼兒遇到別人說他壞話時的對應童謠，且需搭配手勢，講bounce時手掌先貼在自己胸前，講stick時貼在對方身上，就表示壞話貼回去了。

大混蛋會到處分享他們的感受，說給你孩子聽，說給朋友聽，打電話給虐待兒童熱線，告訴法官，放消息給地方新聞分支機構，還上網po文分享心情。因為他們的感覺告訴他們到底發生了什麼，從不需懷疑自己。因此他們說的話如同鑲了真相的魔戒，如果你能離開鎮上，改名換姓到別處重新開始，算你三生有幸。

萬一你被虛構的惡意攻訐氣到跳出來表示憤怒和捍衛自己清白，你只會更惹得一身腥，大混蛋的憤怒如此真誠，是你無法贏過的，你的憤怒只會讓你看來更加愧疚。

等到時間一久，大混蛋的謊言往往露出馬腳，因為他們不聰明，百密終有一疏，無法掩蓋全部事實。收集事實與查證都需要時間，而那些抱持懷疑態度的人也會回來找他們要真相。同時間，你可能要回答那些不信你的人問你尷尬問題，你的孩子、家庭、社區也對你失去信念和信心，甚至還要面臨禁制令和沉重的法律費用。

與其浪費時間思考這個混蛋怎麼會讓你身敗名裂，倒不如閉上嘴，激勵自己想得更謀略些。不管你多想抗議這些根本莫須有的鳥事，都不要讓她稱心如意。

被大混蛋中傷，面對社會輿論追殺，最怕遇到的狀況：

- 回到家卻像是到了某個你誠實付了租金，卻無法用鑰匙打開門的地方。
- 固執的警察站在門口想跟你談談他手裡的那張紙。
- 你無意中知道你最親密的朋友開了派對但沒有邀請你。
- 孩子不再打電話來，把你當成陌生人。

- 你想說你不是壞人，但你知道沒人會相信你。

以下是人們寫信給我們，或進行「被混蛋中傷」治療時，許下的心願：

- 讓大家看到真相，洗刷污名。
- 調查已結束。
- 能讓他把工具從車庫裡拿出來，不要被前妻燒掉。
- 有法子看到孩子，向他們解釋他們的血統。
- 不用再去法院捍衛自己的清白，對抗不實指控。

案例分享

我的婚姻多年前就毀了，但我有兩個漂亮孩子。妻子越是對我們大叫，我越覺得孩子需要我留下來保護他們。不過我沒能看到這一幕發生，妻子對我申請禁制令，說我打傷她。我一輩子從來沒打過她，但警察或法官都不相信我，都叫我冷靜，好像我會爆炸一樣。後來社工打電話給我，說接到報案，她不願透露是誰說我性侵我女兒，然後我就看不到孩子了。最後我去找了我根本負擔不起的律師，而我只好睡在我母親的沙發上，向朋友借錢過活。我的目標是不再讓我的生活崩壞。

* * *

我前夫是只會花言巧語的混蛋，從來沒有對孩子、工作或我付出過。更糟的是他愛喝酒，把大部分時間和薪水都花在酒吧和那群酒肉朋友身上，他們當然認為他是好人，孩子們也這麼想。那時候，他沒有賺錢養家，我得自己賺錢，加上他天天在外逍遙，所有養育孩子的事全靠我一個人，我的脾氣變得很壞和又愛胡思亂想，但在孩子面前我都藏起來，他在外面也表現得一副什麼都沒有做錯的樣子，所以我們離婚都是因為我對他這個無辜老好人太壞。孩子們怪我，對我的新男友也沒好臉色看，雖然他是好人，也幾乎確定要當孩子們的繼父。我不想對孩子說我前夫的壞話，但我男友也絕對不該受這種罪，我也不該受。我的目標是讓孩子們了解他們父親真實的面貌，不要再懲罰我和我男友了。

* * *

我和先生幾年前因為工作關係新搬到一個小鎮。我以為我在這裡找到一群不錯的朋友，雖然我從來不喜歡其中一位，她老對我們頤指氣使。但我從來沒說，因為我認為那只是她過分強勢。但當我拒絕她對我改造廚房的建議之後，她就不再和我說話了。我以為這件事會過去，但後來我們共同的朋友也不再接我電話，我就了解我已經被踢出我們的朋友圈了。這就像高中生活一樣，更糟糕的是，它影響了我的孩子，因為我的孩子和他們的孩子認識。我覺得好可怕，一直哭泣。我的目標是找出她們到底在說我什麼閒話，努力把事情處理好。

無論謊言是否把你趕出家，讓你成為被調查的目標，或被家人和朋友疏遠，這些事都會讓你痛得像在地獄裡，可能招致的後果還會嚇到你。所幸在多數情況下，這些後果除了在老史蒂芬．波奇哥[49]的警察影集會出現外，從未發生在任何人身上。

當事情發展正在熱頭上，很難記住損害最終會獲得控制，那些相信說你壞話的人並不是你的朋友，對你最重要的人最終會恢復你的信譽，特別是你的孩子。耐心和毅力**一定**會勝出，但在這段期間，你要知道，無論發生什麼事，你都要相信關於自己的真相。不要把不幸當作個人的失敗。別人會怎麼想你，不要覺得你有辦法控制它，那顯然是不可能的。

狼、實境秀《我要活下去》（Survivor）裡的參賽者、政客們都知道，攻擊對手也許會傷到他，卻無法幫到自己，還可能挑起激烈反擊。請記住，若要比誰生氣得最徹底，大混蛋總能輕輕鬆鬆打敗你。所以再一次，你越抗議就越看起來心中有愧。只有在事情過後，當你有機會記錄相關事實時，寫到有關誰說了什麼話，錢花到哪裡去，那時你才比較有優勢。

你該做的不是攻擊或防禦，而是花點時間針對那些對你的指控做出判斷，即使你不知道它們是什麼。拋開你的情緒，問問自己和你信任的人，為什麼一個好人會認為你的言行有嚴重缺失，特別注意自己在做伴侶、父母、朋友上，是否符合自己做得好的認定標準，要求自己做到律師要你注意的法律問題及財務標準。你是否做錯了？這個問題需要你自己判別，就像你在評斷某位朋友一樣。對於這次試煉的

49 譯註：史蒂芬．波奇哥（Steven Bochco），美國重量級影集製作人，作品從七〇年代的《神探可倫坡》，到《洛城法網》，警匪影集如NYPD Blue、近期如《一級謀殺》（Murder in the First）。

目的，你不必做到完美，只要不錯就夠了。

當然，你也應該問問自己，這些謊言是否真的來自那個大混蛋，仔細回想你知道的事，到底是誰編出來的，尤其要思考那些人只要覺得被威脅或不快樂時，想法怎麼會變得如此齷齪，非黑即白。

當你確定問題不是你挑起的，請提醒自己，雖然身處在風暴中心，你犯的唯一過錯是你和大混蛋有過牽扯，即使你選擇這個關係，都沒有犯下法律上的罪過。

請不要反擊，除非在法庭上你覺得有必要或你可能會贏。找到真正能幫上忙的，為長期抗戰準備需要的工具。你也許無法完全消除社會或法律帶給你的傷害，但你可以加強自我判斷的能力，當必須用上時更能有效對抗，然後變成更好的人，比你想像的更好，當然更是那個混蛋所遠遠不及的好。

簡易自我診斷表

無法企及的願望：

- □ 讓人們看清楚混蛋的謊話。
- □ 逼混蛋承認他們說謊，做了哪些混蛋事。
- □ 立刻平反，或確定一定會有正義，一點都好。
- □ 知道爛事何時停止，至少可確定惡夢哪天停止。
- □ 找到從無助的心情盡快回復的方法。

切合實際且可達成的目標：

□ 學習如何評估和認可自己的行為，並確信可以度過風暴。
□ 你在這段關係中受傷痛苦，但希望痛苦不要加重，也不要摧毀你再有健康關係的希望。
□ 學到贏得誹謗大戰的技巧（主要藉由沉默）。
□ 運用你在對戰期間學到的收穫，尋找更好的關係。

你能做的事：

□ 尋求法律建議，獲取保護自己和名下財產的知識（請忘記你的好名聲，至少忘記一陣子）。
□ 不要再做以前最常說、最常做的事，因為你的直覺就跟大混蛋的直覺一樣是錯的。
□ 找個指導教練，如律師、心理治療師或親近的朋友，幫你小心積極地用書信回應對方（不帶任何褻瀆）。
□ 整理出文件紀錄，包括電子郵件、銀行紀錄或信用卡，把你的防禦都建檔。
□ 尊敬自己的所作所為，包括（也因為）你得到的負面回應，以及你必須忍受的憤怒失望。
□ 拒絕捲入有意圖的對談，談的都是總沒有好結果的種種情緒（見下頁表格）。

真心話練習腳本

以下是你該對說你壞話的混蛋說的話：

親愛的＿＿＿＿（毀謗我的混蛋）：

我寫信給你，因為我重視我們的關係，它一直是＿＿＿＿（很愉快的／你來我往的／比得癌症好太多）。不過，我聽說你覺得＿＿＿＿（很受傷／被暴力對待／準備謀殺我的臉）。我自認對所謂的＿＿＿＿（虐待兒童／婚姻不忠／不尊重你的兄弟們）的標準和你一樣，所以我會仔細回想自己的行動，找到我也許沒有符合標準的地方。最後，我不同意你的意見，並且只能希望時間和更多證據最終會改變你的想法。同時，我不會讓我們之間的不同意見，影響我們對＿＿＿＿（撫養孩子／教堂烘焙食品銷售計畫／支持新英格蘭愛國者計畫）共同參與的能力，而且不會重提這個話題。必要時可隨時透過電子郵件和我聯繫。

與大混蛋爭執的標準語法

別說	要說
我真的覺得……	天氣很好，對吧？
我居然無法讓你看看你惹出來的麻煩！	我喜歡和你在一起，但如果你不停止這話題，我就要打斷你了。
如果你無法改變，恐怕持續這個對話也沒有意義。	去休息一下，也許等你好些，我們再一起吃午餐。

我想把事情說清楚……	這毛衣是不是超級軟？
我不想傷感情，但只要你開始鬼吼鬼叫，我就會叫你走。	過去都過去了，讓我們關注現在。我覺得3D電影有點笨，你覺得呢？
你必須改變你的行為。	你真的很會找好餐廳！

搶救混蛋遠離麻煩

雖然我們已經在第四章說明過樂於助人和追求聖人境界的雙重罪惡，但對於把這些混蛋救出來的願望，還是值得特別關注。這種本能是傷害與白費工夫的全新境界，就像提著油桶救火。

想救這群自作孽的大混蛋——因為你愛上他們的魅力，對關係中的某些美好深陷不拔，對他們自作孽的痛苦深表同情——你想救他們，但真正危險在於，引發他們惡劣行徑的主要觸發點正是親密關係。幫助他們不是仁慈，而是用趕牛刺棒往憤怒的老虎身上扎。

是的，大混蛋常常是受害者，在任何情況下都值得對他仁慈。但就像我們討論過的，假如這些混蛋對自己造的孽無能為力，他們還不應該被怪罪。然而你有責任保護自己，尤其你知道他們很危險，之前為幫助所做的努力結果都很不好。一個懂事的成人被感情用事的善念推著去冒愚蠢的風險，實在不需為濫情找藉口。

最糟的危險不是你受到傷害，畢竟受了傷你才會學到教訓，最糟的是你的涉入會造成永久性的傷害，危害對其他人的承諾。想做好人好事是有風險的，當你想讓這個混蛋，又稱行惡者，成為你行善的目標時，請想想這本書裡對行善者提出的一些風險警告。

以下的事讓你知道你為大混蛋做的太多：

- 他們告訴你你是他們唯一信任的人，但通常是在講了好久、情況危急以及不對時間打來的電話中說的。
- 大混蛋分享的信心不但提醒你，也讓你覺得更有趣的是《我們的日子》[50]的黃金歲月。
- 其他朋友和家人向你抱怨，你都沒空陪他們（因為你現在在混蛋服務專線兼差）。
- 其他人更擔心你，你關心混蛋的程度比關心自己還高。

以下是人們寫信給我們或來看診治療時，許下的心願：

- 從過去或現在施虐者的手中解救大混蛋，就是這些施虐者把他們逼到你這個（暫時）安全的避風港。
- 停止虐待自己，好像你是混蛋的專屬超人。
- 只要給他無條件的支持，就能把混蛋從上癮／偏差行為中解救出來，無條件的意思當然包括讓他戒掉海洛因、酒精和性成癮。
- 讓大混蛋知道有個人是他終於可以真正信任的。老天啊！

案例分享

我想幫助一位很有天分的學生，五年前他曾經修過我的高中英文課。他第一次來找我尋求幫助，是因為他覺得輔導老師對他有偏見，之後我們就保持密切聯繫。我認為我的支持讓他撐過重度憂鬱症與鴉片濫用的發作期。最近他遇到危機，可能會從研究所輟學，所以他每天晚上都會跟我講一小時電話。我想不通為什麼會這樣，但他暗示他又再次吸毒了，幾次談話中還回溯到以前他父母對他有過身體上的虐待。我記得曾見過他的父母，他們似乎不像施虐者。但我相信他從我這裡最需要的是堅定且無條件的接納，所以我也不想說些讓他以為挑毛病或不支持的話。我的目標是找到方法贏得他的信任。

* * *

談到感情，我妹最大的敵人是她自己，我希望能幫助她控制自己。她心情好的時候，沒有人比她更有魅力、更和善，但她隨時會變，當心情一變壞，她會把人的心撕裂，把人一個個逼走。她不跟爸媽說話，也不再跟我弟說話，他以前可是我妹的最好朋友。現在她僅存的朋友都住得很遠，當她變惡

50 譯註：《我們的日子》（Days of Our Lives）：美國NBC播出的日間肥皂劇，從一九六五年播到今日超過一萬集，堪稱史上最長壽連續劇。劇情描寫兩大家族的愛恨情仇，從爭產、強暴、同性戀到靈異事件都有，極盡灑狗血之能事，但也頗富人生意義。

劣時，他們都不在她身邊，這也是他們依舊是她朋友的原因。但不知何故，當她覺得家裡其他人都背叛她，轉而向我尋求安慰，她被折磨得好慘，讓我好傷心。我的目標是用她給我的信任，讓她明白自己在做什麼。

* * *

我男友一直很努力想賺錢搬出他父母家，但現在景氣不好，他很難找到一份真正的工作。而且，我想沒有人會雇用他，因為他十八歲時曾犯下非法持有毒品的罪，當雇主做安全調查時，這條案底就會揭露出來。所以當他要求我幫他運毒時，我根本無法說不，因為警察都只看他，不會懷疑我。他要的只是賺一點錢，就可以開始做自己的事業，我們可以一起開創人生。我不介意幫他，因為這是在幫我們兩個，但我媽說，再這樣下去我會惹上大麻煩，而我還有一個孩子要養。我的目標是找到方法幫他，讓他的人生可以公平的開始。

當個樂於助人的人總是件好事，因為活出這樣的價值觀，生命就更有價值。此外，助人除了能讓你成為更好的人，也是讓你獲得自尊的唯一合法手段。然而，關鍵在於知道助人何時做不到，何時很危險，而想救大混蛋往往兩者皆有。

要承擔別人的痛苦與問題之前，請先做仔細的風險評估。這不是要你挑剔嫌棄你想幫助的對象或持負面態度，而是認真收集資料，關注事實，不要只顧著你的感覺。

好比說，有人說她被虐待了，你根本不需要知道這件事是否真的發生，只要知道她現在是否能容忍感情裡正常的坑坑疤疤，不需重新體驗受虐或對你這個不算太壞的朋友疑神疑鬼。如果她嗑藥，你或許該假設她以藥物克制自己失落、焦慮或憂鬱的痛苦，但儘管如此，也只要知道她是否能不用即時速解的方式忍受痛苦和挫折就好。

偏執一點，問問自己，如果這個混蛋決定你是她所有痛苦的根源，最壞的情況會如何？如果她轉而對付你，向你所有朋友說你的壞話，顯然傷痛如地獄，但對於這個混蛋，閒言閒語永遠如冰山一角。她絕對有能耐跑去權責單位舉報你，誣賴你做了你根本沒做過的性侵害，或者把拖你下水，說你跟她一起做了不法勾當。你不是早就聽過在她瘋狂的人生中，有好多人對她做了好多恐怖的事。連一秒鐘都不用想，如果你辜負了她，她會立刻把你看成是那群人之一，值得同樣對待。

請不要喪失想幫助被虐者和受壓迫者的意願，但也不要忘記，有些受壓迫的人即使錯不在他們也是危險的。如果不進行適當的篩選程序，傷害可能毀去一切，而這樣的錯就得全怪你。一旦發生反噬，大混蛋的威力無窮。

簡易自我診斷表

無法企及的願望：

- ☐ 贏得不信任他人之人的信任。
- ☐ 只要付出愛就可由恨轉愛。

□ 填補某人心理的空虛。

切合實際且可達成的目標：

□ 幫助有困難但會潛在暴怒的人時，學會保護自己。

□ 確定誰可以真正從你的幫助中獲益，再幫助他。

□ 如果你迫切想貢獻己力，請領養受虐寵物，最好是瞎了眼或斷了腿的。

你能做的事：

□ 對於那些「曾經受虐者」請做點功課，千萬不要假設他們都是笨蛋、壞人，或者不被愛、不受同情，或會像你一樣暫時忽略不做功課。

□ 請不要冒然安慰他人痛苦，除非你確定此人過去和現在受苦時做了什麼，以及該行為是否涉及讓他人深陷痛苦的事。

□ 請對過去那些不甚迷人的義務，包括對自己和家人的，信守你的承諾。

□ 避開那些一受苦就做壞事的人，除非他們自己感覺變好，不然別期待他們會自動停止。

真心話練習腳本

對想要人幫助卻還沒準備好不當大混蛋的人，以下是該對他說的話：

親愛的＿＿＿＿（需要幫忙的大混蛋）：

我同情你的受虐遭遇，你相信那是使你＿＿＿＿（嗑藥／咬指甲／紋海豚刺青）的原因。我希望我能幫忙，但我看不出我能給的幫助會對你產生多大助益。只要你做到不需要＿＿＿＿（嗑藥／對人大發脾氣／把種族主義言論放上YouTube），或許我還幫得上忙，但身為＿＿＿＿（朋友／治療師／不是藥頭的人），現在我看不出我能做些什麼。我支持你，我希望你會做到。

捍衛自己對抗做壞事的不實指控，該有的標準說辭

別說	要說
那從來沒有發生。	謝謝你告訴我這件事。
我可以跟你說到底發生了什麼。	我之後會想想清楚。
你錯了，你這可惡的混蛋！	朋友，我已經想得很清楚，這件事……
我要你現在就給我道歉！	不管怎樣，我想我無法同意你的說法。
我希望把事情說明白。	你同不同意都好。

我還希望我們能溝通呢！

下個話題，你有看《金裝律師》（Suits）影集嗎？它在USA頻道播放，我保證，它很好看！

與混蛋共處

套用一句老話：意見像屁眼，人人都有。混蛋也如此，家裡或辦公室都至少有一個難以忍受的傢伙（或者你的褲子裡也有，那就要看你吃了多少辣椒醬了），但這些混蛋有夠討厭。當在一個需要安靜、受控制的環境中，混蛋的行為卻失控，這通常是因為組織裡負責領導的人不知該如何使用權力。她應該告訴大家把個人意見／混蛋行徑保留給自己。

不幸的是，就算是地表最強領導也無法制止混蛋不做混蛋，但領導管束通常可以限縮傷害。在工作場合，你可以開除或約束大混蛋；而在家中，則可設下限制管束他的行為。如果沒有權責單位，而你想挺身制止混蛋的不良行為，不但沒人會感激你，你還可能陷入麻煩，引起反彈。所以重要的是，請先問問自己，為什麼那些該處理混蛋壞行為的人並不作為，特別是在你插手之前。

如果大混蛋亂搞你的工作、財產，甚至你的頭等，自然要請上司或父母保護你並限縮傷害發生。如果權責單位無能為力，只想著大家和平共處，卻又對你委以重任，要你負責擦屁股或制止壞行為，他們也許會跟你說，因為你比較講理，他們期待你能解決這個問題。如果你和他爭論且暗示那是他們的責任，你也暗示他們怠忽職守（他們當然怠忽職守，但作長官和父母的很少會喜歡聽到那些批評）。

如果你覺得要對工作場所或家人的福祉著想而自認倒楣，而不是去收拾它，如此絕對走不出惡性循環。當你沒有權責卻越想改正他人的偏差行為，最後越會搞到每個人都想對付你。請不要覺得需要為家人盡力，或想改善工作環境，當真的做不到時，請放棄這個念頭。

相反的，你做該做的事，找份新工作，想法子維持禮貌，對混蛋充耳不聞。把自己當成在下水道工作，並肯定這樣的自己。運用你應付混蛋的一切知識，找個更好的工作，那裡的好長官會是更好的混蛋殺手。

如何知道不該惹家裡或工作上的混蛋：

- 混蛋都有老闆的姓。
- 老闆或父母穿著上面寫有「我脾氣總是這麼好，這麼無害」的T恤。
- 升高問題緊張程度，博取你的同理心，這樣你才會除了行動什麼都不想。
- 用衝突換取你的對待，彷彿你用一己之力放了混蛋，即所謂的海怪招數。

以下是人們寫信給我們或來看診治療時，許下的心願：

- 制止混蛋在家或在工作場所的行徑，好讓自己不再苦不堪言。
- 了解為什麼沒有人對混蛋採取行動，儘管他明顯惡搞。
- 弄清楚為什麼提到那個大混蛋只會惹來麻煩。
- 擁有理解的力量，了解大混蛋的實際作為——亦即，有問題。

案例分享

我和我姊一直處不來，我很想說我們相安無事，但我們都二十幾歲的人了，因為經濟因素住在家裡，但每況愈下。她這人很怪，跟誰都處不好，最會的就是對我冷嘲熱諷，從我下班回到家，再到我回臥室把自己藏起來一直數落個不停。我向爸媽抱怨，他們卻說她和我不同，如果我不喜歡，可以自己找地方住。但我還沒有足夠的錢，因為我把每個月能出的錢都付給我爸媽當房租了，但我姊總是對我惡言惡語。我已經很努力上進，當個負責任的好人，只希望每天晚上不用逃回自己房間。

* * *

我工作的地方有個傢伙又笨又懶，但他很會跟我們的男主管及團隊其他男生開玩笑，所以逃過一劫。但他同時也看不起我和團隊裡的其他女性。他會推卸責任，把我們給他的東西弄丟，如果我們抱怨，就說是我們的賀爾蒙在作怪。我喜歡這份工作，但我害怕跟老闆說這些事，好像顯得我心眼小又沒有團隊精神。我曾試著告訴這傢伙，我不喜歡他的做事和作人態度，但他只是找藉口，說我很難相處。我不想息事寧人，因為那個人根本不尊重我跟他說的話。我的目標是想辦法搞定他。

* * *

我主管實在欺人太甚，我的考績是個笑話，不只我一人有這種感覺，但去人事處控訴他卻沒用。我曾經試圖和大老闆溝通，他看來很和善，還說他已經注意到這個問題，但之後就沒下文了。然後我的考績被挑得更慘，我有感覺他們想逼我走。辦公室的氣氛令人討厭，這都是我主管的錯，我不懂他怎麼能完全沒事。我只希望自己能好好做事。

你是對的，期待管理階層出面制止混蛋對你的家庭或工作團隊做混帳事。而在確定你把事實弄清楚，也讓自己聽起來不像是在報復或太情緒化後，向管理階層說明問題所在，這也沒做錯。但在行動之前，你應該看看周遭，想清楚為什麼以前沒有人對這惡劣行為提出異議。

不幸的是，最常見的答案是父母、老闆或其他人容忍不良行為而沒阻止，是因為他們自己就有問題。雖然他們看起來比大混蛋要討人喜歡，但他們的問題更大，所以你根本得不到你要的結果。

別再無謂抗爭了。你只是對你需要離開的地方太過執著，在贏不了的爭鬥中掙扎。運用一切你想得到的工具，在不影響你的原則下，讓自己捨得離開。請保持禮貌，做自己的事，把該負責的做好，並開始冷卻你和這個社群或工作環境的連結，同時加緊尋找下個地方。請記住，你的首要責任是符合個人的行事標準，而不是拯救家人或團隊。

大混蛋就像管理者的壓力測試，從領導階層如何處理自己的壞習慣，你就可以知道他們是多麼頑強。事情拖越久，積怨越深，上頭的缺點也越糟糕。

如果大混蛋已經習慣在工作場域胡搞，他很快就會跨過分際，搞出亂子。你可以記錄下來好好利用，不用太過期待，但總是有備無患。你可以打聽一下，也做個研究，判別底線在哪裡，當他跨線時你的權利又是什麼。但要記住，你的目的不是報復，也不是表達自己的憤怒。不過真是那樣感覺也不錯，你的目標是驗證你想的沒錯，如果這場仗是值得且有勝算的。

不要被大混蛋在家中或工作場所的胡作非為所干擾，反而要觀察他們如何被情勢力量擺弄，然後決定你該做什麼保護自己，進而找個更好的地方生活和工作。

簡易自我診斷表

無法企及的願望：

☐ 被公平對待，免受長官霸凌。

☐ 看到行為不端的人遭到報應，就像人權法案所主張的。

☐ 當你依法抗議時，能夠被聽見和理解。

☐ 因為辛勤工作或貢獻而被肯定，而不是用金色獎盃或其他東西，這是基本原則。

切合實際且可達成的目標：

☐ 變成隱形人，希望混蛋去找別人麻煩，並希望那個人有辦法讓混蛋被砍頭。

☐ 換間辦公室、工作隔間、臥室、職業……買個除噪助眠機和教你冥想的ＤＶＤ。

☐ 獲得許可在家工作，所以能不受干擾地完成工作（和找新工作）。

☐ 學到在面試或約會時，快速鎖定混蛋與無能上司的蹤跡。

你能做的事：

- □ 確定用說的沒有用時，請閉嘴。
- □ 別抱怨那些混蛋、好好先生老闆或工作，因為就像瀉藥只能達到短暫放空而已，這只是抬舉他們了。
- □ 不要用惡毒的話威脅大混蛋、老闆或父母，跟他們聊聊天氣和希臘優格就好。
- □ 安慰自己趕快找到好工作，或找個可以安住長大的好孤兒院。

真心話練習腳本

大混蛋讓你的人生水深火熱，以下是你該對負責約束混蛋的主管或家人說的話：

> 親愛的＿＿＿＿＿（好好先生老闆／爸媽）：
>
> 謝謝你那天聽我訴苦，我真的很感激＿＿＿＿＿（你願意花時間聽我說話／你的聰明點子／你能把屁放得如此悄無聲息）。對於＿＿＿＿＿（你的職務說明／所謂的壞事／我的工作表現（是最棒的））我有不同意見，現在我有更好的回應。我有個行動計畫，包括＿＿＿＿＿（做團隊中貢獻苦力的一員／聽同事們把話講完／把我正在做的事全部做完，因為我的工作做得超屌）。我樂觀地認為這些措施會有助益並有成效。（潛意識暗示：你在工作上的表現不好，但不用寫進去。）

9

第九章　該死的混蛋

絕對不要想解開你對大混蛋或者與他們有關的感情，這只會使你更加困惑。如果你試著「改正它」，你會發現自己也變成混蛋，只想尋仇，想了斷，討公道，而不是原來堅持目標和原來個性的你。

當混蛋拖垮你的人生，你絕對有權去感覺痛苦、被冤枉、不公平，但你的目標是腳踏實地往前邁進，使用任何還有用處的工具讓這件事對你有最大意義。你越能強化你的個人理念，看到你成就好事的意義越好。大混蛋會找到新的怪罪對象。請專注在你原來的目的，堅守住，度過這次混蛋風暴。

【Bonus】

fuck treatment

第十章

該死的治療

即使你已把本書從頭讀到尾，也盡力學習管理期望、接受限制、放生大混蛋，你也許仍考慮要找專業人士幫忙，知道「治療」的實際內容，但沒有全然的信心。

所以，你現在讀了這本完整指南，打算處理人生中最常見的無解難題，我們提供你的這本指南，引領你認識專業幫助的最常見形式，附帶說明如何決定你是否真的有需要，哪種方式最有效，該期待什麼，什麼時候又該停止……基本上就是採取治療需要的所有資訊，而不要覺得不知如何是好。

任何情況下，治療通常也只能提供部分幫助，剩下的則要靠自己，所以你需要盡可能了解狀況，才能決定你是否需要更多協助，那是你無法逃避的（而不是只從閱讀本書就可以獲得）。

尋求治療

為了解決問題，本書建議很多方法。有愉快的方法，例如運動與和善對人；也有不怎麼愉快的方法，像是設下界線或閉嘴。然後，當然也有治療，包括藥物治療和談話治療。

治療恰巧是我們的謀生技能，但很少是我們解決問題的首要建議。它可能很花錢又花時間，如果你對它有不切實際的期待，很可能毫無效果，甚至會有傷害。

很多人以為治療是一段帶有深切情感、又有點神祕詭異的過程，懷抱熱忱且支持「梅爾菲／甘道夫」綜合體[51]的治療師會讓病患確認並經歷痛苦想法、記憶和感覺。人們以為這種療法會讓痛苦情緒和非理性行為找到更深層的原因，對於一直持續的不快樂，也可提供更持久與能自行處理的解決方案，達到連嗑了快樂丸也達不到的境地。

不幸的是，那種治療很少能治癒，就像大多數的治療一樣，有時完全無效，就算有效，程度也有限。任何狀況下，保險公司寧願付錢讓你在背上裝第三隻手臂，加強你擦屁股的能力，也不想支付一種經常性、無止境、沒目標的療法。

至於你想找到問題根源，找得到固然很好，但那只會出現在電影裡（那就不好），結果同樣不真實。現實人生中，大多數問題的成因太多，很多原因甚至是無法改變，即便有耀眼的洞察力或痛哭一場也改變不了，如果你還期望這樣的治療能解決問題，一定會覺得自己很失敗。

然而，就算承認以上簡單事實的人（包括治療師和病人），當治療無效時，也不認為自己是失敗的。因為實際上，承認談話治療有其局限的治療師，已發展出許多提問、想法、建議及指導行為的新方法來達成特定目的。當你考慮治療與否，重要的是你也就承認在經典的沙發場景之外，你有許多療法選擇，有些療法一點也不神祕、令人困惑，更不會對你媽感興趣。

大多數療法都遵循一種明確技巧，處理被明確定義的問題，在管理絕望、飲食失調或強迫症上有可以評估的目標。很少會要你描述你對事物的感受如何，或者探究你可憐的約會習慣，一直追溯到你六年級時弄丟寵物倉鼠。

在任何情形下，如果你認為需要某種治療，也有簡單方法確定你是否真的需要，去哪裡找，以及是否真的有用。但是請記住，就像你有各種治療選擇，巧妙各有不同（請參閱本節最後的表格），也各有限

51 譯註：梅爾菲（Melfi）指HBO影集《黑道家族》（The Sopranos）中替東尼老大治療的心理醫生，甘道夫則是《魔戒》裡的白袍巫師。

制，並不保證治癒。如果你可以提問，弄清楚花費和風險，說不定就是那最後一招可以讓你獲得最好的結果。

以下是人們想從心理治療得到但不可能發生的事：

- 一個全新的你（或至少比現在的你少點恨）。
- 不再有說蠢話、做自我毀滅事的衝動。
- 治好憂鬱症、焦慮症或大部分人生問題帶來的毛病。
- 更好的關係（當彼此的化學反應不好，對方就是混帳）。

以下是人們許下的心願：

- 得知他們問題的根源。
- 對他們的所作所為不再有感覺。
- 克服憂鬱症和焦慮症。
- 不要再覺得必須做自我毀滅的事。

案例分享

我常常沒來由地憂鬱，從高中起我的經期就很短，但焦慮才是最近困擾我的事。我想這大概和我最近失去男友有關，但我不知道這是否代表我選錯了人，我真的很想探索原因，或許我自己有什麼問題，而這問題毀了我的感情，或這是我十幾歲以來某個大問題的一部分……這些事讓我覺得我也許該找個人談談。但問題是，即使我的問題有值得談的必要（而不是靠自己撐過去，就像有些人最終總是這樣），我也不想最後得靠藥物，讓我什麼都感受不到。我的目標是知道我需要什麼治療，如果需要的話。

* * *

我不認為我需要治療，但我太太堅持我需要。她說我不開心、憂鬱，有時還會大小聲嚇人。肯定不是嚇她！但她擔心我，認為已經影響到工作時別人怎麼看我。我問同事，他也認為我有時候情緒會暴起暴落。我相信他們說的話，但同時也覺得自己還好，生活也沒特別值得高興的地方。因為別的原因，我想現在的生活對我有一點壓力，特別難受，但也不確定醫生對我的狀況有什麼幫助。我的目標是弄清楚我老婆和同事真正的意思，如果治療是該做的事，就去求助吧。

* * *

自從生了孩子，我的婚姻就一直不順利，因為孩子讓我老公發現他有多喜歡晚上和親密酒友上酒吧。不過，我不想在沒有努力挽回下就結束婚姻，終於我讓他跟我一起去看婚姻治療師。他談到他的感受，說我愛嘮叨和批評他，他只好走出家門，因為那是避免爭吵的唯一方法。我談到我為什麼憤怒，為什麼要承擔別人該負的責任，為什麼在這個家裡只有我在當大人。治療師鼓勵我們發洩情緒，並暗示他真的沒有盡到責任，但我先生並不認同這一點，還說我們需要找個站在他那邊而不是我這邊的新治療師。所以，婚姻諮商並不真的有用，但我並不想放棄。我希望知道為什麼婚姻諮商對我們沒有效果，我們是否應該繼續下去，還是找其他諮商師（中立點的，就這樣。）

如果你的腿一直很痛，你可能會毫不猶豫去看醫生，醫生會幫你找出疼痛的地方，並給你多項選擇來解決疼痛，並希望有個簡單而成功率高的方法，然後，腿就好了。

但可悲的是，持續的精神痛苦不是那麼容易查清楚，大腦基本上是人體堆垃圾的抽屜，科學對你在哪兒可以找到什麼，只有初步的想法，多數事情的確切位置還不清楚。因此醫生就很難提供你新訊息，也無法提供絕對會治好疼痛的療法，你也很難知道一開始就去看醫生是不是聰明之舉。

不過，即使大腦比四肢更為複雜，人類對它了解更少，決定是否需要心理治療基本上就像做其他醫療資源的決定一樣，你必須考慮是否負擔得起，問題對於生活有多大的干擾，或執著治療是否弊大於利。

也許因為心理治療被誤以為有神祕感，人們認為它有神奇的力量，從剷除各式各樣的不快樂到把你變成怪胎。當然在現實中，不切實際的期望把你鎖在無法實現的目標中，所以請根據自己的經驗和判斷，決定治療是否符合你的期待，或者可能很快就達到。

如果你在失落後發生焦慮和憂鬱，很容易就會以為是失落造成你的痛苦，跟朋友談一談，靠時間癒合，才是你需要的治療。實際可能是這種狀況，如果你以前沒有憂鬱或焦慮過，但失落很可怕，而周遭又沒有你真的可以談上話的人。套用R. E. M.樂團的歌，人人都會受傷，但不是人人都需要看醫生。

然而，很可能你的症狀並不是新近才有的，而你也與支持你的朋友和家人好好談過，但症狀依舊。所以才一廂情願相信心理治療可以快速且完全停止這些症狀，且不會再犯。你反而可以期待談話治療提供支持，幫你打擊因憂鬱、焦慮和人生引起的負面想法，並給你工具管理這次及將來可能發作的症狀。

因為選錯人愛往往是心碎的關鍵部分，尋找正向積極的心理教練或治療師，可以幫助你明確指出你該學到什麼，以及找到幫你整理出能得到更好伴侶的新步數，並避免犯同樣的錯誤，同時也對抗因憂鬱而引起的負面想法。

至於尋找合適的治療師，千萬記得要確實地找。很多人都從保險公司提供的清單上找，誰列在第一個名字就找誰，這是錯誤的做法。人們也認為如果和治療師合作沒有效，就表示這種治療不適合他們，就這樣了。找到合適的治療師，就像找好的人生導師，它需要時間。找個有興趣教你覺得需要學習議題的人，找個接受你特定學習方式且能以正面態度鼓勵你的人。

至於吃藥，決定它們是否必要向來是你的選擇，如果你認為心理醫生會捏著你的鼻子把藥丸塞進你的喉嚨，那你就把他們誤以為是獸醫了。有時候這種試藥的選擇很簡單，也就是說，儘管有熱情支持和好的教練引導，如果你的症狀還是沒有辦法讓你下床，會做這樣的選擇就如同你為任何慢性、嚴重的疾病所做的醫療選擇一樣。所以不要受道德約束，為了自己覺得負面的決定而責怪自己。

如果別人說你需要幫助，但你真的不明白他們在說什麼，恭喜你可以經歷苦難卻沒有痛苦的感受。很顯然，你在乎自己行為對他人的影響，即使你沒有本能感覺它或知道那是怎麼一回事，只能說你寧可讓你的妻子高興，而不想把才能用在馬戲團上。

問問自己，你的壞脾氣是否影響你最珍惜的角色，其中只要一點發錯脾氣的憤怒就會造成傷害，讓你的親子關係、伴侶關係或領導地位受傷。倘若你不覺得古怪的脾氣會有太大影響，那只是惱人但無害的人格特質，就像不斷想跟人擊掌或每個句子結束都是問號。但如果你真的認為古怪脾氣已經造成困擾，就該找位能幫助你的治療師，當你生氣時，他能幫你確定你在做什麼，更有效管理你的行為。

如果治療改變你的情緒，讓你不那麼鬱悶和煩躁，給你更多力量，但如果這些都沒發生，也不要認為自己或治療是失敗的。有些人即使很聰明，生活也很順利，但脾氣暴躁，自我觀察的能力也差。如果治療無法改變你的問題根源，當你決定加強管理它們，就該值得更多的肯定。

如果像婚姻諮商這樣的治療都無法說服你那愛逃避責任的配偶戒酒和下班回家，請記住，你的治療目的並不會改變他，因為這是不可能的，問題在於看他是否能因為鼓勵而改變。儘管你的治療師多會鼓勵分享，請記住，不管理由多麼正當，那些侮辱和攻擊個性的話很少是具有說服力的好工具。

在這種情況下，你的治療師雖同意你的抱怨，但無法比你更能讓你的配偶明白，即使在沒有侮辱語言的情況下，所以別再因為自己有需要和憤怒的感覺而自責，更別怪自己無法讓你的丈夫看到你的觀點。當專業人士無法得到更好結果時，他們什麼也不要，只要你的就醫自付額。

現在不是要更努力讓你的丈夫看見問題，而是想清楚面對他的缺點你該怎麼辦。找個會阻止你追究過去的治療師，讓你停止反覆想著能做卻沒做、該做卻沒做，甚至發洩怒氣和無助感，或抱怨你的丈夫，這些都不需要，應該做的是幫你建立你的資源並評估你的選擇。

無論是你目前的婚姻治療師或另外找新的治療師，只要能幫你跟丈夫宣布你的意圖就好，不需做更進一步的勸服、壓制或防衛。如果你開誠布公無法打動他，你就知道你已盡力挽救過你的婚姻，同時保護自己和孩子擺脫初期階段的賴賬酒鬼。

你可以嘗試你覺得或許有幫助的治療方式，但不要一次又一次地做相同的事，也不要假設治療順利就會有效。相反的，失敗的治療可以限制你的期待，教你有些事情必須忍受。你應該好好研究自己的選項，不論是不同類型的治療或不同的醫生。

如果你已經客觀評估問題的嚴重程度和造成的衝擊，並且決定需要加以注意，不用花太久時間就可以找出你對治療應該有的認識，如果你不怕讀文章、不怕提出質疑、不怕風險利益評估的話。你就會發現，你要找的醫生需要具備什麼專業知識與個人特質，然後知道如何衡量進步，這樣你就可以找到這個組合，讓你和你的大腦（大部分）更好。

簡易自我診斷表

無法（總是）從治療中得到的心願：

- □ 改變生活及改善行為的內在覺知。
- □ 全新、更好、更多信心。
- □ 經過痛徹心扉的宣洩，痛苦就能完全撫平；當你還活著沒死的時候，教你享受人生，每一分、每一秒。
- □ 與生命中的混蛋們建立快樂且無衝突的關係。

切合實際且可達成的目標：

□ 無論你有沒有做治療，確定你有多少控制力，可以克服那些讓你生病的事情。
□ 對於哪些治療必須做或沒必要做，以及它們的風險與花費，建立良好觀念。
□ 對於高風險、高花費的治療是否值得進行，舉出個人理由。
□ 無論治療是否有好結果，讓這決定是值得的。

你能做的事：

□ 無論你的問題是否需要治療，或只是因為關注太多而變糟，做出合理決定。
□ 提出問題並略做研究，找出要做什麼治療，嘗試的風險和花費又是多少。
□ 用挑三揀四的購物心態找治療師。
□ 評估特定治療的療效及其花費和副作用，如果沒有好結果，也不要假設是某人的錯。
□ 治療是否值得，除了讓你感覺更好外，列出自己的衡量標準。
□ 是否需要停止治療，列出自己的衡量標準，看看你是否繼續需要它。

真心話練習腳本

有關你的治療決定，以下是你該對自己／朋友／治療師說的話：

> 親愛的＿＿＿＿（自己／關心我的朋友／想要收我的心理治療師）：
>
> 我覺得我應該能比現在更好，不管在＿＿＿＿（感受／做事／經營感情／發揮功能／投球）上都應該如此，但我不會因為＿＿＿＿（受挫的雄心壯志／他人的意見／同輩的比較）而把時間浪費在治療上，除非我相信我的問題可能會讓我＿＿＿＿（丟掉工作／趕走我的另一半／在訂墨西哥捲餅時淚流滿面或大發雷霆）。如果我認為治療是必要的，我一定要對治療有足夠認識，決定什麼＿＿＿＿（是值得一試的／是不適當的／根本是廢話），也要確定風險與花費是否值得。

定義基礎治療

我們盡量避免在本書使用心理治療師的行話，但在說明不同治療方式時也免不了會用到，例如認知行為治療（Cognitive Behavioral Therapy，簡稱CBT）、辯證行為治療（Dialectical Behavior Therapy，簡稱DBT）、精神藥理學，這些行話對於一般民眾聽起來就像是用在越戰的化學武器。

下面我們將解釋這些行話，給予各種治療簡要的描述，包括它們是如何被保險認定，以及這些治療由誰執行，它的負面影響，還有從1到10的BTPS評分；BTPS是指Bullshit-to-pragmatic-scale，也就是所謂的「廢話-實際評比」[52]。根據BTPS，評比為1的療法是鬼扯淡且完全主觀（例如，新時代晶片型廢話、依靠意志力等）；評比為10的療法是極度客觀、可測量、絕對沒有偏頗（例如，一種由機器人進行的治療法，但目前還沒發明出來，現今已有一些療法很接近）。BTPS評比基於以下前提：進行治療的患者需有意願且渴望加入治療，如果沒有，患者反正都會把他的治療評為百分百的廢話。

當然，你可以和你的家庭醫生討論，了解每個治療過程的狀態，也可以上網找資料，或與有治療經驗的朋友聊一聊。以下就是相關基本知識。

基礎治療	由誰操作	內容	缺點
老派談話治療 保險給付是否容易？敵對關係——保險公司認為這是一種沒有重點、永無止境的治療，治療師認為保險公司想把病人生吞活剝。 BTPS：3或4	精神科醫師（MDs）、心理治療師或心理學家（PhDs）、社工、護士、囤積癖者的專業握手人（見第四章）。 以下會把上述人等稱為「主修臨床醫學的人」。	治療師會問：「你有什麼感覺？」接著是痛苦的沉默。然後治療師會循序漸進誘導出這些感覺的理由，包括你有說或沒說的，或者為什麼你生氣的時候是你真正傷心的時候，傷心的時候是生氣的時候，也問關於你母親的事……	在電視節目和年紀較大的臨床醫生間仍然流行，但年輕的臨床醫生比較相信基於認知和行為的醫療技術。要求直接答案的患者並不喜歡這種療法，他們對於要花很久時間才能看到結果的痛苦過程缺乏耐心，特別是醫療費用都算在他們頭上的時候。

基礎治療	由誰操作	內容	缺點
當前談話治療 保險給付是否容易？是的，但只有在有目標可衡量的情況下，且願意在每幾次療程結束提出進度報告。 BTPS：4到6，取決於治療師	主修臨床醫學的人。但說起話來更像顧問、老師或刻板印象中的心理治療師。	治療師提問和提供建議，給予支持和批評。基本上就是一個專業的朋友，但法律禁止他們把你當八卦跟別人說，甚至不能承認他們認識你。	沒有標準答案。這個療法非常依賴心理醫生的天分和穩健，以及你是否和對方有緣。
精神藥理學 保險給付是否容易？是的，如果處方中不使用過度昂貴的藥物，且有便宜的學名藥可用時，先用學名藥。BTPS：7	僅限精神科醫生和護理師，至少大多數情況是。	很快探問，重點在評估與給處方藥物，以減緩憂鬱、焦慮、注意力渙散、瘋狂想法和幻覺。	醫生問診時應該會問，但不一定如談話治療般詢問你的態度、病況和用藥狀況。此外，藥物治療經常不可靠（也就是沒有用）、作用低（某些症狀仍舊存在），並有副作用。

52 譯註：BTPS真正在醫學界的應用是body temperature and pressure saturated，人體體溫壓力。

基礎治療	由誰操作	內容	缺點
CBT（認知行為療法） 保險給付是否容易？ 通常是，至少會付幾個月。 BTPS：7	主修臨床醫學的人。但通常會由心理治療師和社工進行，精神科醫生較少。	確認出通常由焦慮症、憂鬱症和其他情況引起的標準負面扭曲想法，然後再教你以精神和行為練習，對抗這些疾病對信念和習慣的影響。	無法快速緩解，但如果你練習做CBT練習，並且和讓你一開始不舒服的消極想法談判或排除它們，就會讓你感到更強壯。
DBT（辯證行為療法） 保險給付是否容易？ 同上。 BTPS：7	主修臨床醫學的人，需受過特殊DBT訓練。	CBT的一種，關注絕望、自我憎恨和自殘的想法，教導一套思想和行為練習，希望患者保持正面，不要陷入危險的衝動。	不會立刻減少你傷害自己、離開家人或一般摧毀生活的衝動。但會讓你比較不會做那些事。

基礎治療	由誰操作	內容	缺點
ECT（電擊治療） 保險給付是否容易？是的，出乎意料吧！BTPS：9（一度給付很低，此療法曾經應用在讓你不適的問題上直到一九七〇年代。但現在BTPS很高。）	醫院中的醫生。	用電擊法引發某些沒有癲癇的人發生痙攣，因為痙攣似乎可清除憂鬱症（這可能在數千年前就發現了）。只能在醫院麻醉下進行。	會損傷短期記憶，且需要大量金錢和時間，因為要在醫院麻醉下進行，避免讓痙攣傷害到你。但請相信，狀況絕對不像電影《飛越杜鵑窩》演的那樣。
TMS（頭顱磁刺激療法） 保險給付是否容易？不，價格高又很難證明成功率。 BTPS：也許比保險公司想的高	主修臨床醫學的人。	以強力磁場應用在大腦的特定區域，屬無痛方法，無需麻醉，也不會引起記憶喪失，可以幫助憂鬱症。	不便宜，不被保險青睞，沒有眾家研究文獻支持。可能需要許多日間療程，後續還有加強療程。

基礎治療	由誰操作	內容	缺點
婚姻諮商或家庭諮商 保險給付是否容易？再次強調，要看針對的重點及時間限制。 BTPS：6（從前會低到4，如果把個人問題都歸咎於家庭的話。現在沒那麼糟，多在6，但仍取決於治療師。）	主修臨床醫學的人。	與夫婦或家庭會談，使用不同諮商技術確定問題和衝突，讓大家一起解決問題。	並不保證事情一定不會爆炸（想想電視節目主持人傑瑞·史賓格〔Jerry Springer〕），特別是當治療師鼓勵大家盡量發洩怨氣，分享不滿情緒（見p.301類似情形）。
佛洛伊德精神分析 保險給付是否容易？一點都不給。 BTPS：只要看《紐約客》漫畫即知	以前需要精神科醫生（MDs）才能做，現在所有主修臨床醫學的人只要在教佛洛伊德（1856-1939）理論，這阿公級談話治療的專業機構受過幾年訓就可以了。	躺在沙發上，通常每週數次，你的背後坐著相對無言的治療師，要求你談談任何你想到的事，然後在不露面的治療師指導下進行分析。就如佛洛伊德當年一樣。母親是常提到的話題。	既花錢時間又拖很久，但非常有趣刺激，讓人印象深刻。所以，如果你喜歡那種事，每年又有五萬美金閒錢可花，就好好享受吧。

基礎治療	由誰操作	內容	缺點
榮格分析，又稱分析式分析 保險給付是否容易？對任何叫分析的都過敏。所以，答案是沒有。 BTPS：我們就稱它有創意又有趣吧	所有主修臨床醫學的人，但必須在傳授榮格（1875-1961）理論的專業機構受過幾年訓。榮格與佛洛伊德可說亦敵亦友。	就像佛洛伊德分析，只是榮格分析會讓患者集中於夢境、神話，以及民間傳說原型，變成一種無意識。PS：榮格可能有精神分裂症。	跟佛洛伊德分析法一樣昂貴又慢，但很有趣刺激，令人印象深刻，如果你喜歡這種事（和加拿大傳奇作家戴維斯〔Robertson Davies〕寫的《德普弗三部曲》〔*Deptford Trilogy*〕）。
原始吶喊治療法 保險給付是否容易？沒有！啊～～！我恨你，媽～啊～ BTPS：評比規模的最下端，與山達基教派相同	主修臨床醫學的人，但大部分是好心的心理學家(MAs或PhDs)	主要流行在一九七〇年代，現在大多已經絕跡，鼓勵病人在四周鋪軟墊的病房大發脾氣、狂叫亂跳，把幼年的傷痛發洩掉。	又吵又過時，可能也無效。但是讓孩子在軟墊病房裡玩玩，也挺好的。

彌補治療的不足

治療很像約會，知道什麼時候該離開比知道什麼時候該跳進去更難。治療的比喻中並沒有婚姻（只是流傳在治療師間，就像本書的某位作者），所以未來某個時間點，你目前的治療也必將結束。從邏輯來看，多數人都認為治療並不會持續到永遠。但只要能期盼治療能讓他們好過些，對生活有更多控制，他們會願意進入這彷彿永不停止的過程。

原因當然是治療很少完全有效，期盼它有效的意思是希望痛苦消失後你再停止治療，也就是你生命結束時。到那一步前才退出，即使「那裡」根本不存在，會讓你對人生中你最想改變的事有更多責任感。

同樣的，如果治療可以提振你的精神並給你很快就會消失的觀點，只因為你的心理醫師要做拇囊炎手術而必須停一個禮拜，你很自然會覺得自己還沒完成治療或不會被治療，直到你的美好感受可以持續更久，靠自己就能維持正面且現實觀點的時候。

不論哪種治療，無論做得多勤，或多深深探入你隱藏的情緒和痛苦問題，治療很少會達到人們所期待的變化，當你覺得不再受益了，也就是你該合理停止的時候，不論你是不是還有很多問題。

你的目標是要得到你可以從治療中獲得的，並接受你解決不了的疾病。不要執著於只要你更努力、做更久，它就能給你更多的想法。不是你失敗，而是治療並不是這麼強大，也沒那個必要。

還有另一個停止治療（或至少縮減）的合理時機是，就算你還覺得需要它，但它並沒有帶來可衡量的進步。畢竟，做心理治療很貴，也許你沒它也能好好的呢，無論你對失去它有多麼焦慮。理想情況下，治療應該讓你知道，有時你並不需要某樣東西，只是你覺得需要，讓它離開不免傷心；例如費盡心力只為留下會虐待你的伴侶或戒酒，所以鼓起勇氣戒斷治療通常也是某種成功表徵。

當然，停止治療並不表示你該放棄管理偏差行為，就算出現不好的症狀，也沒有治療師幫助，你還是會回到生活正軌。外面也有很多工具可利用，包括閱讀和支持團體，可以彌補治療的不足。不要依賴治療，除非你看到治療後明顯有別的有力證據，而你無法複製這麼做，才需要做治療。

的確，有時候你會發現持續治療能保持穩定，防止復發，果真如此，請在必要時再做，並以自己做得多好來衡量何時該停掉。如果你能找到其他資源，就別依賴治療的支持，因為治療就像你要付很高贍養費的前妻，只有在你不再次掉入壞習慣時才可以當朋友。

當然，知道你問題的人總認為你需要治療，這是他們擔憂才這麼說。你必須靠自己擁有的醫療知識和治療時獲得的經驗，告訴自己是否還需要治療。

最後你也許會好長一段時間不再需要依賴治療，最好依靠你學到的，及其他力量、知識、安慰等資源來處理問題。換句話說，你可以繼續往前走了，和治療共度的時光會是你很特別的一段人生。

以下是你想停止治療但可能做不到的原因：

- 除去大腦的焦慮中心。
- 擁有對批評的後天免疫力。
- 學習對吵架與引發衝突無能為力。
- 無論如何都有堅定的信心，相信自己有能力好好照顧自己。

以下是人們停止治療前想實現的心願：

- 首先要控制好症狀。
- 首先要弄清楚他們為何無法停止討厭的行為。
- 完全結束治療。
- 想辦法抓住一件已經在幫助他們的事，就是治療。

案例分享

我很喜歡目前在看的心理治療師，她已幫我克服害羞的問題，現在我的社交生活還不錯，也不會不快樂，所以我在想是否還要繼續治療。她說我們還沒觸及問題根源，我害羞的毛病說不定還會回來，阻礙我認真經營感情，但我也不知道。我的目標是弄清楚我是否該繼續治療和繼續的理由。

* * *

過去五年來，我的治療師一直是我的生命線，如果我不能再繼續見他，不知會發生什麼事。我知道他也很擔憂，但我的保險公司說這不是「必要的醫療」，不會支付費用。在我去看這個醫師前，我極度憂鬱，曾想自殺。現在我仍憂鬱，但工作穩定下來，也交了幾個朋友。我還有很長一段路要走，很怕又回到以前那樣。我的目標是讓保險公司知道這是必要的醫療，別讓我再掉入那憂鬱的泥淖中。

* * *

我一年前憂鬱症發作時，開始服用兩種抗憂鬱藥，但我不確定現在是否還要繼續服用，我認為這些藥一點用都沒有，只是讓我變胖又很疲倦。我現在回到平常愛哈拉的個性，我不懂為什麼我應該繼續服藥，那些藥對我沒好處，還會讓我在外觀及感覺上都更糟，就像一隻冬眠的熊。我希望能夠斷藥。

治療及其結果都屬個人感受——想想它們是如何關注個人的想法、誠實及承諾，怎麼可能不是呢？——但要評估治療有效與否，最好把自己想成管理顧問，你的治療師是員工，客戶則是你的人生。找出你的治療師對你和公司是否還有利用價值，端視他的績效表現，到了該讓他走的時候，都是你的職責。

就像你從電影《上班一條蟲》（Office Space）和《型男飛行日記》（Up in the Air），或你的個人經驗中學到的，從工作崗位上被殘酷的解雇。管理顧問沒那麼感情用事，也不會同情。當你審視自己的治療，很難保持客觀，但如果你能接受自己的經驗證據，即使令人失望，也可以聰明做出艱難的選擇。

其他人也許會要你繼續治療，因為他們希望你不要那麼痛苦，打發那些朋友親戚容易，但要勸服治療的當事人，也就是相信你需要更多治療的治療師，難！

當然，重視治療師給的建議很重要，如果沒有打心底接受他的意見，你可能就不會有什麼收穫。但唯一能評估治療效果的人，終究只有你自己，為了你的人生和荷包，決定是否仍值得做下去。治療師也許是對付問題的專家，但你才是**你**自己的專家，你對治療是否有進展的意見，才是最終的權威。

問問自己，是否有治療無法緩解的無盡恐懼和不安全感，其他引起你焦慮、悶悶不樂、自我懷疑等問題也一直在傷害你。當然，這些都不是令人羨慕的情緒，但在正常水平上，如果它們不影響你的工作能力，乖乖地沒鬧，與你共存，這些情緒實際上可能是有益的，因為恐懼可以幫你留意危險環境，而自我懷疑可讓你仔細檢查結果。簡單地說，不好的情緒有時正好對你有益。

你日復一日在做可敬的工作，證明自己能承擔風險，做新的事情，也對那些原本害怕但習慣以後不再困擾你的事習以為常。你的治療師表現也很出色，所以你才更該有信心去告訴他一切都結束了。

如果你覺得你的治療師正在為你做件別人都做不到的事，你同時又煩惱著錢用完了怎麼辦、保險會怎麼決定、治療師的離開，擔心這類事會切斷你的治療和生命線，請記住這些感覺未必是事實，而嚴重的憂鬱症和焦慮症會以自己的方法讓你覺得更脆弱，狀況絕對比現在的你更需要治療。如果治療讓你感覺沒那麼獨立自主，那它就沒你想的那麼有益。

你可以用縮減就診頻率測試出到底你需要多少治療，並尋找其他鼓勵來源，如十二步驟成長團體、憂鬱症患者支持團體，以及你信賴的人的友情。如果你還沒有試過「辯證行為療法」（DBT），請學習做DBT練習，當出現自殘和絕望的念頭時可以練習。是的，當你和別人分享私密訊息時，也許不像和治療師說得那麼自在，但這也是你該學習並值得做的事。

不管銀行帳戶或保險金是否已經快撐不住，別讓恐慌擊敗你。請想一套支持資源的轉換計畫，你會發現減少對每週治療的依賴並不成問題，即使你需要繼續治療，也不需要每週都進行，這樣就會降低花費，也比較好跟保險公司談繼續支持你做治療。

如果你並不擔心變得依賴治療師，而更擔心藥物依賴的問題，那你的評估需要更客觀，因為你想勾銷的不只是恐慌情緒，也有精神藥物留在身上的印記。

評估用藥與否，需要你用一套全新的成本利益分析來看，也就是不處於悲慘／焦慮／偏執，值得不做個瘦子，能夠保持清醒或犯愚蠢的錯誤？

既然你最知道症狀及發作頻率是否嚴重到需要預防，你也在最佳位置公正評判用藥副作用，決定藥物治療是否有效。如果你不確定，請和醫生討論是否停藥，至少先暫時這樣，給自己機會測試藥物有沒有效，也看看有些症狀是否真的要怪副作用（請不要自我主張說斷就斷，因為有些藥物停藥太快會有害）。

和醫生談過後，你可能學到的另一件事是，如果某種藥物顯然有效，如果沒吃復發的機會很大，永遠服用其實是保護大腦不受細微損傷的預防措施，而這事發生在多年的慢性憂鬱症患者身上。如果你覺得依賴某個藥物太久是無法接受的想法，就把你的藥想成大腦的胰島素好了，糖尿病患者從不以終身服藥為恥，你也不應該。

副作用的風險越高（如某些抗精神病藥容易導致糖尿病），停藥的時機對你就越重要，只要你知道服藥的效果不好，或找到較不危險的替代品。你的職責是要考慮停藥的風險和繼續用藥的風險。無論你做了什麼決定，都會是好的，即使它對你的腰圍不怎麼妙。

決定停止治療時，不要夾雜過多情緒、令人畏懼或神祕的想法，超過它們的必要性。如果你相信自己的觀察，並接受事實，知道所有治療都有局限，無論你在評估何種治療方式，都能找到最佳答案，為自己做出最好決定，讓你這家公司盡可能成功。

簡易自我診斷表

無法從治療中得到的願望：

- □ 從難以治療、不知為何得到的憂鬱症和焦慮症中解脫。
- □ 理解有些事情你雖不自覺地會做，但事實上有力量可以控制。
- □ 消除個性中黑暗、討厭、憤怒、厭惡、上癮和自我毀滅的部分。
- □ 跟不想和你有更好關係的人維持較好的關係。

切合實際且可達成的目標：

- □ 發展合理方法來決定什麼是你真正可控制的。
- □ 根據你應付自己無法控制的事來評估自己，而不理會直覺告訴你的。
- □ 學習管理缺點的技巧。

你能做的事：

- □ 把治療當工具，發現你能控制的極限。
- □ 找出哪種治療是可用的，它們提供什麼，有什麼風險。
- □ 以自己的想法定義疾病或失能的狀況，尋求必要的治療。

- □ 以自己的想法定義進步，使治療有效且值得繼續。
- □ 如果你不覺得問題有改善，請停止、暫停或減少治療次數。

真心話練習腳本

當你考慮開始或停止治療時，以下是你該告訴自己或治療師的話：

> 親愛的＿＿＿＿（自己／治療師／關心我的朋友）：
>
> 我常覺得我的生活＿＿＿＿（一塌糊塗／像下水道／是淚水匯成的溪谷），即便如此，大致上我適應得還算好。我想找出做治療是否能幫我停止＿＿＿＿（哭泣／說髒話／害怕一切，包括自己的影子），我廣泛閱讀什麼是可用的方法，會繼續尋求幫助，直到我明顯＿＿＿＿（請填入「身心俱裂」的反義詞），就像我一直想要的那樣，然後我才知道我是否已盡力處理我精神上／生活中的問題。

花費較少的DIY居家治療

投身治療前，如果你只是負擔不起，我們建議你嘗試花費更少的替代方法來取代專業治療。以下是替代方案的簡單敘述，依照利益與風險評估從最高到最低（以及最高的荒謬元素）依序列出。

	對什麼有效	效用	但是
運動	憂鬱症、焦慮症	會在幾小時內減少焦慮，或至少會分散對它們的注意。	受傷後復發的速度很快（彷彿你並未受傷）。
節制、富含維他命的健康飲食	憂鬱症、焦慮症	非常需要碰運氣的方式，只有你試過才知道。但這裡的節制飲食，不是節食的意思，而是注重飲食，沒有人在餓肚子的時候還高興得起來。	不用在證據極少的狀況下，迷信什麼食物有益，什麼食物又有害，只要能夠讓你元氣滿滿的飲食就好，早上吃一碗，你的憂鬱症會一掃而空。
十二步驟互助分享團體	幾乎所有問題	幫助你對抗一切上癮症或不是因上癮而來的負面思緒。	你得找到有你所需的團體，有些人則不必。
冥想／瑜珈	焦慮症	絕對有點幫助，有些人覺得幫助很大。	不一定對所有人都有用，效用有限，就像運動，做瑜珈也可能會受傷。

山達基教會	讓某些特定人有意義和社群歸屬的感覺。	可以填補空虛？或至少讓你更接近湯姆·克魯斯。	並不便宜，或者可以說，它不包容外來者，也不寬恕決定要離開的人。

拒絕就醫者的治療？

如果《家庭大對抗》[53]節目有一題問「你無法控制的事？」，那麼排在「自然體重」和「天氣」前面的頭號選項一定會是「他人的意願」。當你想讓某人參加會讓他精神健康的心理治療，他卻認為不需要，你自然會用些方法施加壓力，但如果你覺得控制某人很困難，那就試試控制連自己心智都控制不了的人吧！你想逼他們就醫治療的衝動只會把自己逼瘋。

也許你希望的是，一旦他「去看病」，即使覺得被逼和勉強，但治療師或治療過程一定有些事會吸引住他、改變他的想法，並讓他得到幫助。然後他不但會原諒你的逼迫，還會感謝你的救命之恩。

不幸的是，治療精神疾病就如治療一般身體疾病，通常需要患者積極參與。逼太緊她也不會感謝你，只會因為受挫而不理你，甚至對你生氣。如果你想幫助親戚，恐怕得上演一齣真實的《家庭大對抗》。

53 譯註：《家庭大對抗》（Family Feud），從一九七六年開始製播的家庭益智節目，由參賽家人回答家庭成員的瑣事是否正確，答對者晉級，但回答有時就像爆料出賣家人。

問題在於如果某人不情不願去做了談話治療，他期待的是治療能有東西給他，而不是治療能為他做什麼，只被動遵守，而不是積極參與做功課。如果她遵循處方箋服藥，很快會產生副作用，可能在藥效發生作用前就停止服藥。如果你的目標是告訴她治療能救她，她的目標則是告訴你那個治療沒有用，而且通常她會成功。

但也有特殊情況，強迫某人尋求幫助也許是值得的，而且建議他尋求幫助長期來看必有回報，即使你的建議在當時不受重視。了解這些情況，並接受你的能力有限，知道你不一定能讓人接受治療，如此會比你一看到某人需要就醫便強逼狂拉的理念有效果得多。

特殊狀況永遠存在，就是當你覺得某人可能會傷害自己或別人的時候，唯有此時警方和精神健康治療師才有權力違背他人意志，把他送進精神病院短暫居留。即便如此，也必須由法官審查案件，決定傷害風險是否夠嚴重，才能強迫他們待在那裡接受治療。如果真有傷害危險，你應該知道你需要觀察什麼，並開始做一連串強制送精神病院的評估。

（請注意：在大部分西方國家，可以不顧他人自身意願，隨意把人抓走，並且無限期將他監禁在貼著白色瓷磚的庇護所的日子，已經結束很久了。法律有了巨大變化，有利於阻止不必要的入院，且幾乎所有長期公立醫院都被拆掉或變成花俏的公寓了。）

從來沒有接受過治療的青少年被逼就醫，有時候反應還好，所以，如果你知道他以前做過什麼醫療行為，並能起槓桿作用的，有時會讓青少年得到他真正想要的幫助，除非他太生氣無法接受。

在任何情況下，你可以學習向人推銷就醫的好處，甚至在不強逼、也不暗示照著做會讓你高興的情況下，私下提供一些特定療法。但首先，你必須先學會控制自己的無奈，凡事不需用憤怒或恐懼表達。

雖然讓人就醫通常不太可能，但不一定永遠如此。請學習把治療行為描述成一種有價值的選擇，而不是懲罰或義務，這是你最好的辦法。你的目標是教導別人，而不是控制他們，她也許就會自己做出正確的選擇。

以下是你想要但無法提供給那些拒絕治療卻顯然需要的人：

- 保證即將進行的治療，會讓他們的憂鬱、焦慮、上癮等問題全部變好。
- 不需患者這邊做任何努力，承諾一定會有能治好的治療方法。
- 保證精神病院／勒戒所等機構就像四季大飯店一樣，絕對聞不到漂白水和尿的味道。
- 這是天下唯一、神奇的治療師，只需要和他目光接觸，就會讓他們想去治療。

以下是人們許下的願望：

- 在某人傷害自己、失去工作、逼家人離開他們之前，得到幫助。
- 讓某人知道他的症狀以及他對自己做了什麼。
- 停止上癮、自殘的行為。
- 向某人證明這次治療不會失敗。

案例分享

自從我母親去世，兩年來我父親一直處於鬱悶和煩躁的狀態，但他不覺得需要人幫忙。他的脾氣始終不好，但我媽會安撫他，還會展現他可愛的一面。現在的他只是悲慘的渾蛋。我想連他自己都承認，他已變得讓人無法忍受，也許這就是他很慘的部分原因，但當我提出要他去找人談談的想法，他只說治療是同性戀在做的事，心理治療師都是說謊的騙子。這段期間，他的朋友被他逼走了，我的孩子害怕去見他。我的目標是讓他去治療。

* * *

我女友承認她有憂鬱症，但她堅持去看醫生一點意義都沒有，因為過去從沒幫上忙。她第一次被父母送去看心理醫生是在她八歲的時候，多年來治療一直斷斷續續，沒什麼改變。她唯一答應回去治療是她大學輟學的時候，依舊了無新意。我常看見她哭，手臂上都是刀痕，但如果連治療都不是選項時，我覺得很無助。當她不犯憂鬱時，是這麼聰明、敏感而風趣的人，所以我知道她的情緒一定能夠改善，但她堅持對改變情緒無能為力。我的目標是知道為什麼治療沒有用，並找其他有用的方法，因為如果我幫不了她，我懷疑她是否還活得下去，更別說繼續我們的感情。

* * *

我認為我弟並沒有得到他需要的幫助。過去十年來他一直在醫院進進出出，醫生對他的診斷包括憂鬱症、精神官能性憂鬱症、精神分裂症，多年來他做了很多治療，吃了很多藥，但似乎都沒用，沒有人可以明確告訴我到底哪裡出了問題。現在他又自殺了，我不知道他是否有吃藥，或應該要吃藥而沒吃，還是這時候他有在看心理治療師。我知道我不能強迫他去看病、去吃藥，而他又很會對我隱瞞事情，包括一些瘋狂的想法，如果他真心想死，我真是束手無策。我希望找到真正能幫助他的人和地方，然後逼他去約診，好好活著。

精神疾病在很多方面仍然很神祕，但說也奇怪，人們卻認為它一定可以用治療解決。全然的神祕卻沒有絕對的解決之道，因此，如果心理治療沒有效，答案並不一定是不斷尋找新的治療方法，而是要完全超越治療。

畢竟，遭受重大傷痛的人可能已經試過就醫治療，但沒有（或沒有足夠）結果，而其他人則認為自己才是唯一理智的人，周遭的人都需要專業人士幫助。所以，你不能不研究，就逼著不願意就醫的人去接受很明顯已沒什麼幫助的治療。

另一方面，如果你覺得某人正面臨病得無法照顧自己的危險時，這就沒什麼神祕可言，就是噩夢，不管他是否同意，你要決定他需要住院。唯一的問題在於是否有人因此傷害自己，如果答案是肯定的，這時才不用研究，要求真正的警察來處理。

總之，不要怕發揮創意，用你自己的判斷，如果你能收集一點訊息，問自己幾個簡單的問題，通常你會知道是否值得逼某人去就醫，要費多少力，或者把疑問轉向他處。

如果你愛的人受憂鬱和失落所苦，很自然會要求他們治療憂傷。但如果憂鬱症已經把他們變成討厭的混蛋，要求他們做任何事只是讓他們把悲傷丟給你。

套用一句老話，如果你不能讓新混蛋去治療，治療就會自己送上門。請自己扮演治療師，對於他的負面行為和正在做的事，找到積極正面的方法去形容它。

畢竟，你的建議和鼓勵也許和治療師提供的一樣寶貴。很多時候，治療師找不到立足點觀察病人與他人的行為互動，只知道病人告訴他們的。而你可能在站在觀察問題的更好位置，也有立場給予特別的相關建議。

比方，你可以說他過去總表現得風趣溫暖，如今的易怒敏感只會把人逼走，包括他愛的與愛他的人。你懷疑他是否知道這個問題，如果真是這樣，有什麼你可以幫上忙的。你可以先想出幾個有前景的可能性，從和他經常去看的醫生開始，可以和醫生談談各種治療方式，這樣你就把所有輔導員會涉及的問題都處理過了，只是你沒拿轉診人該拿的報酬。

要像個稱職的治療師，不要向他承諾他會覺得更好。事實上，短期內如果他停止偏差行為，可能感覺更糟。你反而該向他承諾，從長遠來看，他將有更好的關係且會更喜歡自己。

請保護自己，限制自己不要暴露在不受控制的狂亂中，清楚說明你很勉強而不是懲罰性地慢慢離他遠去。但你尊重他的決定，也傳達對自己看法的信心。你可能永遠無法讓他就醫治療，或窮盡優秀業餘治療師所能給的一切治療，但你會知道你給他的推力是尊重且積極的，你已做了一切能做的。

當有人宣稱治療憂鬱症是沒有用的，是不值得去追求的，你的確應該懷疑她是否真的試過一切合理選擇，或者非理性的悲觀情緒正控制著她。在那個當下，請先試著了解可能的治療方法，學到足夠知識，先做自我判斷。

如果你認為有些治療她並沒有試過，請告訴她你的意見，看她如何回應。如果她已對治療厭煩到不想聽，不要覺得有責任要她改變，不然你會從她的愉快夥伴變成她有記憶以來的霸道父母。

相反的，請接受改變是不大可能這個事實。你該問問自己，是否她在其他生活範疇也有悲觀態度與僵化思想的問題。然後決定，如果你們交往更久，會不會影響到你們的感情，如果會，又要在你們的感情上做怎樣的限制。

請用正面態度宣布你的限度，讓她知道你尊重她容忍憂鬱症的能力，但你覺得她的醫療決定太消極，剝奪了她尋求幫助的機會。你可以接受有憂鬱症的伴侶，但無法接受不把自己照顧好的人。如果她連**這點**都不能接受，你知道你已經盡力，可以繼續往前進了。

如果你愛的人病得太重，可能有自殺危險，不要責怪之前的治療沒有用，這樣只會讓自己分心。像所有疾病一樣，精神疾病各有形式，就算以現今的治療方法無論做到多好，都有不足之處。忘記過去，做目前必要的事。

問問自己是否聽過他談論死亡、謀殺、想逃離無法忍受的疼痛，或者看過他私自夾帶過量的藥丸「以備不時之需」。如果有這種情形，請告訴警察，然後找個好的急診室醫生，他會決定要不要收治他。請別擔心他會怪你偷去他的自由，給他帶來惡夢，你只是做對的事，確保他能活下去，跟你生氣。

如果有什麼不好的事發生，不要把焦點放在該怪誰。尊重嚴重精神疾病是很難忍受的事實，並看重你和他人都盡力幫忙這件事。有人說自殺是懦弱的結束，是被愛者失敗的表現，但套句臨床術語來形容那些人，是他馬的白痴！對病入膏肓且失去大多數原始個性的人，當你持續愛他並關心他，就沒有失敗這回事；當有人每天從床上爬起來與疾病奮戰，就沒有懦弱這件事，即使他們最後連這樣的事都做不了了。

當所有的線索都指向別處，永遠不要以為治療才是解決之道。如果其他治療沒有幫助，請給自己機會，為自己決定是否其他治療可能有幫助，無論它會不會被接受，也無論你是否有道德義務去叫警察。

你可能覺得自己像困在某個不可能的謎團中，但在現實世界，有些解決方案就是無能為力，神祕終究無法解開。不過，無助感從未阻止你去做每件你覺得有必要去幫忙找出答案的事，即使他們已不是你最初所期待的人。

簡易自我診斷表

無法企及的願望：

- □ 恐嚇他們去做必要治療，因為講理已經講不通了。
- □ 如果他們勉強同意一試，你有能力使治療絕對有效。
- □ 免於恐懼他沒去治療不知會有什麼後果。
- □ 當你說什麼他都不想聽，仍能保持他對你的信任。

切合實際且可達成的目標：

- □ 相信自己對某人醫療決定的判斷，他會做這樣的決定一定有他的考量。

□ 在沒有變得負面或情緒化下，促使他做出更好的決定。
□ 當你覺得有必要，請詢問警察和急診室醫生是否該替他做決定。

你能做的事：

□ 問問他想死亡、放棄、殺人、攝取（食物）或懲罰的想法。
□ 鼓勵某人思考想從治療中得到什麼，而不是她希望治療能為她做什麼。
□ 收集過去治療史，確定這次可提供什麼新的醫療。
□ 警告他憂鬱症的力量，會讓他對治療價值產生負面想法。
□ 如果你認為某人有受傷風險，請將責任交給須對風險負責的人。

真心話練習腳本

面對受苦而拒絕接受治療的人，以下是你該對他說的話：

> 親愛而可憐的 ＿＿＿＿＿＿（親戚／夥伴／站在金門大橋欄杆上的人）：
>
> 我不願看到你 ＿＿＿＿＿＿（痛苦／喝酒／整天沉睡），我想看到你 ＿＿＿＿＿＿（尋求幫助／吃藥／接受治療／振作起來／有較好的態度），但我知道你不會。從我了解你過去做心理治療及一

般治療的經驗，這次治療＿＿＿＿（或許會有幫助／沒有幫助／不會造成傷害），我認為在考慮過風險效益評估後，你＿＿＿＿（可以／不可以／也許可以）為自己試看看。我尊重你的處理方法是＿＿＿＿（請填入「只會扯爛」的同義詞），但如果你不為自己尋求更多幫助，我會＿＿＿＿（不再多說什麼／懷疑你做明智決定的能力／叫警察）。

一旦你把治療當成治癒，當它表現不佳時，你一定會震驚、無助、沮喪。如果你不厭其煩找到你適用的，知道治療能做到、做不到的，由誰操作能投你所好，你會發現你更能利用治療，而且當治療無法更進一步時，你也能自己處理好問題。

後記

好吧，該死的我

最後，並沒有什麼完美方法去找**這位**專業人士當你的理想聽眾。我個人認為，要找臨床醫師則要找具備兩種重要特質的：一是幽默感，雖然這在前面的篇章中居然會從我口中說出，然後，還要有一絲謙遜。

如果你就是得擁抱生命中無法控制的天性和人性折磨，你的醫生應該也一樣，有些醫生博士裝得像個宇宙至尊的大師，這樣的人可能太過高高在上，無法了解我們有時也只不過是人生的玩物而已。

雖然我在哈佛拿了兩個學位（唉唉），家庭和樂，又有個可以成天說病人怎麼這麼笨的工作，我的人生還是吃了不少難吃三明治。我才過四十歲，父親就在受失智症折磨多年後走了，他在我念高中和大學時就得失智症（我承認，我大學成績總是掙扎地想趕上同學）。父親多年來一直是我們家的睿智沉穩依靠，他得失智症連帶也讓我母親的音樂事業受到傷害，讓他們的婚姻由天作之合變成……只能說，不愉快吧！

A 後記

我現在才知道什麼忙都幫不上，因為很多人都試過，包括我妹和我（失能的家庭往往是人們想成為治療師的主因）。多年來，我一直想找對的話安撫，或讓他們更認清自我以減輕痛苦。最後我才明白我根本無能為力，然後才開始感念他們真正成就的人生意義。

在所有衝突中，父親從不發脾氣，即使母親時常沮喪生氣，但她也從不放棄這個家。他們不快樂的情緒從沒讓他們忘卻真正重要的價值，我永無止境尊敬他們，也無比感謝他們給我這麼不公平的人生。

就像我跟我的病人說的，在我沒跟你說清楚這件事之前，這本書不算完整：我跟大家一樣愚蠢，也愛許下一廂情願的願望；我也跟大家一樣自卑，也有各種一直存在的情緒與行為障礙。當我跟你講話，喜歡採取嚴厲高傲的口吻，那是因為我對自己深感驕傲，而這樣的自己有時也是笨蛋天王。就跟大家一樣，我人生常常很幹，但我很驕傲。

所以，無論你打算怎麼做，想跟誰做治療，或根本不想治療，請記得天下沒有「公平」這回事，情緒不過是蠢事，而人生艱難……如此，你的日子大概就會過得比較ＯＫ，即使不快樂，因為你的目標很實際，而為了達成目標付出的努力也會讓你很驕傲。然後，下次人生給你難吃三明治，你就抹上番茄醬甘之如飴地吞下。大家的菜單上都有這道菜，就連哈佛大學的高檔美食餐廳也有。

麥可．班奈特醫生

致謝

班奈特父女：

我們特別感謝我們的經紀人，Foundry公司的安東尼．馬特羅，他立刻掌握到我們真正想說的（也懂我們的幽默），要我們把它說成大家都能懂的內容，然後幫我們談到一本書約。

也感謝把安東尼介紹給我們的麗茲．蓋勒格，以及我們的律師昆恩．赫拉提，他和安東尼沒什麼關係，但仍謝謝他。

我們也感謝Simon & Schuster出版社的編輯崔西．陶德，她是如此聰明、善良、有見地，我們想了很久是否以前就夢過她。她讓我們保留原來的書名，也算該死的美夢成真。還要感謝Simon & Schuster其他夥伴：凱特琳．奧森、史黛芬妮．伊文斯、納馮．強生、安德烈．迪沃德、亞曼達．朗恩和瓊．卡普。

我們在書中經常提到的擇友原則是選擇你能視為家人的朋友，以下是在我們生活中占有特殊地位如家人般的朋友：謝謝卡頓夫婦、史坦一家人（凱爾德夫婦與卡密爾夫婦）、納達森一家人（葛萊巴夫婦）。也要感謝無疑如朋友般的家人：彼得．布萊柏格、娜歐米．班奈特、薇奇．塞梅爾和迪．羅賓森，多謝你們願意和我們長談，幫助我們建立對這本書的想法。

優朵拉．伯斯卡，謝謝你幫忙養育小班奈特，也讓老班奈特提高警覺。

A 致謝

在這裡我們非常高興向其他班奈特後代致意，瑞貝卡，雖然沒寫過書，但做的更好，延續家庭傳統成為醫術高超的醫生，認識好脾氣的先生亞倫共組家庭。我們還要感謝那一窩子男孩，目前沒有一個年紀大到可以認識這本書的封面，更別說閱讀了。

最深的謝意要獻給夢娜·班奈特醫生，身為母親／妻子，不只是這個家的頭，也是這個家的心，還是這本書的精神指導和非官方的第三作者。這本書沒有她就不會存在，就這樣（也不會有另一位作者）。她的專長在精神病學、詩歌、原木家具、逗小狗玩、唱童軍歌等，專長太過龐大，沒有書容得下。總之，夢，我們愛妳，謝謝妳，為了這本書與其他一切。

難道我們還要感謝彼此？好像有點俗氣，還是算了。

麥可·班奈特醫師：

我感謝大學時代的良師，羅伯特·基利教授，他鼓勵我發現醫術工作的神奇之處，它的道德力量是如此強大，有建設性，也有破壞性，或兩者兼有。

感謝約瑟夫·康拉德，他告訴我們，每位治療師和理想主義者都必須警覺內心的庫茲[54]。

感謝貝斯以色列醫院的治療主管，他規畫良好的指導方案幫助我們精神科醫師不斷受訓以回應病人更深沉的需求，同時在旁預測可見的情緒和對話。感謝泰德和卡羅爾·納達森、保羅·羅素、約翰·貝克曼、艾麗西亞·卡佛亞、馬侃·諾特曼、瓊恩·茲巴赫。他們對治療並沒有過度樂觀，即使生命陷在一堆爛事裡，他們強烈相信只要努力就能使人生更好，即使搞砸了或持續卡在爛事裡走不出來。特別感謝我的導師和媒人卡蘿，她堅持如果我真有心想說什麼就該寫一本書。

感謝我在上加拿大學院的老朋友比爾・約翰遜、喬治・比格、吉姆・亞瑟和布萊恩・沃森對我溫暖的友誼，以及我在多倫多新結交的好兄弟蓋爾・羅賓遜，他向我保證在精神病學這方面，加拿大要比美國合情合理多了。

感謝我在老馬麻塞諸塞州精神醫療中心那群同事和朋友的幫忙，這本書的許多觀點都在他們的促成和討論中形成，悖逆當前的主流文化，這些老友包括喬恩・古德曼、勞拉・魯德，史蒂芬・金斯伯里、約翰・瓦拉、安妮特・卡維基、羅伯特・古斯曼、丹・博尚奈克、芭芭拉・迪基、桑德拉・赫爾曼和約瑟芬・納扎羅。

我還要感謝我的病人，大體而言，當我過於防備或無條件相信自己的意圖是良善時，他們都會讓我懷疑這些事的好處。儘管我們已經忍痛捨棄了所有特定個人的資訊，我們之間保留了對話的精神和能量構成了這本書的對話。

莎拉・班奈特：

感謝下列我不認識卻敬佩的人，在寫作期間，我發現他們的作品特別有激勵與宣洩的作用，包括喬斯・威登、傑森・伊斯貝爾、大衛・奧提茲、吉兒・索洛韋、瑪麗亞・班福德、羅珊・蓋伊、羅布・

54 庫茲（Kurtz），康拉德經典《黑暗之心》（*Heart of Darkness*）深入黑暗勢力的貿易商。

德萊尼，和艾美・謝爾曼-帕拉迪諾。

除了上述共同感謝的家庭外，我還要特別感謝我的表兄弟姐妹，米契爾一家，包括瑪麗珍、伊言和米契爾兄弟（是的，就像BBC長壽肥皂劇《倫敦東區人》〔EastEnders〕），他們是我在格林堡親愛的家人。還有艾琳和比爾・羅素，以及我在新罕布什爾州最忠誠的（非官方）在地家人雪麗・李。

謝謝以下好朋友，以長幼次序排列才比較公平。交往五年左右的團體人數已經很小了，因為超過三十歲的女人很少交到新朋友，除非她們有孩子或參加某教派。所以我要感謝瑪莉・羅德和達比莎・D.李。再次感謝麗茲・蓋勒格，她是有著上好幽默感的嬉皮，特別感謝她的慷慨、積極和有時借我用的床墊。

交往十到二十年的好友俱樂部包括：安吉拉・波懷特、麗西・卡斯楚西諾、金（以及卡斯楚西諾一家人）和吉米・金、喬・哈特、阿西麗塔・雷迪、梅利莎・雷斯利、S.D.戈特利博、西蒙・戈茨、阿里・錢尼茲、佩斯莉・史崔麗茲，阿曼達・納扎里奧和坎索雷・芬馬索內。我從來沒想過我會與人維持這麼久的友誼，他們是一開始被我用混音帶誘惑來的朋友。

還有其他各年份的朋友：莫莉・鄧普頓和史蒂夫・修丁、托比亞斯・卡羅、艾歷克斯・愛班梅耶、莎拉・布里傑、戴安娜・魯普、奎因・希拉帝（再次謝謝他們，謝再多次也不為過！），還有班・史多布里吉，他們值得特別稱謝，因為他們不只記錄多年友誼，對這本書也有具體幫助，無論他們知道與否。

艾咪・貝克提供這麼多的建議，加上她和我一起共同經營曲棍球聯盟，還具有非官方的醫學學位，所以她知道她有多紅（或至少她現在知道了）。

交往了二十多年的好友俱樂部，也就是那些和我一起從高中活下來的女士：伊愛蘭諾・史塔摩爾、茱莉亞・特納、瑞貝卡・歐尼恩博士和克里斯蒂・艾利斯博士。在十二到十四歲時，我做了很多蠢事，這些事值得任何人好好想想是否要跟我做朋友。但這些女士和我做了朋友，從此我們有了很多一起做蠢事（和不蠢的事）的特權。我非常謝謝她們的愛與支持（以及她們的家人，無論新舊），無論是對這本書或其他一切。

以友情、愛與慷慨來說，艾瑪・佛斯特的付出被歸為「永恆」，她是潑辣女神、峽谷女士、就是那句「塞斯・葛林太矮，王子把他當振動器用」的女子化身。我愛她及她的家人，包括在英國與在洛杉磯的，她是世上最有趣的人了。

梅森・海達爾是那種決不會忽視你電話的朋友，她會給你Soul Sides演唱會的票，讓你打心裡驚喜。她會把丈夫和三個美麗小孩裝入一台小廂型車，從俄亥俄州開到新罕布夏州來看你，在這趟旅程中，她還會做菠菜派，是極好極好的那一種。但也許這些事她只會為我做，而我卻不能報答萬一，這就是為什麼我把她放在最後感謝，對她和各地的海達爾，都該如此道謝。

參考書目

以下作品並未直接在文中引用，但本書有提到其中的某些概念和靈感。

Michael Bennett:

- Austen, Jane. *Pride and Prejudice.* London: Random House UK, 2014.
- Burns, David. *The Feeling Good Handbook.* New York: Plume, 1999. Revised edition.
- Conrad, Joseph. *Heart of Darkness.* Mineola: Dover Publications, 1990. New edition.
- Crews, Frederick. *The Pooh Perplex.* Chicago: University of Chicago Books, 1964.
- Hallowell, Edward M., and John J. Ratey. *Driven to Distraction.* New York: Pantheon Books, 1994.
- Kushner, Harold. *When Bad Things Happen to Good People.* New York: Knopf Doubleday, 1987.
- Linehan, Marsha. *Skills Training Manual for Treating Borderline Personality Disorders.* New York: The Guilford Press, 1993.
- Maclean, Norman. *A River Runs Through It.* Chicago: University of Chicago Press, 1989.
- Mason, Paul, and Randi Kreger. *Stop Walking on Eggshells.* Oakland: New Harbinger Publications, 1998.
- Nadelson, Theodore. *Trained to Kill: Soldiers at War.* Baltimore: Johns Hopkins University Press, 2005.
- Nolen-Hoeksema, Susan. *Women Who Think Too Much.* New York: Holt Paperbacks, 2004. 2 Reprint edition.
- Prine, John. "Dear Abby." *Sweet Revenge.* Atlantic Records SD 7274, 1973, LP.
- Reiner, Carl, and Mel Brooks. *The 2000 Year Old Man in the Year 2000: The Book.* New York: HarperEntertainment, 1997.
- Strout, Elizabeth. *Olive Kitteridge.* New York: Random House, 2008.

Sarah Bennett:

- Aldon, Pamela, Dave Becky, Blair Beard, Louis C.K., et al. "Pregnant." *Louie*. Directed by Louis C.K. Aired June 23, 2011. New York: 3 Arts Entertainment, 2011. Television broadcast.
- Brosh, Allie. *Hyperbole and a Half: Unfortunate Situations, Flawed Coping Mechanisms, Mayhem, and Other Things That Happened.* New York: Touchstone, 2013.
- Davies, Robertson. *Fifth Business*. New York: Penguin Classics, 2001.
- Fisher, Carrie. *Wishful Drinking*. New York: Simon & Schuster, 2009. Reprint edition.
- Forrest, Emma. *Your Voice in My Head*. New York: Other Press, 2011.
- Gay, Roxane. *Bad Feminist*. New York: Harper Perennial, 2014.
- Gethard, Chris. *A Bad Idea I'm About to Do: True Tales of Seriously Poor Judgment and Stunningly Awkward Adventure*. Cambridge, MA: Da Capo Press, 2012.
- Loder, Kurt, and Tina Turner: *I, Tina: My Life Story*. New York: William Morrow & Co, 1986.
- *Maria Bamford: The Special Special Special!* Directed by Jordan Brady. Burbank, CA: New Wave Dynamics, 2014. DVD.
- Poehler, Amy. *Yes Please*. New York: Dey Street Books, 2014.
- Saks, Elyn. *The Center Cannot Hold*. New York: Hachette Books, 2008. Reprint edition.
- Sheindlin, Judith. *Don't Pee on My Leg and Tell Me It's Raining: America's Toughest Family Court Judge Speaks Out*. New York: Harper Perennial, 1997. Reprint edition.
- Styron, William. *Darkness Visible*. New York: Vintage, 1992.
- Whedon, Joss, Gail Berman, Sandy Gallin, David Greenwalt, et al. "Amends." *Buffy the Vampire Slayer*. Directed by Joss Whedon. Aired December 15, 1998. Beverly Hills: Mutant Enemy, 1998. Television broadcast.